FUJIN, JOSEI, ONNA: JOSEISHI NO TOI

by Masanao Kano

© 1989 by Masanao Kano

Originally published in 1989 by Iwanami Shoten, Publishers, Tokyo.

by arrangement with Iwanami Shoten, Publishers, Tokyo

본 역서는 재단법인 플라톤 아카데미의 "일본사 새로보기 출간 지원사업"의 연구 결과로 수행되었음

This work was supported by the "A Rethinking on the Japanese History" Funding Program of Foundation Academia Platonica

부인·여성·여자 — 남자가 읽은 일본 여성사

1판 1쇄 발행 2024년 7월 1일

가노 마사나오 지음 이은경 옮김

편집 정철 표지 디자인 김상만

발행 정철 출판사 빈서재

이메일 pinkcrimson@gmail.com

ISBN 979-11-987652-1-5 (94910)

빈서재는 근현대사 고전 전문 출판사를 지향합니다. 출간하고 싶은 고전·연구서·저서가 있다면 연락주세요. 수업 교재용, 지도 교수님 저서의 소개, 동료 연구자들과의 스터디 용도 등 책을 번역·출간하는 동기는 다양한 것 같습니다. 기왕 출간하는 책이니 전문 출판사를 통해 좀 더 보람있는 결과물로 만들어보시길 권해드립니다. 제타위키에서 '빈서재 출판사'를 검색하시면 다양한 정보를 더 얻을 수 있습니다.

https://zetawiki.com/wiki/beanshelf

이 책의 본문 편집은 LaTeX로 작업되었습니다. 많은 도움을 주신 KTUG 회원 여러분께 감사드립니다.

http://ktug.org

부인 · 여성 · 여자
남자가 읽은 일본 여성사

婦人・女性・おんな ― 女性史の問い

가노 마사나오 지음, 1989년
이은경 옮김, 2024년

빈서재

지은이 가노 마사나오(鹿野政直). 일본의 역사학자. 근현대의 역사와 사상사, 여성사 등을 폭넓게 연구했다. 와세다대학 문학부의 학부와 대학원을 졸업한 후 1958년부터 1999년까지 교수로 재직했다. 『이와나미 신서의 역사』(AK), 『근대 일본의 사상가들』(삼천리), 『근대 일본의 학문』(소화), 『근대 일본사상 길잡이』(소화), 『일본의 근대사상』(한울), 『현대 일본 여성사』(책사랑) 등이 번역되었다. 『가노 마사나오 사상사론집』(전 8권, 이와나미)이 2008년에 출간되었다.

옮긴이 이은경. 서울대학교 일본연구소 부교수. 주로 근대 일본의 역사를 여성 인물과 운동을 중심으로 연구해 왔고, 대중적 글쓰기에도 관심이 있다. 저서로는 『근대 일본 여성 분투기』, 공저로 『젠더와 일본 사회』·『난감한 이웃 일본을 이해하는 여섯 가지 시선』·『근대 일본인의 국가인식』·『일본사 시민강좌』 등이 있다.

□ 일러두기

1. 외래어의 우리말 표기는 기본적으로 국립국어원의 외래어표기법에 따른다.

2. 일본어 표기는 한국인에게 비교적 익숙한 표기가 있거나 이해가 가능할 경우 우리말이나 한자음을 사용했고, 그 외의 인명과 지명 및 일본 역사용어는 일본어 그대로 표기한다. 서명의 경우는 기본적으로 같은 기준을 따르되, 필요시 독자의 이해를 위해 우리말 번역을 덧붙인다.

3. 연대 표기는 원사료 인용 부분을 제외하고 모두 서력으로 바꾸었다. 다만 서력으로 바꾸기 애매하거나 표기가 번거롭게 될 경우에는 부득이 원서의 연호 표기를 남겨두고 초출시 대략적인 연대를 제시했다.

4. 각주는 [역주] 표시가 없으면 모두 원주이다.

차 례

차 례 6

시작하며 : 여성사와 나 17

제 I 편 여자들·여성사의 논점   **31**

제 1 장 여자들의 위치 33
  1.1 여성의 위치는 변했는가 33
  1.2 '신상 상담'에 대한 답변 35
  1.3 결혼관의 변화 37
  1.4 부부별성의 문제 39
  1.5 가정관 42
  1.6 취직관 43
  1.7 노동의 변화 45
  1.8 '주부'의 시대 46
  1.9 성별역할 분업과 교과서 48

1.10	'주부'로부터의 이탈과 새로운 문제	51
1.11	아그네스 논쟁이 제기한 것	53
1.12	남자들의 전환기	56
1.13	새로운 여행의 출발	58
1.14	여성의 현재와 미래	60
1.15	세계 여성의 해와 차별철폐조약	61
1.16	여성문제의 풍화	63
1.17	성적 폭력	65
1.18	부인교풍회의 활동	69
1.19	'레이프'의 시점	69

제2장 여성사는 지금 75

2.1	여성사 연구의 담당자들	75
2.2	기초적 사실의 해명	78
2.3	근현대사에 대한 관심	79
2.4	여성사 논쟁	81
2.5	남성사에 대한 충격	83
2.6	『일본 부인문제 자료집성』.	86
2.7	여성의 시점	90
2.8	민간학에 대한 공헌	91
2.9	여성사·여성학의 융성	93
2.10	지자체사·노동운동사와 여성	94
2.11	여성사의 문제점	97
2.12	여성사에 대한 두 가지 태도	100

2.13 사회 과목 폐지와 여성사 101

제 II 편 여성사 다시 보기 103

제 3 장 여자들과 국가 109
3.1 여성의 사회참여 109
3.2 국가로의 흡수 111
3.3 부선운동과 이치카와 후사에 114
3.4 총동원체제로 119
3.5 거부의 논리와 참여의 논리 121
3.6 국방부인회 123
3.7 부엌에서 거리로 125

제 4 장 모성의 논리 129
4.1 여권주의와 모성주의 129
4.2 모성보호논쟁 130
4.3 '모성'의 성화 131
4.4 히라쓰카 라이초와 다카무레 이쓰에 . . . 133
4.5 국가와 모성 136
4.6 '이에'의 해체와 모성의 역할 138
4.7 군국의 어머니 140
4.8 전후 사회에서의 '모성' 144
4.9 '모성'의 탐구 147
4.10 성차로서의 모성 149

제 5 장 여성학과 여성사 ... 153
- 5.1 여성학의 탄생 ... 153
- 5.2 여성사는 여성학에게 무엇을 주었나 ... 156
- 5.3 바지에서 치마로 ... 157
- 5.4 화장과 복장 ... 159
- 5.5 여성사는 여성학에서 무엇을 얻을 것인가 . 162
- 5.6 계급지배와 성지배 ... 163
- 5.7 신마르크스주의 페미니즘 ... 165
- 5.8 부인문제 연구와 여성학 ... 166
- 5.9 성역할의 유동화 ... 168
- 5.10 『새로운 여성의 창조』 ... 171
- 5.11 '근대'와 페미니즘 ... 172
- 5.12 페미니즘의 다양한 조류 ... 173
- 5.13 여성학의 정의와 방법 ... 177
- 5.14 여성학의 문제점 ... 181

제 6 장 민속학과 여성사 ... 183
- 6.1 야나기타 구니오의 여성에 대한 시점 ... 183
- 6.2 서입고 ... 186
- 6.3 누이의 힘 ... 188
- 6.4 스에무라의 여자들 ... 189
- 6.5 농촌의 어머니와 아내들 ... 193
- 6.6 여자의 노동 ... 195
- 6.7 근세 여성사 연구의 새로운 바람 ... 199

6.8	자서전의 융성	200

제7장 '세계'의 시점에서 … 203
7.1	세계 여성사를 향한 태동	203
7.2	멕시코에서 나이로비로	205
7.3	세계의 여자들은 지금	207
7.4	세계 각국의 여성사 연구	209
7.5	미국의 여성학·여성사	214
7.6	소신선언	216
7.7	여자들의 아시아	218

제8장 '지역'의 시점에서 … 223
8.1	지역 여성사 연구의 열기	223
8.2	여성사 서클의 작품	225
8.3	부인회의 사업	227
8.4	지자체의 여성사	230
8.5	개인에 의한 저작	231
8.6	여성사에 대한 뜨거운 초심	234
8.7	지역 운동과의 연결	238
8.8	지역성·다양성	241
8.9	민중사의 시점	246
8.10	'풀뿌리'의 시점	248
8.11	역사의 심부를 비추다	254
8.12	여성사의 요부	258

맺으며 : 여성사 그리고 그 너머 263
  1 여성사·여성학·여성문제 263
  2 여성사가 안고 있는 위험 264
  3 여권과 모성 265
  4 장애인 문제와 여성문제 268
  5 '계급' 일원론 흔들기 272
  6 새로운 '계급' 개념의 구축을 274
  7 여성사의 미래 276

후기 277
  1 저자 후기 277
  2 역자 후기 280

찾아보기 287

«도쿠가와 시대사»를 내며

우리 한국 시민만큼 일본에 '관심'이 많은 경우도 달리 찾기 힘들 것이다. 거의 모든 분야에서 일본에 경쟁심을 불태우고, 그 동향에 신경을 쓰며 자주 비교한다. 일본여행, 일본음식, 일본문화가 우리의 일상이 된지는 이미 오래다. 그러나 그 지대한 '관심'에 비해 일본을, 특히 일본사를 얼마나 알고 있는가 자문해보면 자신 있는 대답이 나오기는 아마도 어려울 것이다. '관심'은 과도한데 정확한 지식과 정보에 기초한 체계적인 이해는 너무도 부족한, 그래서 무지와 오해가 난무하는 상황이 지금껏 계속되고 있다. 오늘날 어려움을 겪고 있는 한일 관계를 슬기롭게 풀어나가는 데에도, 이런 상황은 결코 도움이 되지 않을 것이다.

어느 사회나 국가를 제대로 이해하기 위해 그 역사를 알아야 하는 것은 긴 말을 필요로 하지 않는다. 이런 관점에서 우리의 현실을 볼 때 우려를 금할 수 없다. 그 중에서도 특히 일본사를 다룬 양서가 많이 부족한 것은 큰 문제라 할 수 있다. 그간 국내 일본사 연구가 크게 성장했음에도 불구하고 개별 논문만이 양산될 뿐 종합적·체계적으로 일본사를 분석, 소개하는 저작·번역서는 매우 적은 실정이다. 특히 주로 한일 관계사에 연구·출판이 집중된 탓에 현대 일본사회의 원점이라 할 도쿠가와시대와 메이지시대는 상황이 더 심각하다.

2019년 여름, 한국과 일본 관계는 해방 후 최악으로 치달았다. 여름방학 내내 하릴없이 막말기^{幕末期} 정치사를 다룬 영어책을 투닥투닥 번역하며 일본연구자로서의 무력감을 삭이고 있을 때, 재단법인 플라톤 아카데미에서 반가운 제안을 해왔다. 일본사 연구 프로젝트를 지원하고 싶다는 것이었다. 나는 번역팀을 꾸려 도쿠가와 시대를 다룬 명저들을 번역하고 싶다고 답했다. 출판사도 찾기 힘든 무모한 제안이었지만 다행히도 재단측은 받아들여 줬다. 본서는 그 성과의 하나다. 이 자리를 빌어 재단 측에 감사드린다. 아울러 출판을 흔쾌히 맡아준 빈서재 출판사에도 감사의 말씀을 전하고 싶다.

저작권 문제로 도쿠가와 시대 이외의 책이 시리즈에 들어오기도 했지만 이 《도쿠가와 시대사》는 기본적으로 한국독자들에게 낯설기 짝이 없는 도쿠가와 시대를 체계적이고 명료하게 소개하고 있는 명저들을 골라 번역했다. 이 시도가 한국독자들이 도쿠가와 시대를 이해하는 데에 자그마한 디딤돌이라도 되었으면 하는 바람이다.

2022년 10월 22일
번역팀을 대표하여 박훈 적음

시작하며 : 여성사와 나

시작부터 개인적인 이야기를 하는 것에 양해를 구해야 할 것 같습니다.

이제까지 제가 다소나마 여성사라는 분야를 다뤄왔기 때문에, 종종 '남자가 왜 여성사를?'이라는 질문을 받곤 합니다. 그럴 때 저는 대부분 '남자니까 여성사[를 해야죠]'라고 답해왔습니다.

이러한 대답이 완전 거짓은 아닙니다. 그런데 일종의 귀찮음과 민망함 때문에 내심 이러한 문답을 빨리 끝내고 싶다고 생각하면서도, 어딘가 스위치가 눌리고 맙니다. 제가 여성사만을 전문으로 해온 사람이 아닌데도 그렇습니다.

제 전문분야를 필자 소개 삼아 말씀드리자면, 일본 근현대사상사라고 하는 게 맞을 듯합니다. 일본의 근대를 대상으로

시작하며 : 여성사와 나

하고 싶다는 생각을 처음 하게 된 것은 대학을 졸업할 무렵이었습니다.

그 무렵에는 사상사라고 하면 압도적으로 정치사상사를 의미했습니다. 존왕양이尊王攘夷 사상이라든가 자유민권사상이라든가 하는 것들입니다. 저 역시도 예외는 아니어서, 그러한 것을 공부하는 무리 가운데 한 명이었습니다. 하지만 사상사를 정치사상사만으로 구성하는 것은 아무래도 어색한 느낌이 있었습니다. 훗날 점점 명료하게 의식하게 되었습니다만, 윤리사상사라고 하는 분야에 대해, 그것을 없는 셈 쳐도 되는 것인가라는 의미의 찜찜함이 마음에 항상 자리잡고 있었습니다.

연구대상으로 삼은 사상과 인물을 가능한 한 전체적으로 다루고 싶다는 마음도 있었습니다. 한 개인 안에서 정치사상과 윤리사상이 큰 괴리를 보이는 일도 적지 않았기 때문입니다. 그렇지만 마음 가장 깊은 곳에서는, 매우 소박한 이미지에서이긴 합니다만, 남에게 짓밟히고 싶지도 않지만 남을 짓밟고 싶지도 않은 사회질서나 인간관계에 대한 희구가 있었던 것 같습니다. 이 점에 대해서는 다소의 설명이 필요합니다.

정치사상은 지배사상이나 그에 대항하는 사상이 그 내용을 이룹니다. 말하자면 강자의 사상이거나 강자에 대항하는 사상입니다. 당시 학계의 동향은 변혁의 계기를 찾아내는 것에 역점을 두고 있었기 때문에, 당연히 대항하는 측이 중심이 되었습니다. 하지만 윤리사상은 그러한 자신이 전제군주가 되거나 혹은 그와 반대로 정신적인 노예 상태가 되는 것으로부터 얼마만큼이나 벗어나 있는가에 의해 평가됩니다.

정치사상의 경우 쳐부숴야 할 '적'은 자신의 밖에 존재합니다. 그러나 윤리사상의 경우 일단 극복해야 할 '적'은 왕왕 자신의 안에서 발견됩니다. 정치사상에서는 짓밟히고 있다는 분노가 기축을 이룹니다. 그러나 윤리사상의 경우에는 어떻게 짓밟고 있는가, 혹은 짓밟히는 것이 습성화되어 있는가라는 점검을 빠뜨릴 수 없습니다. 전자를 강자에 대한 대항이라고 한다면, 후자는 (이제는 그다지 바람직한 표현이라 할 수 없게 되었습니다만) '약자'에 대한 시점 내지 '약자'로서의 시점을 근간으로 성립됩니다. 동시에 이러한 윤리사상의 양태가 필연적으로 정치사상의 양태를 규정할 것이라고도 생각했습니다.

이러한 이유에서 저는, 남들은 어떻든, 저의 사상사만은 정치사상과 윤리사상 두 개의 축으로 만들어가고 싶다고 마음을 정하게 되었습니다(라고 이제는 정리할 수 있게 된 것 같습니다). 당시의 저는 그렇게 함으로써 일본사상사에서 보이는 화혼양재和魂洋才식의 고질병을 극복해 나갈 생각이었습니다. 그래서 저는 정치사상을 권력에 대한 자세라고 보고 윤리사상은 유럽 문명에 대한 자세로 보면서, 그 중심축中軸을 동서양의 사상 사이에서 가장 낙차가 두드러진다고 여겨졌던 ―당시의 표현으로 말씀드리자면― '부인론婦人論'에 두게 되었습니다.

기계적으로 말씀드리자면, 부인론을 가지고 각 사상의 진정성을 측정하는 리트머스 시험지로 삼고 싶다는 마음도 있었습니다. 지금 생각하면 그것은 남성 사상가에게만 적용할

시작하며 : 여성사와 나

수 있는 기준에 불과합니다만, 그 무렵부터 가르침을 받게 된 이에나가 사부로^{家永三郎} 선생님께서 "진보적 정신을 비교적 정확히 측정할 수 있는 대상은 가족도덕에 관한 견해"[1]라고 하신 말씀을 매우 좋아했기 때문이기도 합니다.

물론 그 무렵에는 여성문제에 관한 고전이라고 할 수 있는 아우구스트 베벨^{August Bebel}의 『부인론』[2]에서도 강한 영향을 받았습니다. 너무도 잘 알려진 문구입니다만, "여성은 이중으로 고통받고 있다. 첫째, 남자에 대한 사회적 종속 때문에 고통받는다 … 둘째, 여성은 경제적 종속으로 고통받는다"라든가, "양성 상호의 독립과 평등 없이는 인류의 해방은 결코 있을 수 없다" 등과 같은 말은, 이후로 줄곧 귓가에서 울리고 있습니다.

그러한 이유에서 무엇인가 쓰게 된다면 부인론을 언급하거나 여성에 관해 하나의 항목을 설정하는 것이 습관이 되었습니다. 민망함을 무릅쓰고 말씀드린다면, 『일본 근대사상의 형성』에서는 요시다 쇼인^{吉田松陰}・후쿠자와 유키치^{福澤諭吉}・고토쿠 슈스이^{幸德秋水} 등의 부인론에 나름 주의를 기울였습니다. 그 과정에서 부인론이 실은 남성론을 이룬다는 것을 실감하기도 했습니다. 『메이지의 사상』에는 "신여성^{新しい女}'의 출현'이라는 장을 넣었습니다.[3]

---

1) 家永三郎「反近代主義の歷史的省察」『日本近代思想史研究』東京大學出版會, 1953.
2) *Die Frau und der Sozialismus*, 1879; アウグスト・ベーベル, 草間平作 譯『婦人論』岩波書店, 1928.
3) 鹿野政直『日本近代思想の形成』新評論社, 1956;『明治の思想』筑

아동용으로 집필한 『메이지유신에 헌신한 사람들』[4]에는 다섯 명의 등장인물 가운데 한 명으로 나카야마 미키[5]를 넣었습니다. 그리고 스승인 니시오카 도라노스케^{西岡虎之助} 선생님과의 공저 『일본근대사:흑선에서 패전까지』[6]에서는 당시까지 그늘에 가려져 있던 여성과 어린이를 주체로 하려고 노력했다고 기억합니다.

제 마음이 그러한 방황의 길을 걷게 되는 출발점이 되었던 것은, 아마도 어린 시절의 원체험^{原體驗}일 것입니다. 그에 관해서는 이미 공개한 적이 있기 때문에, 여기에서는 반복하지 않으려 합니다.[7] 그러나 다소 복잡했던 가정환경 안에서 '남들과 같은' 혹은 '일반적'인 것을 강하게 동경했던 기억은 지금도 선명합니다. 의심할 여지없이 끔찍하게 어두운 아이였고 —그 어두움은 지금도 완전히 사라지지는 않았습니다만— 당시에는

摩書房, 1964.
4) 鹿野政直 『明治維新につくした人々』さ・え・ら書房, 1966.
5) [역주] 나카야마 미키(中山みき, 1798~1887)는 덴리교(天理敎)를 창시한 교조다. 현 나라현(奈良縣) 덴리시(天理市)에 거주하는 주부였던 그는 40세에 돌연 접신을 경험하면서 자신의 종교적 사명을 깨달았다. 남편 사후인 1853년부터 종교활동을 본격화, 안산(安産) 기원과 질병치료에 대한 기대 등으로 신도가 급증했다. 그러한 움직임이 메이지 정부에 의해 위험시되어 십여 차례 이상 투옥되었음에도, 그는 끝까지 타협하지 않았다. 가노는 『메이지유신에 헌신한 사람들』에서 나카야마 미키 외에, 메이지유신의 정신적 지주 및 그 주역으로 일컬어지는 요시다 쇼인(吉田松陰), 다카스기 신사쿠(高杉晋作), 사카모토 료마(坂本竜馬), 오쿠보 도시미치(大久保利通) 등을 함께 다루었다.
6) 西岡虎之助・鹿野政直 『日本近代史:黒船から敗戰まで』築摩書房, 1971.
7) 鹿野政直 『戰前・「家」の思想』創文社, 1983.

시작하며 : 여성사와 나

우리 집이 '남들과 같고' '일반적'이라면, 모든 고민이 흔적도 없이 사라질 거라는 생각에 사로잡혀 있었습니다.

그러한 체험이 저를 겁쟁이로 만들어서 강자에 맞서는 것은 도저히 엄두도 내지 못했던 반면, 차별이라는 것에는 다소간 민감하게 되었던 것인지도 모르겠습니다. 세상의 다수파로부터 밀려나 있는 것만으로 얼마나 살기 어려운 것인지, 혹은 날마다 얼마나 긴장하지 않을 수 없는지를, 저 자신도 그 중심에 있었던 만큼 충분히 스스로 경험하기도 했고 다른 사람의 사례를 목격하기도 했습니다.

'보통'=다수파에서 비껴난 사람은, 그 배제를 각인하는 한정사=부정적인 수식어를 머리 속에 담고 살게 됩니다. 여기에서 말하는 다수파란 단지 숫자만이 아니라 정통이라고 간주되는 지위에 있는 사람을 말합니다. 거기에서 벗어난 사람에게는, 설령 수적으로 우월해도 소수파적인 위치가 지정석이 됩니다. 예를 들면 아무리 압도적인 다수여도 '사립대생'이라고 불리는 것처럼 말입니다. 여성도 유사한 지위에 있어서, 그러한 의미에서 사회에서의 음負의 성격을 짊어진 존재였습니다.

여학생·여사무원·여류작가 등으로 불려온 사람의 감각은 —이 경우 저는 다수파라서 상상하는 수밖에 없습니다만— 학생·사무원·작가라는 호칭으로 익숙해진 사람이 헤아리기 어려운 부분을 갖고 있을 것입니다. 그것은 제 인생의 배우자와의 생활을 통해서도 지각하게 되었습니다.

그러한 각도에서 역사를 접하고 있던 저에게 당시까지와 같이 여성사를 '부속품'적인 접근으로서가 아니라, 정면에서 다루고자 하는 마음을 갖게 된 전환기는 지금 찾아보니 1970~1971년이었던 듯합니다.

그 무렵 종종 쓰고 있던 짧은 글에 덧붙이는 형식으로, 이러한 문장이 있었습니다.

> ① 국가론이 유행하려는 징조 앞에 나는 공포로 몸이 굳어진다. … 나는 거기에서 단호히 '여자들'의 입장을 취한다. 즉 국가를 보는 눈은 "지사志士·성인仁人"이 아니라, '여자들'의 눈이면 좋겠다고 항상 생각하고 있다.[8]
>
> ② 일본인의 마음이라든가 일본인의 행동의 미학이라든가 하는 것들이 논해지는 계절이 되었다. 남자들에게는 순국의 외침이 높아졌다 … 그 남자들의 순국을 향한 급격한 경도에 대립이라도 하듯 여성의 자유liberation 운동이 일어났다. 그것은 오늘날 인간 회복을 향한 새로운 움직임을 시사하고 있다.[9]

그리고 1971년은 『세이토青鞜』 창간 60주년이 되는 해이기도 했습니다.

> ③ 오늘날 다양한 '해방'에도 불구하고, 여전히 많은 여성은 타자를 위해 살지 않을 수 없는 운명에 놓여 있다.

---

[8] 「無氣味な國家論流行: 國家は北一輝をも餌食とし」『日本讀書新聞』1970.11.2.
[9] 「いのちを惜しむ思想: そのめばえと枯死」『朝日新聞』1971.2.18. 석간.

시작하며 : 여성사와 나

> 그 가운데 진정으로 자기 자신을 위한 생명의 발로를 주장한 라이초平塚らいてう의 제언은 모든 소외나 차별로부터 해방을 향한 도정道程을 명시하는 것으로, 오늘날의 여성 해방운동의 핵심으로 직결된다.[10]

이 시기 국가론의 급격한 대두가 저를 그 반대쪽으로 내몰았던 것으로 보입니다. '보입니다'라고 남의 일처럼 쓴 것은, 여성사를 향한 저의 경도가 심해진 것이 남자의 문명에 대항하는 또 하나의 문명으로서 여성의 문명을 기대想望했기 때문이 아니었을까라고 막연히 생각해 왔는데, 실제로는 그러한 시야를 가지지는 못한 채 국가론에 대한 위기감에 기반한 것이었음을 이번에 비로소 알게 되었기 때문입니다. 그 국가론에는 대국주의화에 기초하는 것도 있었고, '혁명'의 재해석에 의한 기타 잇키北一輝 붐도 있었습니다. 또 미시마 유키오三島由紀夫의 자살은 ①과 ② 사이에 일어났습니다.

1980년대에 이르러 '여자女, おんな의 시대'라는 말이 빈번히 들리게 되었습니다. 여성에게 듣기 좋은 이 표현에 담긴 함정과 간계奸智를, 페미니즘의 깃발을 내건 우에노 지즈코上野千鶴子가 다음과 같이 비판했습니다. "여자는 멸시받는 대신 이번에는 추켜세워진다. 같은 문화 안에서 천대賤의 극한에서 신성시聖의 극한으로 이행한 것뿐이다. 여자를 파고드는 남자 사회의 패러다임枠組은 조금도 변하지 않았다. 망가진 남자를 대신해서 바야흐로 변혁의 주체는 여자라는 부추김에 의해 여자들에게

---

10) 「『青鞜』創刊から60年」『讀賣新聞』1971.9.2. 조간.

기대되는 것은, 실은 남자가 망가뜨린 사회의 뒤치다꺼리를 한다는 변함없는 아내 역할이자 어머니의 역할이다."[11]

너무도 통렬한 지적이라, 돌아보면 혹시 저에게도 그러한 생각이 있었던 게 아닐지 가슴이 철렁했습니다(물론 그 말이 남자의 입에서 나올 때의, 엷은 웃음을 머금은 야유와는 크게 다른 것이었습니다만). 하지만 오히려 그렇게 생각하는 면도 있었기 때문에, 과하게 폼잡지 않고 저 나름대로 여성사와 정면에서 마주할 수 있었던 듯합니다.

그때 저를 가장 강하게 끌어당기고 있었던 것은 '여자의 논리'라고 말할 수 있는 것이었습니다. 그것이 관심의 목표로서 심장을 뛰게 한 것은, 거기에 남성이 여성에 대해서 갖는 통념의 이단뛰기에 가까운 전회轉回의 열쇠가 있다고 생각했기 때문입니다. 즉 다음과 같은 것입니다.

만일 '지적 수준=사물物事의 이해력'이라는 기준을 세울 경우, '여자는 모른다'(='여자가 알겠나')는 것이 남자들이 갖는 통념의 가장 기본적 형태였습니다. 마음 깊이 그렇게 생각하고 있는 경우도 있지만, 각자 일종의 시종을 거느리고 싶다는 마음에서 그렇게 말하는 경우도 있습니다. 말할 것도 없이 지금도 전혀 없다고는 할 수 없습니다.

하지만 그것만으로 끝까지 버틸 수 없는 상태가 된 경우, 다음의 형태가 제기됩니다. '여자라도 알 수는 있다'라는 것인

---

11) 上野千鶴子『女は世界を救えるか』勁草書房, 1986.

시작하며 : 여성사와 나

데, 이것은 남자의 수준을 10이라고 한다면 여자의 수준을 7~8 정도로는 인정할 수 있다는 것으로, 이 경우 남자는 전통적인 우위성에 더하여 '세상 이치의 이해력'이라는 새로운 가치도 획득합니다.

그렇지만 제가 '여자의 논리'라고 하는 것은 앞의 두 개 모두와도 다릅니다. 그것은 '여자이니까 안다'라는 시점의 수립을 의미합니다. 여성은 억압을 받던 입장이었던 만큼 억압자였던 남성에게는 보이지 않는 세계가 보이고, 그 각도로부터의 세계상이 무르익고 있다, 그 내적 이해로 나아감으로써 기성의 남성적 통념을 부정할 수 있다, 적어도 동요시킬 수는 있다는 입장의 발견입니다. '이단뛰기'라고 한 것은 그러한 의미에서이며, 그 점에서 제게 여성사는 무엇보다 자신도 그 일원이기도 한 남성을 향한 질문이라는 위치를 점하는 것이 되겠습니다.

본의 아니게 제 얘기가 길어졌습니다만, 또 적지 않게 잘난 체를 한 것 같기도 합니다만, '남자이니까 여성사'라고 곧잘 대답하는 저에 대한 설명 내지 변명은 대략 이상과 같습니다.

그 이후 여성사는 저의 역사학에서 뺄 수 없는 중심의 하나가 되었습니다. 그렇다고는 해도 낼 수 있었던 성과는 부끄러운 수준의 것으로, 호리바 기요코堀場淸子와의 공저『다카무레 이쓰에』, 단저인『전전 '이에'의 사상』, 다시 호리바 기요코와의 공저『할머니·어머니·딸의 시대』, 이상과 같이 두 권의 공저를 포함한 세 권과 몇 편의 논문 및 감상문이 있는 것에

불과합니다.[12)]

또한 '여자의 논리' 등을 주장하면서 어디까지 그것에 제대로 접근할 수 있었는가에 관해서 추궁하신다면, 답변이 궁해집니다. 예를 들면 애초 여성사의 주인공을 무엇이라 부르면 좋을 것인가에 관해, 일종의 당혹스러움을 느끼게 되는 것입니다.

대략적으로 말하자면, 여성사 주인공의 공식적인 호칭은 근대 일본에서는 자칭·타칭 '부인'에서 '여성'으로 변경되는 추이를 밟아왔습니다(그 외에도 '여자女子'가 있습니다만, 논의가 너무 복잡해지기에 여기에서는 다루지 않습니다). '부인'이라는 말은 현재 보수적인 이미지를 띠게 되었습니다(그래도, 아니 그렇기에 단체나 기관의 부국部局의 명칭으로서는 압도적으로 많습니다만). 하지만 본래 근대화 과정에서는 여자가 남자의 장난감 정도로 간주되었던 종래의 통념에 대해, 그녀들도 인간적인 존엄을 가진 존재라는 인식을 담아 점차 널리 사용되어 갔다고 여겨집니다. 1885년 후쿠자와 유키치의 '일본부인론'[13)]과 그 후편이나 1886년 도쿄부인교풍회東京婦人矯風會(현재 일본그리스도교부인교풍회日本キリスト教婦人矯風會) 등은 그 전형적인 사례입니다. 그리하여 인간으로서의 요구를 담은 경우, 부인운동·부인참정권 등으로 익숙한 용어가 되었습니다.

---

12) 鹿野政直·堀場淸子『高群逸枝』朝日新聞社, 1977: 鹿野政直『戰前·「家」の思想』創文社, 1983: 鹿野政直·堀場淸子『祖母·母·娘の時代』岩波ジュニア新書, 1985.

13) [역주] 한국어 번역은 표세만 역『후쿠자와 유키치의 젠더론 — 후쿠자와 선생, 남녀의 풍속을 논하다』보고사, 2014에 수록되어 있다.

시작하며 : 여성사와 나

그러나 그와 짝을 이루는 말이 없는 것에서도 엿보이는 것처럼, 이 용어는 일종의 특별 취급의 결과입니다(그것은 과거의 여성관으로부터의 분리와 새로운 범주 설정을 위해 불가피한 과정이었습니다만). 그러한 특별취급을 오히려 일종의 상자나 제한하는 틀로 의식해서, 그보다는 스스로를 남성을 마주 향하는 보편적 존재라고 하는 감각이 그녀들 안에 가득 차올랐을 때, 자칭으로서 '여성'이라는 용어가 등장하게 되었던 것이라 여겨집니다. 거기에는 음負의 가치에 대한 일종의 인식의 전환이 있었습니다. 그 선두에 히라쓰카 라이초[14])의 '원시, 여성은 태양이었다元始, 女性は太陽であった'가 있었으니, 그러한 의미에서도 이 선언의 획기성을 알 수 있습니다.

물론 '부인'과 '여성'이 각각의 사용자에 의해 확연히 구별되고 있었다는 것은 아닙니다. 라이초가 『세이토』지상에서 가족제도를 통렬히 공격했던 글에는 '세상의 부인들에게'라는 제목이 붙어 있었고, 여성의 정치적 활동의 자유와 성적 억압으로부터의 해방을 내건 1920년대 초의 신부인협회新婦人協會의 기관지는 『여성동맹女性同盟』이었습니다. 그렇지만 대체적으로

---

14) [역주] 히라쓰카 라이초(平塚らいてう, 1886~1971)는 근대 일본의 여성운동가, 사상가, 작가로 본명은 하루(明)이다. 일본여자대학교 가정학부를 졸업하였으며 재학중에 철학과 선(禪)의 수행을 통한 자아확립을 추구했다. 1911년 여성에 의한 일본 최초의 잡지 『세이토』를 창간, 권두에 게재한 '원시, 여성은 태양이었다'라는 시는 근대 일본 여성해방의 상징적 선언이라 할 수 있다. 대표적인 활동으로는 법률에 의한 결혼을 거부하고 '공동생활'을 고집한 것이나 모성보호논쟁을 전개한 것, 신부인협회를 설립해서 여성의 정치참가를 위한 의회청원운동을 전개한 것, 소비조합을 전개한 것 등을 들 수 있다. 전후에는 주로 평화운동을 전개했다.

볼 때 1916년의 『부인공론婦人公論』에서 1922년의 『여성개조女性改造』로 정도의 변화가 있었던 것은 분명합니다.

그러나 1970년 전후부터 여성해방운동이 고조되면서, 이 '여성'이라는 용어도 운동이 체현하려 하는 내실을 충분히 감당해내지 못한다는 의식이 강해졌던 듯합니다. 종래 거의 차별어에 가까웠던 '온나女'15)가 보다 생생한 혹은 총체적인 해방을 짊어진 용어로서 여성 자신에 의해 기쁘게 사용되기에 이른 것입니다.

마침 그 무렵부터 여성사를 정면에서 마주하면서 결국 저는 거의 '여성'으로 통일해 왔습니다. 남성인 저로서는 그들을 '온나'라고 부르는 것에 일종의 기피, 꺼림, 두려움이 있었기 때문입니다. '살림暮らし' 대신 '생활'이라고 하는 것처럼, 건조함과 형식성을 고집한 셈입니다. 무리할 필요는 없다고 생각해 왔습니다만, 이 원고에서는 드디어 그러한 심리적 속박에서 자유로워지고 있는 것 같습니다..

이러한 성과의 부족함, 태도의 모호함에도 불구하고, 저는 '여자니까 알고', '여자니까 보이는' 것들을 추적하여, 저 나름

---

15) [역주] 일본어의 '女, おんな(온나)'는 본래 여자인 사람을 포괄적으로 가리키는 단어이지만 일반적으로는 '여성'에 비해 비하·차별적인 느낌을 담아 사용되었다. 그러나 1970년대 이래 '우먼 리브'라고 불리는 여성해방운동 당시에는, 종래의 주부, 아내, 어머니 등의 역할에 규정되지 않는 존재라는 의미를 담은 용어로서 당사자들에 의해 적극적으로 사용되기도 했다. 이 책에서는 원칙적으로 가장 넓은 의미에서의 '여자'로 번역했고, 예외적인 경우에 '온나'로 표기했다. 또한, 일본어에서의 '여자(女子)'는 성인보다는 주로 여학생을 칭하는 등 한국어의 '여자'와는 또 다른 뉘앙스가 있다는 점을 밝혀둔다.

의 그 지점에서 역사를 새롭게 파악하려 해왔습니다. 십수 년 동안 그렇게 여성사를 마주해 온 인간으로서, 요즘[1988년] 여성이나 여성사에 무엇인가 하나의 전환이 생긴 것은 아닐까 하는 생각이 점차 강해지고 있습니다. 그러한 생각을 단서로 삼아 지금 여성문제는 어떠한 국면에 이르렀는지, 그와 함께 여성사는 어떠한 과제를 짊어지고 있는지 탐색해보려 합니다.

제 I 편

여자들·여성사의 논점

제 *1* 장

여자들의 위치

1.1 여성의 위치는 변했는가

제1편의 제목을 '논점'으로 했습니다만,[1] 여성의 위치가 변했는가 아닌가는 전전과 전후의 일본이 본질적으로 변했는가 아닌가와 마찬가지로 어려운 문제입니다.

1951년 시작된 『아사히신문朝日新聞』의 '한 때ひととき' 코너를 비롯하여 각 신문에는 여성 전용 투고란이 만들어지고 있었고, 그 외에도 독자 투고란은 적지 않았습니다. 그 내용을 살펴보면 여성이 가진 고민의 질은 좀처럼 변하기 어려운 것이었다는 감상을 떨치기 어렵습니다. '신상 상담身の上相談'이라는 명칭의 코너가 만들어진 것은 1914년 『요미우리신문讀賣新聞』입

---

[1] [역주] 원래는 전기(轉機)였으나 한국에서 혼선을 줄 수 있는 용어여서 본문에서는 적절히 논점이나 전환 등으로 바꾸어 번역하였다.

제1장 여자들의 위치

니다만, 그 무렵과 조금도 변화하지 않았다고 여겨지는 종류의 고민, 예를 들면 고부간의 갈등이라든가 남편의 폭력이나 외도 등은 지금도 끊임없이 등장합니다. 그 외의 투고란도 비슷한 상태입니다. 또 경제계, 정계, 노동계, 학계와 같이 하나하나 살펴보면 어느 것이든 견고한 남성사회의 상이 그려집니다.

이 원고를 정리하고 있는 시점에서의 사례를 이렇게 들 수 있겠습니다. 앞의 것은 사생활에 관련된 것, 뒤의 것은 직업에 관한 것입니다.

> ① 인테리어 용품 회사에서 일하고 있는 남편 행동의 배후에서 여성의 그림자를 느끼기 시작한 이래, 밤낮으로 끊임없는 질투심에 시달리고 있습니다. 남편을 책망하기보다 지금은 단지 이 지옥에서 벗어나고 싶은 생각뿐입니다. … 마음의 평안을 얻으려면 어떻게 하면 좋을지 가르쳐 주십시오. (고뇌하는 아내, 39세)[2]
>
> ② "설명할 때는 여성이 아니라, 남자를 불러주실 거죠?" 수화기에서 그런 말이 들려온다. 처음 있는 일은 아니지만 역시 기분이 좋지는 않다. "제가 담당자이니 설명해 드리겠습니다."라는 답변에 상대는 조금 당황하는 모습을 보인다. (야마모토 마사미山本眞美. 회사원, 22세)[3]

그러나 적어도 그것뿐만은 아니게 되었습니다. 한편으로 과거부터의 오래된 원리나 관행이 재생산되면서도 그것이 압도적 다수의 문제라는 절실함이 줄어들고 있는 것은 부정할 수

---

2) 『朝日新聞』1988.11.12. 조간 「こころ」란.
3) 『朝日新聞』1988.10.30. 조간 「聲」란.

없습니다. 제가 소수의 사람만이 안고 있는 문제를 경시하려는 것은 아니고, 오히려 그곳에 여성문제가 다른 사회문제로 통하는 면이 제시되고 있다고도 생각합니다만, 문제가 매우 다양화하고 있다는 것은 의심의 여지가 없습니다.

1.2 '신상 상담'에 대한 답변

가까운 곳에서 변화의 징조를 찾는다면, 앞의 ①에 대한 답에서 볼 수 있습니다. 거기에는 독자로부터의 답변이 주부층을 중심으로 약 120통이 모였다고 합니다만, (1) 대부분은 남편의 마음을 돌이키려면 따듯한 가정을 이루려는 노력이 중요한 것이며, (2) 아내 자신이 적극적으로 인생을 개척해 가는 것을 추천하는 것도 많았다고 합니다.[4]

제시되고 있는 답변들 중에서 일부를 발췌해서 제시하면 다음과 같습니다.

일단 (1)의 경우,

> 지쳐서 돌아오는 남편을 당신은 어떠한 방법으로 맞이하고 있습니까. 보다 겸허한 마음으로 아내의 역할에 몰두해 보십시오. (후지이 기미코藤井喜美子)
> 영혼을 갈아넣을 정도로 일하고 있는 남편에게 감사하는 마음이 있다면, 분명 외도도 끝날 것입니다. (익명)

다음으로 (2)의 경우,

---
4) 『朝日新聞』 1988.12.10. 조간.

제1장 여자들의 위치

자기 나름의 세계를 구축해서, 유사시에는 혼자라도 살아갈 수 있는 정신적 자립에도 관심을 갖기 바랍니다.

(가타미 후지코^{片見富士子})

조사하지 말고 그냥 두시기 바랍니다. 그보다 당신 자신의 인생의 첫걸음을 뗄 좋은 기회입니다.

(주몬지 미에^{十文字美惠})

이혼을 각오하고 남편에게 상대 여성에 관해 추궁해야 한다고 생각합니다 … 당신이 몸을 바로 세우고 정신적인 자립을 이루지 못하는 한, 언제까지나 '지옥'을 벗어날 수 없습니다. (아이바 히데코^{相場秀子})

그리고 이 중간에 '산뜻한 취미'를 갖는다거나 '무언가 도전'해서 스스로 빛나는 존재가 되고, 그로써 남편을 끌어당기면 어떨까 하는 등의 의견이 있습니다.

답변의 방향은 다양합니다. (1)은 보다 완벽한 주부를 지향하고, (2)는 주부의 자리에 그렇게 매달리지 말라고 조언하고 있습니다. 하지만 상담자인 '고민하는 아내'가 당장 기대했을 전면적 동정은, 전혀 없습니다(정확히 그와 정반대로 남편에 대한 도덕적 비난도 전혀 없으며, 어쩔 수 없다고 할까 혹은 당연하다고 할까, 그러한 남자에게 너무 집착하지 말라고 단언하고 있습니다). 오히려 특징적인 것은 이 아내를 향해 자기 발전을 위한 노력을 추천하는 것입니다. 그러한 점에서는 회사인간을 수용하는 역할을 강조하는 (1)의 경우에도 아내를 일방적인 피해자의 입장으로 규정^{措定}하기보다는, 부부 가운데 한편으로서의 책임을 주장하고 있습니다.

이러한 경우에 나타나기 쉬웠던 자제라든가 단념이라든가 인종忍從 등의 권장은 자취를 감추고, 방향은 다양하지만 아내 쪽의 주체적 행위가 한결같이 요구되고 있습니다. 조언자로 등장한 가인歌人 바바 아키코馬場あき子도 "남에 의해 충족되기를 바라는 안이한 생각을 버리고", "스스로에 의한 자신을 위한 정신의 활동"이 필요하다고 권장하고 있습니다. 답변자 다나카 유타카田中裕가 이야기한 것처럼 "노력도 하지 않고 안주하고 있으면, 남편만이 아니라 당신 자신의 중요한 인생도 잃게 된"다는 것이(강조는 인용자) 대체로 공통된 인식이었습니다. 그러한 의미에서 고민은 변하지 않는 것처럼 보이지만 그에 대한 반응은 크게 변했다고 할 수 있습니다.

1.3 결혼관의 변화

결혼이라는 문제를 보아도 그러한 경향은 현저합니다.

여성에게 '결혼'이라는 두 글자는 평생의 꿈과 행복 전부가 넘쳐날 듯한 주술성을 가지고 있었습니다. 당연히 그 궁극의 목표는 '정식의' 결혼 즉 법률혼으로 향하는 것이었습니다. 거기에서 멀리 있던 사람일수록, 대개 그를 향해 강한 동경을 갖기 마련이었습니다.

이성과의 우연적이거나 강제성이 강한 관계, 예를 들어 중혼重婚이나 족입혼足入婚5)·내연관계 혹은 성매매 등에 비해 법

---

5) [역주] '아시이레콘(足入れ婚)'은 본래 일본의 일부 지역에서 행해진

제1장 여자들의 위치

률혼은 스스로를 지킬 수 있는 보장을 부여한다는 점에서, 그러한 마음을 갖는 것은 당연했습니다. 법률상으로 가부장제를 확립한 것이라고 비판받는 1898년 성립된 구 민법[6]조차, 이혼 조건을 명기했다는 단지 그 이유 하나 때문에 —그 조건이 '간통'의 조항을 아내에게만 적용한다는 편파성을 가지고 있었음에도 불구하고— 남편이 원하는 방식의 이혼 선언을 격감시켰고, 그만큼 아내의 지위를 보증하는 역할을 수행하기도 했습니다.

그러나 지금은 여성에게 선택의 폭이 크게 확대되고 있습니다. 족입혼이나 내연 등과 같이 이른바 법률혼을 종착점으로 하는 사실혼 외에, —일부러 법률혼에 의해 구속되고 싶지 않다는 의미에서— 법률혼으로부터 스스로 이반하고 있는 사실혼이, 이른바 '사추기思秋期[7]' 등의 고뇌가 축적되면서 하나의 선택지로서 지향되기에 이르렀고, 더 나아가 비혼이라는 범주도 성립되고 있습니다.

실제로는 후자의 의미에서, 즉 법률혼에 구속되고 싶지 않

풍습으로, 일단 혼인 성립 의식을 치른 후에도 신부가 시가로 옮겨가 정식으로 결혼생활을 시작하기 전까지, 신랑이 일정 기간 동안 신부가 있는 처가를 방문하여 머물렀다. 이 글에서는 '결혼 전의 동거나 임시 처가살이' 정도의 의미로 사용한 듯하다.

6) [역주] 메이지 민법이라고도 불리며 '이에 제도'를 기초로 삼아 호주인 가장이 가족을 통솔하고 그 지위와 가산을 원칙적으로 장자에게 계승시키는 것을 특징으로 했다. 제2차 세계대전 후 1947년 임시조치법을 거쳐 1948년 새로운 민법으로 개정되었다.

7) [역주] 50대 이후 갱년기를 비롯해 다양한 고민이 생긴 중장년층을 지칭하던 유행어.

다는 이유로 사실혼이나 비혼의 깃발을 든 사람은 매우 적을 것입니다. 또 지역에 따른 차이도 있을 것입니다. 그러나 그러한 현상이 어느 정도 사회적으로 폭넓게 출현한 것은, 법률혼의 지위를 동요시키지 않을 수 없었을 것입니다. 그와 동시에 그와 같이 선택의 폭이 확대된 것을 저는 중시하고 싶습니다. 보이는 대로 말하자면, 열렬한 결혼 희망부터 결혼에 대한 냉소까지가 공존하는 상황이 되었습니다. 일견 방향은 정반대이지만, 그들 모두에서 억압을 제거하려는 여성들의 생각만큼은 공통적으로 확인할 수 있는 듯합니다.

구 민법 이혼 관련 조항

- 제2관款 재판상의 이혼
    제813조 부부의 한쪽은 다음의 경우에 한해 이혼의 소송을 제기할 수 있다
    일 , 배우자가 중혼을 했을 때
    이 , 아내가 간통을 했을 때[8]
    삼 , 남편이 간음죄에 의해 형에 처해졌을 때 …

1.4 부부별성의 문제

결혼해서 성이 변한다는 문제에 관해서도 그와 유사한 일종의 분해현상이 뚜렷해졌습니다. 민법에서는 결혼할 때 성은 남편과 아내의 성 중에 한쪽을 선택한다고 규정되어 있습니다. 하

---

8) [역주] 간통은 여자에게는 이혼 사유가 되었으나 남자에게는 적용되지 않는다는 점에서, 구 민법에서 남녀의 불평등을 상징하는 대표적인 조항으로 간주된다.

제1장 여자들의 위치

지만 실제로는 98% 이상이 남편의 성을 쓴다고 합니다. 그러한 경우 아내의 인격이 남편에게 흡수될 것을 우려하여, 별성의 선택도 가능하게 하려는 움직임이 일어났습니다.

그 이전에는 왕왕 성이 변하는 일이 '정식' 결혼의 증거로서, 여자들에게 행복감의 일부일 수도 있었습니다. 특히 결혼의 과정에서 어려움이나 방해가 있었던 경우, 입적入籍한 후 승리자가 된 환희에 차서 남편의 성을 기입하는 사례는 얼마든지 있습니다. 그런데 부부가 같은 성을 갖는, 이른바 동성화同姓化에 대한 강한 욕구라고 하는 기조가 분해되기 시작한 것입니다.

이노우에 하루요의 『여자의 '성'을 돌려달라』[9]는 그 문제를 처음 본격적으로 세상에 내놓은 책이었습니다. 이 책에서는 동성화나 별성 유지가 어떻게 사람들의 고민이 되고 있는지를 논의하는데, ①사실혼, ②아내가 통칭通稱으로 옛 성을 사용, ③ 남편이 통칭으로 옛 성을 사용하는 세 개의 형태로 별성이 권장되고 있습니다. 그렇지만 근래에는 외동딸이기 때문에 결혼해서 남편의 성으로 바꾸면 생가의 성이 소멸한다는, 이에ィエ[10] 관념에 의한 별성 유지의 욕구도 있습니다. 저 자신

---

9) 井上治代『女の「姓」を返して』創元社, 1986.
10) [역주] '이에'란 '가명(家名), 가산, 가업을 기반으로 하며, 이러한 것들이 초세대적으로 계승되는 것을 목적으로 하는 집단'이라 정의할 수 있다. '이에'는 원칙적으로 직계의 남자 가장에 의해 계승되며, 가장은 가족성원의 부양을 책임지는 대신 가업과 가사를 총괄하고 가산을 관리하며, 선조제사를 행하고, 가명의 존속과 발전에 힘쓴다. 이러한 이에를 기초로 하는 일본의 전통적 가족제도가 '이에제도'이며, 1898년 메이지민법에서 그처럼 '전근대적'인 이에제도를 체계적으로 법제화해서 시행한 것이 일본 근대화의 왜곡을 가져온 한 원인으로 지적된다. 제

은 ②라는, 남성 우위의 기만형을 택해온 것에 불과합니다만, 그만큼 별성도 가능하다고 하는 방향으로 강한 선호를 가지고 있는 것은 사실입니다.

독신 여성들로부터 성은 빼고 이름만을 새긴 인감 주문이 늘어나고 있다는 보도도, 독립된 인격의 희구라는 점에서 별성화로의 움직임과 연결된 의식의 동향을 실감하게 했습니다.[11] 이 경우 결혼에 의한 성의 변경을 전제로 하고 있는 것이기는 합니다만, 자신을 잃고 싶지 않은, 자기 자신이고 싶다는 바람이라는 점에서는 공통의 뿌리를 가지고 있습니다.

앞의 기사에 의하면, 이름만으로 인감을 만든 23세의 사무직 여성(이른바 OL)은 (그녀는 '우먼 리브[12] 이미지와는 거리가 먼' 사람이라고 합니다만), 기자에게 이렇게 이야기했다고 합니다. "내 이름의 인감을 갖는다니, 무언가 번듯한 사람이 된 것 같아요", "이제 결혼을 해도 이혼을 해도, 이름과 인감만은 일생동안 저와 함께 합니다. 상대 남자에 의해 변하지 않는 부분을 소중히 여기고 싶다구요". 이러한 '자기주장'은 사회생활을 하다가 대학에 입학한 기혼여성이 답안지에 깜빡 남편의 이름을 써버렸다는, 그와는 매우 대조적인 에피소드를

2차 세계대전 후 민법 개정을 통해 법적으로는 소멸했지만, 실제 생활 속에는 그로 말미암은 관념과 문화가 여전히 뿌리 깊게 자리잡고 있다.
11) 上村惠一「姓は彫らない女性の印鑑」『朝日新聞』1987.4.9. 석간.
12) [역주] 1960년대 후반부터 1970년대 전반 주로 구미와 일본 등에서 전개되었던, 성차별 철폐와 여성의 해방을 추구하는 여성운동. 'women's liberation movement'의 약어.

떠올리게 합니다.

1.5 가정관

이상과 같은 움직임은 당연히 가정관의 변화를 초래했고, 새로운 문제 즉 모순을 폭로하게 되었습니다.

전전戰前부터의 도식으로 말하자면, 가정관에 관해서라면 여성의 입장에서는 가부장제로부터의 해방이 최대 목표였다고 할 수 있습니다. 전후 이른바 마이홈[13] 지향과 '마이홈 파파'가 출현한 것은 강고했던 가부장제를 대폭 완화시켰다는 인상을 주었습니다. 그렇지만 그렇게 간신히 달성된 듯 보였던 '즐거운' 소시민 가족의 이미지는, 창출 과정 그 자체가 붕괴를 향한 계기를 내포하고 있었습니다. 그것을 창출하여 유지하기 위해서는 남편에게 기업전사로서의 역할이 불가결하게 요구되었기 때문입니다.

사실혼이나 비혼과 관련된 또 하나의 결혼 이탈의 방식은, 더 나아가 거기에 아예 가정의 부정이라는 가정관을 더하는 것입니다. 사카모토 요시에의 저서『결혼보다 좋은 관계: 비혼

---

[13] [역주] 마이홈주의는 1960년대에 유행한 사생활의 행복을 중시하는 생활태도로서, 전전의 '멸사봉공' 가치관으로부터의 해방·핵가족화·고도성장 등이 그 배경이 되었다. 텔레비전·냉장고·세탁기라는 이른바 삼종의 신기(三種の神器) 등이 행복한 가정의 이미지가 되었고, 주부의 역할이 마이홈의 주역으로서 주목되었던 한편, 여성의 행복을 아내나 어머니, 주부의 역할에서 찾는 등 성별역할분업의 가치관이 고착되는 계기로도 작용했다.

의 가족관』14)은 책의 제목 그 자체가 그러한 시대의 분위기를 상징하고 있습니다.

1.6 취직관

변화는 여성의 취직관이라는 점에서도 볼 수 있습니다.

제가 직접 알고 있는 학생들이라는 매우 좁은 범위에서의 이야기입니다만, 제가 교사가 된 직후인 1960년대 초기, 여성이라는 성에 속하는 학생들은 자립의 방향을 거의 대부분 취직에서 찾고 있었습니다. 일자리를 구해서 노동을 통해 사회에 참가하고 자신의 수입을 얻는 것, 거기에서 모순을 극복하고 자기를 살리는 열쇠를 찾고자 했습니다.

그러나 1970년대에 들어서면 여성들에게는 일하는 것은 이른바 그 기업에게 소모품, 게다가 여성의 경우 보조 부품에 불과하다는 인식이 퍼지게 되었습니다. 그렇다고 해서 취직을 포기하고 가정으로 돌아갔다는 것은 아닙니다. 좋아서라기보다 더욱 각성한 의식을 가지고 취직의 길을 선택하게 되었습니다.

1978년 졸업한 어떤 학생은 우리의 졸업논문 세미나에서 등사판으로 묶은 기념문집『동시대同時代』에 '규격품'이라는 제목을 단 다음과 같은 글을 실었습니다. 그녀는 체인 슈퍼에 취직이 결정된 후 신입사원 교육을 정기적으로 받아온 참이었

---

14) 坂元良江『結婚よりもいい關係: 非婚の家族論』人文書院, 1988.

제1장 여자들의 위치

습니다만, 그 실태를 기록한 후에 다음과 같이 적었습니다.

> 현재의 나는 기업이 바라는 인간이 되는 것을 거부하고 있다. (기업은 특히 여자에게 규격품이 되도록 요구한다. 밝고 고분고분하며 반항하지 않고 남자사원을 위협할 정도의 실적을 올리지 않으며, 3~4년이 지나면 퇴직할 것.) 그러한 나조차도 4월에 입사해 버리면 내 모습을 잃어버릴 것이다. 부인해방이니, 여성사니 하는 것을 고집하지도 못할 것이다. 점점 기업의 그리고 사회가 요구하는 규격품으로서의 여자가 되어갈 것이다. 그렇지만 나는 그냥은 규격품이 되고 싶지 않다. 기업이나 사회가 어떻게 해서 규격화된 여자를 만들 것인가. 똑똑히 이 눈으로 보려는 것이다.

이상과 같은 의식의 결과일까, 여성들의 취직 이후의 길도 다양해졌습니다. 결혼퇴직이든 출산퇴직이든 혹은 정년으로 퇴직하든, 그 선택에 관해 ―무엇보다 여성들의 투쟁이 있었기 때문입니다만― 기업 측의 강제력이 이전보다는 약해졌습니다. 성을 축으로 하는 정년차별은 1986년 시행된 남녀고용기회균등법[15] 제11조에서 금지되었기 때문입니다. 또한 어떠한 형태로든 퇴직한 후 가정에 전념하거나, 자원봉사나 문화센터나 스포츠 등의 학습에 몰두하거나, 이른바 M자형 고용라인[16]에

---

15) [역주] 모집·채용부터 정년·퇴직·해고에 이르는 과정에서 여성차별을 금지하는 법률. 1985년 일본이 국제연합의 여성차별철폐조약을 비준함에 따라 노동조건에서 남녀차별을 금지하는 법률이 필요해진 결과로서 제정되었다. 입법의 의의가 높게 평가되는 반면, 여전히 여성 차별을 목적으로 하는 편법을 허용하는 등 그 한계도 함께 지적된다.

16) [역주] 'M자 커브'라고도 하며, 노동분야에서 여성의 연령별 취업률을

맞춰 재취직하거나, 그들 중 몇 가지의 복합형태인가의 선택을 —아직도 여전히 무엇인가를 단념하는 방식의 결단인 경우가 많기는 하지만— 어쨌든 고려할 수 있게 되었습니다.

1.7 노동의 변화

남녀고용기회균등법은 여성의 사회적 노동에 확실히 변화를 가져왔습니다. 그러나 동시에 그야말로 그로 인해서 새로운 문제가 부각되기에 이르렀습니다. 이 법률에 대해 여성들이 본래 기대했던 것이 자신들도 남자만큼 일하는 것이었나라는 문제입니다. 나카지마 미치코^{中島通子}의 『여자가 일할 때 읽는 책: 업무별 균등법·노동기준법』[17]은 일하는 여성들에게 균등법 시대를 어떻게 살아갈 것인가를 조언하는 책입니다만, 그 안에서는 '균등'이라는 이름을 배신하는 각종 장벽이 남아있을 뿐 아니라 "남자와 여자 모두 점점 일벌로 만들 듯한" 함정이 적지 않게 포함되어 있다고 지적하고 있습니다. 사실은 "남성의 노동 방식이 바뀌지 않으면 안 되는 것"이라고 이 책에서는 탄식합니다. 여성 관리직의 증가도 이 문제가 잘 보이게 만들었습니다. 실제 기업 측 대부분이 신속하게 여성의 능력을

표시하는 지표를 이르는 말로, 그래프로 만들었을 때 그 모양이 알파벳 M자형태의 곡선을 그린다는 데에서 유래했다. 여성의 취업률이 학교 졸업 후인 20대에 높은 수치를 보이고, 30대에는 출산과 육아로 낮아졌다가 육아가 일단락된 40대에 다시 상승한다는, 여성 취업상황의 특징을 드러내는 것이다.

17) 中島通子 著, 菅本久美子 編 『女が働くとき讀む本: ワークステージ別均等法·勞基法』有斐閣, 1988.

충분히 그리고 남김없이 활용하는 전략을 채용하게 되었던 것입니다.

『일본경제신문』의 '부인란'이나, '일하는 여성의 정보지'라고 못박고 1988년 5월 창간된 『닛케이우먼日経ウーマン』등은 그러한 것을 생각하게 해줍니다. 『닛케이우먼』창간호의 '여성이 일하기 쉬운 기업은 어디인가?'라는 권두기사는 일본의 '대표적 기업' 226개 회사를 대상으로 남녀고용 균등도·여성사원 관리직 등용도·여성사원 전력화도戰力化度·모성보호도를 채점한 조사입니다만, 여성 측에 서는 것처럼 표제를 걸고 있는 이 기사의 부제는 너무도 당당하게 '여성의 활용도 랭킹'이었습니다.

1.8 '주부'의 시대

'주부'라는 존재에 관해서도 커다란 변화가 보입니다. 잡지『주부지우主婦之友』가 창간된 것은 1917년이었습니다. 그러한 사실에서도 드러나는 것처럼 1910년대는 '주부'의 등장이 인상 깊었던 시기였습니다. 그 배경에는 제1차 세계대전(1914~1918)과 그에 따른 일본 자본주의의 팽창이 있었습니다. 그것이 샐러리맨층을 가시적인 계층으로 성장시켜 도시를 중심으로 이른바 선구적인 핵가족의 수가 늘어나게 되었던 것입니다.

당시까지 농가든 상가商家든 시집을 간 여성은 시부모나 시누이 등 남편의 가족과 동거하면서, '며느리嫁'로서 농작업이나 상업 등의 가업을 분담했습니다. 그러한 상황에서 이른바 '주부'의 등장은, 손을 더럽히지 않고 살 수 있다는 도시 중류의 이미지와 함께 시집온 여성의 지위를 '며느리'에서 '아내妻'로 전환시킨다는 꿈을 실은 것이었습니다. 그리하여 '주부'는 가계를 운영하는 존재, 부엌을 관리하는 존재, 따라서 가사전담자家事專從者라는 개념이 정착되어 갔습니다.

남편은 회사에서 자신의 직무에 힘쓰고 아내는 가정에서 가사에 열심이라는, 적어도 사람들의 뇌리에서 그러한 현대가족의 정형이 크게 흔들리게 된 것은 이른바 15년전쟁[18] 말기의 일시적 현상을 제외하면 1960년대에 들어선 이후의 일이었습니다. 그러한 변화의 요인으로서 가전제품이 주부의 가사노동 시간을 줄인 것, 마이홈이나 진학을 위한 새로운 재원을 필요로 한 것, 주부가 사회 진출을 향한 의욕을 증진시킨 것, 한편으로 기업 측에서는 주부들을 가사전담자의 위치를 유지시킨 상태에서 노동력으로 삼고 싶어했던 것 등을 생각해볼 수 있습니다만, 여기에서 자세히 다루지는 않겠습니다.

어쨌든 그 결과 이른바 '파트타이머'라고 불리는 여자 노동자가 기혼여성을 중심으로 대량으로 등장, 당시까지 다소 불편한 느낌을 담아 사용해오던 '도모카세기共稼ぎ'라는 용어를 대신해서 '도모바타라키共働き'라는 새로운 용어가 만들어져

---

18) [역주] 1931년 만주사변부터 1945년 일본의 패전에 의한 아시아·태평양 전쟁의 종결에 이르는 15년 동안의 전쟁의 통칭. 1956년 쓰루미 슌스케(鶴見俊輔)에 의해 처음 제창된 개념으로, 만주사변 이래의 일본의 대외팽창 침략전쟁의 연속성을 중시하는 역사인식에 기초하는 명칭이다.

확산되었습니다.[19] 1970년대 이후 취업하지 않는 주부에게 특별히 '전업주부'라는 호칭이 주어진 것은, 그러한 현상에 조응해서 생긴 것이었습니다. 오늘날 취업하지 않은 주부는 50% 이하입니다. 결국 『전업주부가 사라지는 날』[20]이라는 제목의 책조차 등장하게 되었습니다.

이렇게 생각해 보면, 일본에서 '주부'의 시대는 1910년대부터 1970년대에 걸친 시기로, 지금은 확실히 그러한 시대는 지나가려 하고 있다는 역사인식이 생겨납니다. 어쨌든 주어진 것으로서 존재했던 '주부'도 실은 ―그야말로 너무 당연한 이야기입니다만― 하나의 역사적 존재에 불과했다고, 확인을 강요당하고 있는 것입니다. 1910년대에 발흥하기 시작한, 가사설계 중심의 부인잡지가 쇠퇴기를 맞이하고 있는 것도 그와 밀접한 사실입니다.

1.9 성별역할 분업과 교과서

그렇다고 해도 본래 '주부'의 관념을 축으로 하는 성별역할性別役割 분업의 사상이 급속히 소멸되고 있다고 하는 것은 맞지 않습니다. 통념으로부터 벗어나기도 어렵고 그 효용도 높게 인식되었던 만큼, 그것은 끊임없이 재생산되어 왔습니다. 예를

---

19) [역주] 모두 '맞벌이'로 번역할 수 있지만, 전자가 '함께 돈을 벌다'는 의미라면 후자는 '함께 일한다'는 의미에 가깝다.
20) 金森トシエ・北村節子 『專業主婦の消える日: 男女共生の時代』 有斐閣, 1986.

그림 1.1 요리와 케이크 만들기는 항상 여자(『뉴 에브리데이 1학년 ニュー・エブリデイ 1年』, 中教出版)

들면 '세계 여성의 해'[21]를 계기로 행동하는 여자들모임 교육분과회가 집필·간행한 『여자는 이렇게 만들어진다 : 교과서 속의 성차별』[22]을 보면, 교과서 안에서 자각적으로 또는 무자각적으로 '남자는 일, 여자는 가정'이라는 성별역할 분업의식이 어떻게 관철되고 있는가가 철저하게 폭로되고 있습니다.

이 책자는 1. 교과서가 강요하는 여성스러움, 2. 최소한 이 정도는, 3. 해외의 교과서, 4. 자료편으로 되어 있습니다만. 주요 부분을 이루는 1을 보면 이러한 특징의 그야말로 대향연인데, 과목별로 사례를 소개하면 다음과 같습니다.

- 사회과 : 역시?! 여자는 안, 남자는 밖(소학교)
  사람은 곧 남자?(중학 공민)
  가정 : 누구를 위한 휴식의 장(중학 공민·고교 윤

---

21) [역주] 'International Women's Year'. 국제연합이 1972년 총회에서 1975년을 세계 여성의 해로 정하고 활동 목표로서 평등·발전·평화를 내세웠다.
22) 行動を起こす女たちの會教育分科會『女はこうして作られる : 教科書の中の性差別』1979.

제1장 여자들의 위치

리사회)[23]
- 국어 : '심리학'이라는 이름 아래 - 남자는 힘내라, 여자는 안 돼(중학)
  여자 아이는 참가할 수 없나?! 희곡의 시간 - 등장인물은 남자뿐(중학)
- 영어 : She와 He는 이렇게 다르다(중학)
  고교 영어는 His-story(History)(고교)
- 보건 : 신체의 차이로 단정하지 마!(고교 보건)
- 가정과 : 누가 뭐래도 여자는 가정(고교 가정일반)

위에 소개한 사례는 일부분일 뿐입니다. 이러한 경향이 다소 수정되고 있기는 하지만 여전히 뿌리 깊게 지속되고 있으며, 동시에 최근에는 또 다른 문제가 지적되기에 이르렀습니다. 히노 레이코의 「교과서를 묻다:『현대 사회』의 분석으로부터」[24]가 대표적입니다.

히노는 『현대 사회』 과목에 "직장이나 가정에서의 남녀 불평등"이나 "노동조건에 관련된 남녀차별을 없애고 여자가 그 능력을 충분히 발휘할 수 있는 조건과 환경을 정비해 가는 것도 필요"하다는 기술이 있는 것을 들어서, 그것을 하나의 '성과'로 삼고 있습니다. 그 결과 종래와 같은 "성별역할 분업의 시점에서 교과서에 접근하는 분석방법으로는 더 이상 교과서를 문제시할 수 없게 되었"다고 합니다. 그렇다면 모순은 해소된

---

23) [역주] 소학교는 한국의 초등학교에 해당되고 공민(公民) 과목은 한국의 사회 과목에 가깝다. 101쪽 본문 참조.
24) 日野玲子「教科書を問う:『現代社會』の分析から」『女性學年報』8호, 1987.11.

것일까요. 히노의 대답은 단호하게 '아니'라는 것입니다. 히노는 '없앤다'거나 '정비해 간다'는 표현에서 '차별을 받고 있지 않는 측의 입장'에서의 발상을 읽어내고, 새로운 차원에서의 여성 배제가 시도되고 있음을 간파하고 있습니다. 그렇다고는 해도 이상과 같은 내용을 통해 '주부' 문제가 유동화하고 있는 것, 그리고 그에 따른 새로운 상황하에서 다양한 문제가 서로 각축하고 있음을 확인할 수 있습니다.

1.10 '주부'로부터의 이탈과 새로운 문제

그와 같은 움직임은 역사를 보는 눈에도 새로운 시각을 제시하기 시작했습니다. 이제까지 자본주의의 성립과 전개에 수반된 여성의 문제란 첫째로는 여자 노동자의 발굴析出이었고, 다음으로는 직업부인의 등장이었습니다. 즉 여성의 사회적 노동으로의 흡인·참가라는 방향에서 문제가 설정되어 왔던 것입니다. 그러나 이상의 두 가지에 더하여, 최근에는 그것을 주부의 탄생이라는 각도에서 파악하려는 경향이 강해져 왔습니다. 앤 오클리의 『주부의 탄생』[25]은 그러한 각도에서 "여자는 언제부터 '주부'가 되었는가?"를 추구하고, 어떻게 하면 그 "강요된 가정 역할에서 자유롭게 될" 수 있는가를 생각하는 책입니다.

무엇보다 동거하는 가족에 대한 헌신을 기조로 하는 '주부'성으로부터의 이탈은, 다음과 같은 새로운 문제를 초래하고

---

[25] Ann Oakley, *Housewife*, 1974 / アン・オークレー, 岡島茅花 譯『主婦の誕生』三省堂, 1986.

제1장 여자들의 위치

있는 듯합니다. 그 점에 관해 저는 일본의 여성학 연구자인 이노우에 데루코井上輝子의 논문에서 커다란 시사를 얻었습니다.

이노우에는 최근 부인잡지의 쇠퇴와 그에 이은 현상을, '부인잡지에서 생활정보지로' 주역이 교대하는 것으로 파악하면서, 거기에서 "특히 단카이團塊 세대[26] 이후의 여성들"의 "남편을 위하거나 아이를 위해라기보다는, 오히려 자기 개인의 인생과 생활을 만끽하려는" 경향을 읽어내고 있습니다. 그렇다면 그것은 여성의 자립으로 직결되는 것일까요. 여기에서 말하는 생활정보지란 『오렌지 페이지オレンジページ』라든가, 『레터스 클럽レタスクラブ』 등을 지칭하는 것으로, 이노우에는 위의 질문에 다음과 같이 지적하고 있습니다.

그것들이 대개 야채나 과일을 잡지명으로 하는 것은 "미용이라든가 건강에 대한 관심"의 고조를 반영하는 것으로, "사람보다는 사물에 대한 관심"을 조장하면서 또한 "무엇인가를 사는 것이 좋다고 하는 메시지를 동시에 발신하고 있다"는 것입니다.[27] '주부' 이후 여성이 향하고 있는 새로운 모순의 경지가 적확하게 표현되고 있다고 할 수 있습니다.

---

[26] [역주] 일본어의 '단카이(團塊)'는 덩어리라는 의미로, '단카이세대'는 다른 세대에 비해 특별히 인원이 많다는 의미에서, 일본에서 1947~1949년의 베이비붐 시대에 태어난 세대를 가리킨다.

[27] 井上輝子「婦人雜誌から生活情報誌へ: 主婦向け雜誌の世代交代」『新しい家庭科We』1988.12.

1.11 아그네스 논쟁이 제기한 것

게다가 1987년부터 1988년에 걸쳐 전개되었던 이른바 아그네스 논쟁은, 중요한 전환기에 선 여자들의 상황과 그들이 안고 있던 문제를 충격적일 만큼 명백하게 드러냈습니다. 일본에서는 굳이 설명할 필요도 없을 정도이지만, 탤런트인 아그네스 찬アグネス·チャン이 자신의 아이를 직장(이 경우는 TV 방송국)에 데리고 간 것에서 시작된 논쟁입니다.

논쟁의 경과와 주요한 발언은 ① '아그네스 논쟁'을 환영하는 모임에서 편집한 『'아그네스 논쟁'을 읽다』[28])에, 또한 1년 반 정도 그것을 경험한 찬 씨 자신의 생각은 ② 아그네스 찬·하라 히로코 공저의 『'아이 동반 출근'을 생각하다』[29])에 각각 담겨 있습니다. 논쟁의 결과 파생적 문제도 발생했습니다만, 중심이 된 것은 말할 것도 없이 '아이 동반 출근'의 시비를 가리는 형태를 취하는, 그러한 의미의 검토였습니다.

이상의 책을 읽다보면, 그러한 핵심을 일거에 날카롭게 찌르는 역할을 했던 것은 우에노 지즈코의 「일하는 엄마가 잃어온 것: '아이 동반 출근'의 아그네스를 옹호」(①에 수록)였다는 인상을 갖게 됩니다. "아그네스는 야마구치 모모에[30]) 씨처럼

---

28) 「アグネス論爭」を愉しむ會 編 『「アグネス論爭」を讀む』 JICC出版局, 1988.
29) アグネス・チャン・原ひろ子 『"子連れ出勤"を考える』 岩波ブックレット, 1988.
30) [역주] 야마구치 모모에(山口百惠, 1959~). 일본의 유명 여성 가수이자 배우. 14세에 데뷔한 후 절정의 인기를 누리던 21세에 결혼, 단 7년만에

제1장 여자들의 위치

'결혼퇴직'도, 마쓰다 세이코[31] 씨처럼 '육아휴직'도 하지 않았다. … 주위가 깜짝 놀라는 사이, 예능계 최초로 '아이 동반 출근'이라는 '비상식'을 저지르고 말았다." 그러한 '파격'에 의해 그녀는 "'일하는 어머니'의 배후에 아이가 있다는 것"을 "세상에 드러내 보였다"라고 우에노는 지적했습니다. 야유 섞인 논조로 주도되던 느낌의 이 논쟁은, 우에노의 발언을 계기로 페미니즘적 양상을 전면에 드러내게 되었습니다.[32]

메이오 마사코冥王まさ子의「'아이 동반 아그네스'를 둘러싸고」(①에 수록)는 "아이 동반 출근이 안 되는 것은 일하는 인간으로서의 자부심이 용납하지 않아서가 아니라, 업무에 방해가 되지 않는다고 해도 사회가 용납하지 않아서라는 것을, 직업을 가진 어머니라면 누구라도 알고 있다"고, 동성同性을 포함한 '사회'의 통념이 갖는 높은 압력과 그 안에 숨겨진 어머니의 본심을 다루었습니다.

에하라 유미코江原由美子의「아그네스의 '두 개의 얼굴'」(①에 수록)에서는 아그네스가 던진 돌에는 분명 우에노가 지적한

연예계의 은퇴를 선택하여 당시 일본 사회에 놀라움과 충격을 주었다.
31) [역주] 마쓰다 세이코(松田聖子, 1962~). 일본의 아이돌 출신 가수이자 배우. 1979년 연예계에 데뷔하여 가수와 배우로 절정의 인기를 구가하던 중인 1985년 6월 결혼한 후 그해 연말 임신과 출산을 위한 휴업에 돌입했고, 이듬해 10월 장녀를 출산하고 가수로 복귀했다.
32) 본래 이 논쟁이 탤런트 만능시대에, 그 탤런트의 화제성에 편승한(내지는 그것을 이용한) 상업주의에 의해 야기되었다는 사정을 간과할 수는 없습니다. 거기에 현대의 어떤 찜찜함을 같이 느껴야 한다는 기분이 어딘가 저를 사로잡기도 했습니다. 또 찬의 행위가 당사자인 영유아에게는 어떠했는가라는 문제도 남습니다.

면이 있음을 인정한 후, 한편으로는 "아이는 모친이 보살펴야 한다는 주장", 즉 '양처현모' 주장으로 통하는 면도 있다는 문제를 제기했습니다. 이 점에 관해 와카쿠와 미도리는 "생애를 통해 책임 있는 직업인으로서 일하겠다는 각오를 가진 여성이 최우선으로 삼아야 할 것은, 아이를 노동시간 중에 안심하고 맡길 수 있는 시설이나 사람을 확보하는 것"이며, "진정으로 자립한 책임감 없이 안이하게 아이를 가진 여성 또한, 책임감을 가지고 활동하고 있는 여성의 장애물"이라고 주장했습니다.[33]

오치아이 에미코落合惠美子의 「매스컴과 하야시 마리코林眞理子에 의해 왜곡된 '일하는 어머니상'」(①에 수록)은 직업인이자 아내이자 어머니를 추구하며 '남자 따위에게 져서야 되겠나'라는 오기에 사로잡혀 있던 자신이, 아그네스가 던진 돌로 인해 무엇인가 한 꺼풀 벗겨진 듯 해방되었음을 고백하면서 다음과 같이 이야기했습니다. "일하는 어머니들은 줄곧 이를 악물고, 직장에서 부모로서의 얼굴을 보이지 않게 해 왔다. 그 한편에서는 좀 더 많은 보육소를 지어달라고, 장기간 보육을 해달라고 요구하면서도 말이다. 그러나 오해를 두려워하지 않고 말하자면, 나는 이를 악무는 것이 이제 싫다. 일도 아이도 마음 편하게 만끽하고 싶다."

직업인으로서의 여성이 늘어나는 가운데, 어떤 의미에서는

---

33) 若桑みどり「子連れでは責任果たせぬ 職業人なら保育擴充への努力を」,「アグネス論爭」を愉しむ會 編『「アグネス論爭」を讀む』JICC出版局, 1988. 다만 필자는 게재지가 붙인 제목에 항의했다.

제1장 여자들의 위치

가장 심각한데도 안 보이는 체하거나, 개개인의 차원에서 꾹꾹 담아온 문제가 이러한 과정을 거쳐 표면에 드러난 것입니다.

게다가 이것은 일본만의 문제도 아닙니다. 예를 들면 바바라 버그의『일하는 어머니들이 위험해』[34]를 통해 저는 그러한 사실을 알게 되었습니다. 거기에는 다음과 같은 호소가 가득 차 있었습니다.

> 나는 나의 일도, 그리고 내가 어머니라는 사실도 매우 마음에 듭니다. 하지만 아들 곁에 하루 종일 있어줄 수 없는 것에 매우 커다란 죄책감을 느끼고 있습니다. 종종 정말로 온종일 집에 있으면 내가 행복할까라고 생각하기도 합니다. 그러면 더욱 죄책감이 심해집니다.
>
> 마음 속은 언제나 갈등의 연속입니다. 일만 하지 않았더라면 아이와 함께 좀 더 여러 가지가 가능하죠. 아이가 없었다면 좀 더 일이 가능하구요.(강조는 원문)

1.12 남자들의 전환기

자기 행동이 일으킨 파문으로 심하게 부대낀 후 아그네스 찬은, 앞서 소개한 ②의『'아이 동반 출근'을 생각하다』에 초심부터 일련의 사태를 겪으면서 생각하게 되었던 내용을 제대로 정리했습니다. 그 핵심이 되는 생각을 편집부가 정리한 소제목으로 연결하면 다음과 같이 될 것입니다. 이대로 인생 끝나는

---

[34] Barbara Berg, *The Crisis of the Working Mother: Resolving the Conflict Between Family and Work*, 1986 / バーバラ・J・バーグ, 片岡しのぶ・金利光 譯『働く母親たちが危ない』晶文社, 1988.

걸까–일하고 있는 어머니의 아슬아슬한 상황–심각한 보육소 문제–가정의 일에 익숙하지 않은 남자들–외톨이인 어머니들–선택의 폭과 가능성의 확대.

이상에서 보듯 아그네스 논쟁은 여성의 직장 진출이라는 당시까지의 가장 중요한 과제가 일단 달성되었음과 동시에, 새로운 모순에 눈을 떠가는 시기를 상징하는 사건이 되었습니다. 그와 함께 이 사건이 저에게는 아이 동반 출근의 몇 걸음 앞이라 할 수 있는, 아이 동반 집회 참가의 문제를 떠올리게 했습니다. 1955년 제1회 일본모친대회日本母親大會35) 당시 임시 탁아소를 설치한 것이 어머니들에게 커다란 격려가 되었습니다. 이후 집회를 개최할 때에는 탁아소를 개설하는 움직임이 점차 확대되었고 역사가들이 주최하는 모임에서도 보이게 되었습니다.

논쟁의 범주가 확대되는 가운데, 남자들의 침묵이 강 건너 불구경이라는 식의 비판을 받기도 했습니다. 하지만 저는 적지 않은 남자들이 설령 발언은 하지 않더라도 조용히 주목하고 있었다고 생각합니다. 일하는 배우자 및 그 배우자 사이에 가진 아이의 문제는, 남자들에게도 절실한 과제로 의식되고 있었기 때문입니다. 1985년 도쿄도 다나시시田無市에서 시의 남성 직원에게도 육아시간이 인정된 것은 그 상징이라고 할 수 있습니

---

35) [역주] 아이를 지키는 모친이라는 공통성을 가진 모든 계층의 여성이 결집하는 운동단체. 1955년 6월 제1회 대회가 개최된 이래, 매년 전국 각지에서의 지역별 행사에 이어 2만 명 이상이 모이는 전국대회를 개최하는 방식으로 2023년까지도 이어지고 있다. '모친이 변하면 사회가 변한다'가 대표적인 구호이지만, '모친'을 굳이 정체성으로 내세우는 여성관에 대한 비판도 적지 않다.

다. 아이 동반 출근에는 이르지 못했지만, 육아를 공동의 일이라는 의식을 가지고 대하거나 보육소까지의 왕래를 책임지고, 심지어는 그것을 극히 보통의 일로 받아들이는 남자들이 최근 급격히 증가한 것을 볼 수 있습니다.

『'아그네스 논쟁'을 읽다』가 발매 이래 20일간 10만 부가 팔렸고 '남성 독자가 의외로 많았다'[36]는 것도 그러한 상황을 뒷받침하고 있습니다. 또한 그러한 의식의 저류가 있었기에, 야유 섞인 분위기에서 전개되던 이 논쟁이 점차 페미니즘 경향으로 전개되어 갔던 것입니다. 거기에서도 여자들이, 그리고 동시에 남자들도 어떤 전환기를 마주하고 있었음을 알 수 있습니다.

1.13 새로운 여행의 출발

문제의 구조가 변하고 있다는 예감과 실감으로, 여자들은 새로운 여정에 나서기 시작했습니다. 예를 들면, 앞서 잠시 언급했던 『전업주부가 사라지는 날』에는 출판사가 "여성문제를 생각하는 책"이라는 리플릿을 삽입했습니다. 이 출판사는 사실 법학을 중심으로 연구서·교과서·실무서를 다수 출판해온 전통 있는 곳입니다만, 이상의 움직임을 보면 본래의 사풍을 한편으로는 계승하고 한편으로는 조금 이탈하면서, 여성문제의 전망을 개척하려 하고 있었음을 알 수 있습니다.

---

36) 『沖繩タイムス』 1988.8.15. 조간 「讀書」란.

저자·편자·역자 이름을 빼고 서명만을 정리하면 다음의 표와 같습니다. 책 제목을 보는 것만으로도 다양한 과제를 향해 돌진하려는 것을 알 수 있습니다.

<여성문제를 생각하는 책>(1988년 6월 기준)

- 법여성학의 권장
- 현대 가족의 위기
- 여성과 기업의 신시대
- 이혼의 법률논쟁
- 균등법 시대를 살다
- 아내의 지위와 이혼법
- 변화해 가는 부인노동
- 아이들의 가정 붕괴
- 여자노동론
- 남자가 변한다
- 여성인재론
- 여자가 일할 때 읽는 책
- 지금 가사노동에 요구되는 것
- 인재 파견
- 경제 유연화시대의 여성노동
- 비지니스 우먼의 오피스학
- 당신이 HEIB가 되기 위해[37]
- 전업주부가 사라지는 날
- 평범한 얼굴의 여성 기술자
- 싱글 컬처
- 여성 법률가
- 모자유착
- 여성과 리더쉽
- 여자의 법률 키워드
- 미국 여성학 사정
- 자립 가족
- 워킹 프리는 권리
- 여자의 인생 언제라도 출발점
- 이혼!?
- 알기 쉬운 남녀고용기회균등법
- 알기 쉬운 개정노동시간법

---

37) [역주] HEIB=Home Economist in Business. 일본에서는 '기업 내 가정학사(企業內家政學士)'로 번역되었으며, 생활자와 기업을 연결하는 것을 목적으로 1923년 미국 가정학회의 한 분과로 설립되었던 것에서 유래했다. 일본에서는 '가정학 출신' 여부와 무관하게, 기업의 소비자 관련 부문에서 일하는 여성을 '히브(ヒーブ)'로 부르게 되었다.

제1장 여자들의 위치

1.14 여성의 현재와 미래

직업인 여성의 노동에 대한 관심이 전례없이 중요하게 다루어지게 되었습니다. 나아가 그 노동에 관한 새로운 분야가 개척되려는 듯합니다. 여성의 프로페셔널, 즉 전문직이나 관리직이 초점의 하나로 등장하게 되었습니다. '법사회학'을 따라서인지, '법여성학'이라는 분야도 제창되고 있습니다. 아무래도 어둡고 은밀한 영역에 있던 이혼이 백일하에서 다루어지게 되었고, 그러한 의미에서 '시민권'을 얻었다고 할 법한 상황도 보입니다. 그 한편으로 현대 가족이 안고 있는 병리나 이제부터의 가족을 향한 모색도 과제로서 등장하고 있습니다. 남자들과의 새로운 관계 수립이 요구되고 있기도 합니다. 나아가 여기에는 등장하지 않습니다만, 최근 특히 여성을 둘러싸고 있는 문제로서 고령화가 있습니다. 그것은 자기 자신의 고령화로서는 '라이프 사이클life cycle'의 문제임과 동시에 가족·친족과 관련해서는 개호介護(돌봄)의 문제를 제기하고 있습니다.

이처럼 여성문제가 다양화하고 있습니다. 하지만 그렇기 때문에 더욱 미래가 명확히 보이지는 않습니다. 리플릿에서 각 책에 더해진 3~4줄의 내용 소개에 한해서 보자면, '평이하게 해설', '최적의 안내서'라는 등과 같이 독자에게 완성된 답을 제시하려는 타입과 함께, 혹은 그 이상으로 '질문'·'탐색'·'분석'과 같이, 독자와 함께 모색하려는 자세가 선명하게 드러납니다.

1.15 세계 여성의 해와 차별철폐조약

이러한 십수 년의 여성을 둘러싼 상황의 커다란 변화에는 1975년을 '세계 여성의 해'로 하겠다는 국제연합의 결정과 그 이후의 관련 활동이, 가늠하기 어려울 정도로 큰 영향을 미쳤습니다.

이미 1948년 국제연합은 '세계인권선언'을 채택했던 바 있습니다. 그러한 국제연합에게 성차별 철폐는 일관된 목표의 하나였으며, 1967년에는 '여성에 대한 차별철폐에 관한 선언'을 채택했습니다. 그러나 실효성이 제고되지 않은 채 세월이 지난 후, 각지에서 여성운동이 활발해지자 그러한 상황을 배경으로 '세계 여성의 해'를 결정하기에 이르렀던 것입니다.

'세계 여성의 해'의 하이라이트는 1975년 6월 중순에서 7월 초에 걸쳐 133개국 대표를 모아 멕시코에서 개최한 세계회의였습니다. 그 회의에서는 전문과 30조로 이루어진 '여성의 평등 및 진보와 평화를 향한 여성의 공헌에 관한 1975년의 멕시코 선언'과 219조에 이르는 '세계행동계획'을 채택했습니다. 멕시코 선언은 "첫째, 남녀 간의 평등은 권리·기회·책임에 있어 평등할 뿐 아니라, 인간으로서의 존엄과 가치에 있어서 평등하다는 것을 의미한다"는 내용을 비롯, 인권 옹호의 시점이 짙은 것이었습니다. 또한 세계행동계획에서는 각국 정부에게 실효성이 있는 여러 시책의 목표를 정하고 그 달성 연도를 보고하도록 '장려'하고 있었습니다. 그것을 보증하기 위해 그해의 국제연합 총회에서는 1975년부터 1985년까지의 기간을 '국제

연합 여성의 10년'이라고 선언했습니다.[38]

이 결정은 일본 정부에게 압력이 되었습니다. 정부는 1977년 그러한 요구에 대응하기 위해 '법제상 여성 지위의 향상', '남녀평등을 기본으로 하는 모든 분야로 여성의 참가 촉진' 등을 골자로 하는 구체적인 국내 행동계획을 발표했고, 1979년에는 국제연합에서의 '여성에 대한 모든 형태의 차별 철폐에 관한 조약'에 찬성표를 던졌으며, 다음 해에는 그에 서명했습니다. 이 조약은 여성에 대한 차별 철폐의 법적 정비를 시행한다는 것을 체결국에 의무지우는 것이었습니다.

당시까지 일본에서는 여전히 운동이었던 것들이 이렇게 정책의 단계로 진입하게 되었습니다. 그렇기는 해도 일본 정부의 국내 행동계획에는 기본적 인권이라는 사고방식이 희박하고 사회를 위해 여성의 힘을 이용하려는 경향이 강하다며, 여러 여성운동 단체가 반발하면서 이의를 제기하기도 했습니다. 하지만 서명국인 만큼 '국제연합 여성의 10년'의 마지막 해에 해당하는 1985년 중에는 일본의 국내법을 정비해서 조약을 비준하지 않으면 안 되었기 때문에, 결국 정부와 운동계 사이의 쟁점은 구체적인 입법에 관한 것이 되었습니다. 그 결과 남녀고용기회균등법의 제정, 부계 우선의 국적법 개정, 가정 과목 의무화 관련 남녀차별의 철폐 등이 실현되기에 이르렀습니다.

---

38) 現代史出版會編集部 編『國際婦人年: メキシコ會議の記錄』現代史出版會, 1975; 國際婦人年大阪の會 編『資料國際婦人年: 國連婦人の十年から二十一世紀へ』創元社, 1985.

여성의 지위에 있어서 커다란 변화였습니다.

1.16 여성문제의 풍화

그런데 바로 그로 인해 여성문제는 이제 끝났다는 의식이 지금 퍼지기 시작했습니다. 선택받은 층일수록 그러한 의식이 농후한 것이 일반적입니다. 일본부인단체연합회 편『부인백서 1988』[39]에 따르면, 국가 공무원 지정직, 도도부현都道府縣이나 주요 도시의 관리직, 재판관·검찰관, 초중고의 교장·교감 등을 점하는 여성의 비율은 1% 미만이며, 높아도 몇 %(최고는 여성 판사보判事補인 8.9%로 유독 높다)에 불과합니다. 하지만 허용도가 높아졌다는 의식이 선택받은 이들이 여성문제에서 이탈하는 것을 촉진하고 있는 듯합니다.

이렇게 해서 여성들 사이에 의식의 낙차가 현저해진 것 같습니다. 의식이 양극으로 분해된 것에 대해서는 두 가지로 이야기할 수 있습니다. 하나는 방금 이야기했던 것처럼 성차별로 고민할 것 없이 내가 능력을 발휘할 수 있다는 의식을 가진 그야말로 선택받은 층과, 그 나머지 여성과의 낙차입니다. 또 하나는 정도의 차별은 있을지라도 성차별로 고통받아온 일정 연령 이상의 층과 그 이하의 층과의 낙차입니다. 성차별에 집착하지 않는 층의 사람들은 이제까지 여성이 비교적 적었던 부문이나 분야로 거리낌 없이 진출하기 시작했으며, 그중에는

---

39) 日本婦人團體連合會 編『婦人白書1988』ほるぷ出版, 1988.

제1장 여자들의 위치

종래의 남성적 가치의식을 답습하기 시작하는 경우도 전혀 없는 것은 아닙니다.

제가 가까이에서 접하는 학생들에게서도 여성문제의 풍화가 나타나기 시작했습니다. 예를 들면, 근대 일본의 여성에 관한 고전으로서 후쿠다 히데코[40]의 『소첩의 반생애』나 호소이 와키조細井和喜藏의 『여공애사』[41]가 있습니다. 이전의 학생들은 자기를 투영해서 그러한 책들을 읽을 수 있었습니다. 전자에서의 남녀동권을 위한 싸움이라든가, 후자에서의 사회를 뒤덮은 궁핍은 젊은 세대도 실감할 수 있도록 그대로 연결되었던 것입니다. 그러나 지금은 그러한 상황이 크게 변했습니다. 과거의 치열함을 읽어나감에 따라 끓어오르는 생각은 남녀동권의 달성이라는 점에서도 빈핍으로부터의 해방이라는 점에서도 과거와는 달라져서, 오히려 지금의 우리는 행복하다는 확인으로 향하기 쉽습니다. 그러한 변화로 인해 여성문제나 여성사에서 자기와 사회를 총체적으로 바꾸는 열쇠를 발견하려는 추동력

---

[40] [역주] 후쿠다 히데코(福田英子, 1865~1927). 근대 일본의 여권운동·사회운동가. 결혼 전 본명은 가게야마 히데코(景山英子). 1882년 민권운동에 투신, 1885년 오사카사건(大阪事件)에 연루되어 투옥되었으며, 옥중에서도 여성이 국정에 참가하고 애국의 정을 가져야 한다고 역설했고, 출옥 후에도 여성의 정치참여를 실현시키기 위한 활동을 계속했다. 1891년에는 실업여학교를 설립했고, 1904년에는 자서전을 출간했으며, 사카이 도시히코(堺利彦) 등과 평민사 창설에도 참가했다. 福田英子 『妾の半生涯』東京堂, 1904; 細井和喜藏『女工哀史』改造社, 1925.

[41] [역주] 『여공애사』는 근대 일본 산업 발전의 근간이 된 방적업을 견인한 여공들의 생활을 기록한 것으로, 20세기 초부터 약 15년 동안 방적공장의 하급 직공이었던 호소이 와키조가 자신의 체험과 아내를 포함한 경험자들의 구술을 수집한 자료를 기초로 집필했다.

衝迫力이 약해지는 것입니다.

그러면 여성문제는 이제 끝난 것일까요. 그렇지는 않은 듯합니다. 사회 엘리트층이나 학생들 사이에서 열기가 약해지는 것과는 대조적으로, 시민 차원에서는 오히려 문제의식이나 운동이 심화·확대되고 있음을 특히 신문기사를 통해 생생하게 확인할 수 있습니다.

1.17 성적 폭력

예를 들면 지금 특히 이러한 기사가 눈을 끕니다.

① '일본행 여성에게 만화 소책자'

벤뎃 맥퍼랜드 씨[42]
② '인도의 행동하는 여성그룹'

'마누시'를 알고 있습니까[43]
③ '이케부쿠로 호테토루 양 사건'

여자의 성을 생각하는 보고

'재판 방청 여성들이 자료집을 만들다'[44]
④ '성적 학대를 멈추게 하는 핸드북'

---

[42] 「日本行き女性に漫畫の小冊子／ベンデッド・マクファーランドさん」『毎日新聞』1988.9.4. 조간. 필리핀 여성을 위한 소책자.

[43] 「インドの行動する女性グループ／『マヌシ』を知っていますか」『毎日新聞』1988.9.4. 조간. [역주] 『마누시: 여성과 사회에 대한 저널』*Manushi: A Journal about Women and Society*는 1979년 뉴델리의 여성단체가 힌디어와 영어로 출간하기 시작한 잡지이며 인도에서 여성과 관련된 각종 문제를 다루는 가장 중요한 페미니스트 잡지가 되었다.

[44] 「池袋ホテトル嬢事件／女の性を考える報告／裁判傍聽の女性らが資料集作る」『朝日新聞』1988.10.13. 조간.

제1장 여자들의 위치

> 일하는 여성그룹이 번역
> '직장에서 거절할 수 있는 상황을'[45]

실제 제가 읽은 것은 ③의 『'이케부쿠로·매춘남성 사망사건' 보고집』[46]과 ④의 『일본어판 성적 학대를 멈추게 하기 위한 핸드북』[47]뿐입니다만, 그것만으로도 동서양을 불문하고 여성문제를 성적 폭력의 문제로서 다루고자 하는 공통된 자세를 감지할 수 있었습니다.

③의 주제가 된 것은 "고객인 회사원으로부터 칼로 위협을 당해, 굴욕적 성행위와 그 녹화를 강요당한 이른바 '호테토루' 아가씨[48]가 칼을 빼앗아 역으로 회사원을 찔러 살해한" 사건입니다. 도쿄 이케부쿠로의 호텔에서 일어났기 때문에 그러한 이름이 붙었습니다. 과잉방위라는 이유로 징역 3년의 실형이 내려진 1심판결에 대해, 폭행을 당한 공포심에 대한 이해가

---

45) 「「性的いやがらせやまさせるハンドブック」/働く女性グループが飜譯/「職場でノーと言える狀況を」」『朝日新聞』1988.11.11. 조간.

46) 池袋事件を考える會 編『「池袋·買春男性死亡事件」報告集』池袋事件を考える會, 1988.

47) 働くことと性差別を考える三多摩の會 翻刊『日本語版 性的いやがらせやめさせるためのハンドブック』働くことと性差別を考える三多摩の會, 1988. 원본은 *Stopping Sexual Harassment A Handbook*(1980)으로, 엘리사 클라크(Elissa Clarke) 등 서로 다른 분야의 여성 활동가 5명에 의한 공동작업의 소산이며, 디트로이트의 '노동자 교육과 조사 프로젝트(Labor Education and Research Project)'라는 그룹에서 간행되었다고 한다.

48) [역주] '호테루 토루코(ホテルトルコ)'의 약칭으로, 주로 러브호텔에 여성을 파견해서 (과거 한국에서 이른바 '터키탕'으로 불렸던) 주로 개별 욕실에서 이루어지는 성적 서비스를 제공하는 성풍속 사업.

없다는 인식과 분노로부터 발족된 것이 해당 보고집을 작성한 이른바 '생각하는 모임'이었습니다.

이러한 과정을 거쳐 만들어진 보고집은, 제가 볼 때 적어도 두 개의 문제를 제기하고 있습니다. 하나는 성적 폭력에 의한 자유의 침해에 있어서, 이 사건에서처럼 매춘 여성이라는 이유에서 차별해도 좋은가라는 문제입니다. 그에 관해 집필자의 한 명인 유노마에 도모코는 "매춘 여성에게 성적 자유가 있는가라는 문제는, 여성의 성적 자유는 어떠해야 하는가라는 문제"라고 이야기하고 있습니다.[49] 전자를 특수한 것으로 간주해서 자신과 떼어내고 구분한다면, 그것이 결국 여성 개개인에게도 성적 구속·성적 종속의 지속으로 이어질 것이라는 인식을 표명한 것입니다.

또 하나는 매춘 남성에 의한, 이 경우에서와 같은 성적 행동이 이상한 것인가라는 문제입니다. 분명 이 남성의 행동은 극단적인 것이었습니다. 그러나 이 보고집에 따르면, 그러한 기학성嗜虐性[50]의 발산이야말로 매춘이라는 행위 그 자체의 속성으로 이해되어 왔습니다. 이 보고집은 매춘을 "돈이 개입하는 강간"이라고 합니다만, 그때문에 매춘은 기학성 내지 피학성의 발산에 대한 가능성을 필연적으로 내포하고 있는 것이 됩니다. 그러한 의미에서 이 남성의 행위가 특히 극단적이기는 했어도

---

49) ゆのまえ知子「裁かれたホテトル嬢の「性の自由」／「普通の」女たちとの接點」池袋事件を考える會 編『「池袋·買春男性死亡事件」報告集』池袋事件を考える會, 1988.
50) [역주] 잔학한 일을 즐긴다는 의미로, 그 반대의 경우는 피학.

제1장 여자들의 위치

예외적인 것은 아니었던 것이라고 생각됩니다.

③의 『'이케부쿠로·매춘남성 사망사건' 보고집』이 이상과 같이 두 가지 점에서 '이상'하게 보이는 사례를 통해 성적 폭력의 문제를 보편화했다면, ④의 『일본어판 성적 학대를 멈추게 하기 위한 핸드북』은 그에 비해 매우 일상적인 '성적 학대'를 주제로 하고 있습니다. 미국 사회의 노동 현장에서 그것이 얼마나 일반적인가, 게다가 그에 대한 불만 제기가 어떻게 무시되어 왔는가, 그리고 그에 의해 여자들이 얼마나 고통받아 왔는가, 앞으로 그에 어떻게 대항할 것인가를 명쾌하게 다룬 책입니다. 문제를 제기하는 방식이나 대처의 방식에 다소의 차이는 있습니다만, "성적 학대에 대한 여자들의 체감, 고민이나 분노는 공통"이라는 시점에서 번역을 결정했다고 적혀있습니다.

그러한 번역자들의 심경은 '머리말'에 너무도 잘 드러나 있습니다.

> 성적 학대^{sexual harassment}를 한 번도 경험한 적이 없는 여자는 없겠지요. ⋯ 인사 대신에 몸을 더듬는 성적 희롱이나 모욕의 언어, 직장의 벽에 붙은 누드 포스터, 데이트나 성교의 강요, 그리고 강간 — 노골적으로 그리고 종종 '친밀하게' 여자들을 둘러싸고 있는 그러한 것들에 대해, 이제까지 여자들은 '그것은 개인적 문제로, 피해를 입은 측에 어떤 잘못이 있기 때문이다'라고 주입받아 왔습니다. ⋯ 정말 그런 것일까요?

1.18 부인교풍회의 활동

본래 매매춘의 문제에 관해서는 일본그리스도교부인교풍회日本キリスト教婦人矯風會의 활동을 빼놓을 수 없습니다. 교풍회는 창립 이후 일관해서 폐창廢娼과 금연을 주창해온 단체입니다.[51] 1956년 매춘방지법의 성립(1958년 시행)을 위해 분투했고, 그 후의 상황에 대해서도 꾸준히 관심을 가지고 전력을 다했습니다.

'관광 매춘'·'아시아 원정 여성アジア出稼ぎ女性'·'소녀 매춘'·'오키나와 매춘문제' 등이 새로운 표적이었습니다. 그리하여 1973년 부정기 간행 팸플릿『매춘과 대결하는 모임 뉴스賣春ととりくむ會ニュース』를 발행했고, 1985년에는 '원정 여성'을 위한 피난처인 '여성의 집 HELP House in Emergency of Love and Peace'를 설립했습니다. 『매춘과 대결하는 모임 뉴스』는 1986년 5월 24일 발행된 제64집에서『매매춘문제와 대결하는 모임 뉴스』라고 이름을 변경하는데, 그것은 성을 구매하는 남자들을 향해 문제를 제기한다는 인식이 높아졌음을 보여줍니다.

1.19 '레이프'의 시점

이들에게서 두드러져 보이는 것은, 여성문제를 성적 폭력의 각도에서 파악하여 과제로 부각시키려 하는 자세입니다. 그

---

[51] 그 주요 활동 내역은 다음 책에서 볼 수 있다. 日本キリスト教婦人矯風會『日本キリスト教婦人矯風會百年史』ドメス出版, 1986.

것을 단적으로 말하자면 '강간' 즉 '레이프 rape'가 됩니다. 단지 육체에 대한 것에 그치지 않고 정신에 대해서까지, 즉 양자를 함께 다루는 것이 불가피해집니다.

여성문제는 오랜 정치적·경제적 불평등의 문제로서 혹은 '집안家'의 문제로서 추구되어 왔습니다. 그것이 잘못이었다고 하는 것이 아닙니다. 그렇지만 분명 '성'의 문제 역시 여성문제의 기저에 깔려 있음에도 불구하고 왜인지 정면에서 다루는 것은 꺼려져 왔습니다. 그런 것을 다루는 것은 뭔가 경망스럽다는 식의 억제력이 작동하거나, 본래 아무리 여성이 피해자여도 이를 문제화하면 더 심각하게 상처를 입게 되는 것은 가해자보다 오히려 피해자라는, 견고하고 단단한 억압이 존재하기 때문입니다.

그렇기에 최근 '성'의 관점에서 문제가 제기되기 시작한 것은 그러한 심리적 장벽이 무너진 것을 의미합니다. 괴롭힘을 포함한 모든 성적 폭력을 '레이프' 즉 강간을 핵심 개념으로 해서 보편화하는 시점은, 여성문제 인식에서 이제까지 보이지 않았던(혹은 보기를 거부해왔던) 것에 대한 시야를 열고, 나아가 새로운 지평으로 인도할 것입니다.

그것은 또한 법 차원에서의 '강간'의 인식이 얼마나 남성 본위인가, 즉 여성의 옹호·보호와 같이 보이지만 실제로는 여성에게 얼마나 억압적으로 작동하고 굴욕을 강요하는 것인가를 만천하에 폭로하는 것입니다.

보통 성적 폭력이 극에 달한 형태가 '강간'으로 이해되고 있습니다. 형법 제22장은 '외설, 간음 및 중혼의 죄'를 규정하고 있지만, 제174조 '공연 외설', 제175조 '외설물 배포 등', 제176조 '강제 외설'과 같이, 형벌이 가벼운 것에서 무거운 것 순서로 나아가 제177조에서 '강간'에 이릅니다(뒤의 2개는 친고죄). 하지만 '강간'을 법률상으로 인정할 때, 여성으로서는 두 가지 함정을 피할 수 없다는 사실을 저는 오구라 지카코의 『섹스 신화 해체신서: 성현상의 심층을 파헤치다』[52]에서 배웠습니다. 호평을 받은 이 책에서 저에게 가장 자극적인 부분이었습니다.

첫째, "아무리 폭력적인 성교가 이루어졌더라도, 부부 사이에서는 강간죄가 성립되지 않는다"라고 저자는 지적합니다. 그것은 "인권사상이 배경에 있어서 강간죄가 만들어진 것은 아니라는" 사실을 드러내는 것입니다. 즉 여성이 "자신을 비호해 주거나 부양해 주거나 원조해 주는 입장에 있는 남성으로부터는 성적 행위를 강요받아도 눈감지 않으면 안 되는", "일상적인 성적 노예제도 안에 놓여 있다"는 것을 반영하는 것이라 할 수 있습니다.[53]

---

52) 小倉千加子『セックス神話解體新書: 性現象の深層を衝く』學陽書房, 1988.

53) [역주] 종래에는 강간죄를 규정한 '형법 177조'에 근거해서 부부 사이의 강간죄를 인정할 수 있는가를 둘러싸고 학계의 주장이나 판결이 일치하지 않았으나, 부부간 강간은 인정할 수 없다는 절대부정에서 이를 인정하는 판례와 주장이 점차 힘을 얻어갔고, 2023년 개정을 통해 강간에 관한 조문에 '혼인관계의 유무와 상관없이'가 추가되었다. 다만 실제 결혼의 파탄상황 여부 등에 관한 해석의 여지는 여전히 남아있다.

제1장 여자들의 위치

둘째, "법정에서 상대의 유죄를 증명하기 위해서는 자신의 결백을 증명하지 않으면 사회적으로 구제받지 못한다"고 저자는 지적합니다. 즉 피해자는 자신이 얼마나 정숙하고 결백하게 살아왔는지, 경찰관·검사·재판관에게 "잘 보이는 듯한" 연기를 하지 않고서는 "승리를 거둘 수 없다"는 것입니다. 필자는 "실은 그것이 더 심하게 그 여성의 인간성을 소외시키는 것이 되며", "즉 '강간은 피해자가 저항을 하든 말든, 성격이 어떻든, 그것과는 전혀 관계가 없이 강간 그 자체가 악이며, 가해자를 문제시하지 않으면 안 된다'는 것으로 패러다임을 전환시키지 않으면 안 된다"고 주장합니다.

'레이프(강간)'라는 관념을 그처럼 갇힌 영역, 남성 중심의 분위기에서 해방시켜서 성지배를 총체적으로 관통하는 관념으로 정립시킬 때, 여성문제가 새로운 양상으로 전개될 것임은 의심할 나위가 없습니다. 즉 인간의 존엄을 침해하는 각종 행위를 '레이프'의 각도에서 본다고 하는 새로운 시각의 설정으로 이끌게 될 것입니다. 또한 그러한 경향을 추동하고 있는 네트워크적인 운동그룹도, 종래의 제도에 대한 맹신에서 벗어난 의식을 보여주고 있습니다.

『'아그네스 논쟁'을 읽다』도 그러했지만, 이들 소책자를 읽어가면서 저는 지금이야말로 여성문제의 최전선이 이러한 소책자들과 그 운동단체에 의해 견인되기 시작하고 있는 것 아닐까라는 생각이 종종 들게 되었습니다.

그리하여 시민강좌에서는 여성문제나 여성사가 빠뜨릴 수

없는 제목이 되었습니다. 그 다수는 때로 교양주의적 경향을 가지기는 하지만, 단지 타성적으로 설치되어 있다고 하기에는 어울리지 않는 독특한 열기를 품는 듯합니다. 이와 같이 볼 때 저는 지금이야말로 여성문제를 둘러싸고 일종의 도넛현상[54])이 나타나기 시작하고 있다는 견해를 갖게 되었습니다.

그러한 가운데 오랜 기간에 걸쳐 부인운동의 유력한 거점이었던 부선회관婦選會館의 『부선회관 뉴스』 69호(1988년 9월 5일)에 실린 짧은 '편집후기'가 저의 시선을 사로잡았습니다. 거기에는 다음과 같이 적혀 있었습니다. "여성의 문제는 없어진 것이 아니다. 잘 보이지 않게 되었을 뿐. 문제는 산적." 위기의식이 넘쳐나는 이 생각을, 허무하게 황야의 외침으로 만들지 않고 정면에서 마주하는 것이야말로 지금 여성사의 과제라 할 것입니다.

---

54) [역주] '도넛현상'이란 도시화의 진행으로 도심 거주 인구가 감소하고, 교외 거주 인구가 증가하는 현상을 의미한다. 이 글에서는 앞서 필자가 여성문제에 관해 "사회 엘리트층이나 학생들 사이에서 열기가 약해지는 것과는 대조적으로, 시민 차원에서는 오히려 문제의식이나 운동이 심화·확대되고 있"다고 말했던 상황을 비유하는 표현으로 사용되었다.

제*2*장

여성사는 지금

2.1 여성사 연구의 담당자들

바야흐로 여성사에도 하나의 전환기가 도래하고 있는 것이 아닌가 싶습니다. 1970년대는 여성사 연구에 있어 획기적인 시기가 되었습니다. 1910년대부터 1920년대에 걸친 시기가 일본에서 여성해방운동의 제1기였다고 한다면, 1970년대는 제2기라 할 수 있습니다. 제1기가 여성사의 개척자인 다카무레 이쓰에[1]를 낳고 독립한 분야로서의 여성사를 만들어냈던 것

---

1) [역주] 다카무레 이쓰에(高群逸枝, 1894~1964). 여성 연구자, 시인, 신여성주의 사상가. 1920년대 초 근대문명을 비판하는 천재 시인으로 문단에 등장, 이후 하시모토 겐조(橋本憲三)와의 공동생활을 소재로 한 작품을 발표했다. 평등과 사회참여를 주장하는 여권주의에 대항하여, 여성원리를 강조하고 사회의 근본적 개혁을 주장하는 신여성주의와 아나키즘을 표방했다. 1931년부터는 두문불출하며 여성사학 연구에 착수하여 『대일본여성인명사서(辭書)』, 『모계제의 연구』 등을 완성시켰다. 고대의 여성사와 혼인·가족에 대한 연구를 통해 가부장제를 상대화함으

처럼, 제2기는 훨씬 많은 인원이 참가해서 여성사의 전성기를 불러왔습니다.

다시 말하면 제2기에 이르기 전 여성사의 담당자는 매우 빈약했다고 할 수 있습니다. 여성사를 전업으로 하는 연구자는 다카무레 이쓰에와 그에 이은 무라카미 노부히코村上信彦 두 사람에 불과했고, 그 외에 여성으로서는 여성 노동사의 산페이 고코三甁孝子나 민속학 분야의 세가와 기요코瀨川淸子 등이, 남성으로서는 기성의 아카데미즘에 만족하지 않는 학풍을 가진 니시오카 도라노스케西岡虎之助·기타야마 시게오北山茂夫·이노우에 기요시井上淸·이에나가 사부로家永三郞·하라다 도모히코原田伴彦 등이 주요한 존재였습니다. 저는 이들의 성과를 진심으로 존경하고 있지만, 어쨌거나 여성사는 이들 소수에 의한 '영웅시대'가 형성되어 있었다고 할 수 있습니다.

그 가운데 여성사를 대표하는 다카무레와 무라카미에 관해 이야기해 보겠습니다. 전자는 혼인사의 연구를 통해 전 생애를 그야말로 가족제도의 분쇄爆碎에 바쳤고, 후자에게는 결혼·노동·연애·직업·가족제도 등 여성 생활을 전면적으로 고찰하여 모든 단면에 퍼져 있는 성차별을 폭로한다는 의도가 있었습니다. 이노우에 기요시의 『일본여성사』, 다카무레 이쓰에의

로써 여성해방운동의 이론적 근거를 제공했다고 평가되지만, 일본 여성만을 시야에 넣은 여성해방사상이나 전시체제에서 여성의 전쟁협력을 장려하고 그를 통해 여성의 역량을 인정받고자 했던 행적 등으로 연구와 비판의 대상이 되고 있다.

『여성의 역사』(전4권)는 이 시기에 나온 최고의 통사로서,[2] 여성사의 계몽시대에 걸맞은 작품이기도 했습니다.

1970년대가 되어 그러한 상황이 크게 변했다고 생각됩니다. 많은 사람들이 (대부분 여성입니다만) 여성사 연구, 특히 개별연구에 관심을 가졌고 그 내용도 다양해졌습니다.

저 자신의 작은 경험을 나누자면, 1973년에 세대도 직업도 다른 몇 명이 모여 일본 근대 여성사에 대한 의지志를 단 하나의 결집점으로 삼아 여성사연구회를 만들었고, 저도 그 일원이 되었습니다. 5년이 지나 그때까지의 성과를 『여자들의 근대』[3]라는 제목의 한 권의 책으로 묶어냈을 때, 그 개별 논문의 표제는 다음과 같은 것들이었습니다.

- 「양처현모주의의 원류」
- 「히구치 이치요의 사상·노트: 소외되어 가는 사람들의 대변자로서」
- 「『흐트러진 머리』에서 『한 구석에서』로: 요사노 아키코의 여성론」
- 「군사원호와 가정부인: 초기 애국부인회론」
- 「하니 모토코의 사상: 가사가계론을 중심으로」
- 「『부인공론』의 사상: 형성기를 중심으로」
- 「여성과 쌀소동」
- 「'민법개정요강'과 여성」
- 「파출간호부의 행적」

---

2) 井上淸『日本女性史』三一書房, 1948; 高群逸枝『女性の歷史』(전4권), 講談社, 1954~1958.
3) 近代女性史研究會 編『女たちの近代』柏書房, 1978.

제 2장 여성사는 지금

- 「한 여성 활동가의 궤적: 고미야마 도미에의 경우」
- 「『가정의 빛』을 통해 보는 농촌부인: 1925년~1945년」[4]

이상의 제목을 열거하는 것만으로도, 당시 여성사 동향의 일단을 미루어 파악할 수 있으리라 생각합니다.

그리고 그 결과로서 1970년대 여성사는 학문의 한 분야로서 일단 시민권을 얻을 수 있었다고 할 수 있겠습니다. 좀 더 구체적으로 표현하자면, 비록 여전히 '이물질異物'로서이긴 하지만 그것의 존재 자체를 인정하지 않을 수는 없게 되었다는 것입니다. 그리하여 제가 볼 때 적어도 다음과 같은 여섯 가지의 특징을 갖게 되었습니다.

2.2 기초적 사실의 해명

첫째, 말할 것도 없이 다양한 면에서 기초적 사실이 명확해졌다고 할 수 있습니다. 여성의 행적에 관한 많은 사실이 어둠에서 양지로 이끌려 나왔습니다. 이것은 금후 여성문제를 생각할 때 크게 도움이 되는 재료입니다.

---

4) 「良妻賢母主義の源流」/「樋口一葉の思想・ノート: 疏外されゆく人々の代辯者として」/「『みだれ髪』から『一隅より』へ: 與謝野晶子の女性論」/「軍事援護と家庭婦人: 初期愛國婦人會論」/「羽仁もと子の思想: 家事家計論を中心に」/「『婦人公論』の思想: 形成期における」/「女性と米騒動」/「「民法改正要綱」と女性」/「派出看護婦のあゆみ」/「ある女性活動家の軌跡: 小見山富惠にみる」/「『家の光』にみる農村婦人: 一九二五年~一九四五年」

그 사이에 여성사의 기초적 사실을 명백히 하는 것이 얼마나 곤란한 일인지가 확실해진 것도 생각지 못한 발견이었습니다. 예를 들어 여성사 연구에 부인잡지의 검토를 빼놓을 수 없습니다만, 전전戰前의 부인잡지를 소장한 도서관은 매우 적습니다. 그것은 여성을 낮춰보는 문화적 상황, 보다 정확히는 비非문화적 상황의 단적인 반영이었습니다. 청년회(단)에 비해 처녀회處女會5) 자료가 희소한 것에 대해서도 그 원인은 마찬가지라고 할 수 있을 것입니다.

2.3 근현대사에 대한 관심

둘째로는 여성사 연구에서 근현대사 부문이 선두에 나서게 된 것입니다. 당시까지 여성사의 중심적 과제는 그것을 미화하든 부정하든, 가족제도 즉 '이에'였습니다. 그러했던 만큼 이에가 유사 이래 어떠했는지에 대한 규명에 치중하여, 전근대의 비중이 높았습니다. 또 근현대사 그 자체가 역사학에서는 새로운 역사였기에 그 축적이 빈약한 상태이기도 했습니다. 그러나 여성문제의 '지금'이 어떻게 형성되었는가에 대한 다면적이고 치열한 관심은, 근현대 여성사로의 급속한 경도를 초래했습니다. 독립된 분야로서 여성사를 인지하는 것은 근현대사가 가장 빨랐다고 할 수 있을 것입니다. 근현대사에서 여성사가 성과를

---

5) [역주] 전전 미혼여성의 사회교육조직. 1900년 경부터 농촌 중심으로 조직된 다양한 미혼여성단체의 일반적 호칭이었던 것이 1918년 정부 주도로 수양을 위한 전국적 조직으로 획일화되었으며, 이후 일본연합여자청년단으로 개조되어 국책협력에 동원되었다.

제2장 여성사는 지금

거두자 이에 자극받은 전근대사 부문에서도 지금은 어느 정도 여성사 연구가 왕성해졌다고 여겨집니다.

그와 함께 근현대 여성사는 이른바 구술聽き取り이라는 수법을 역사학계에 가져왔습니다. 연구를 위한 수법으로 구술을 활발히 이용하는 것은 사실의 정확도라는 점에서 여러 문제를 내포합니다. 그러나 분명 스스로의 체험이나 관찰을 문자화하는 기회가 상대적으로 적었던 여성을, 역사의 주인공의 위치로 끌어내는 데 커다란 역할을 수행했습니다. 지금 여성사는 정치사에서의 전元 고관들에 대한 그것과 나란히(가장 확실한 성과로서 『내정사연구회자료內政史硏究會資料』가 있습니다), 구술이라는 수법의 선진지대를 형성하고 있습니다. 그 여파로서 역사학계에서는 구술 기록을 오럴 히스토리oral history 라고 보편화하려는 기운이 일어나고 있습니다.

서구 연구자, 특히 미국 여성에 의한 일본 여성사·일본 여성연구는 최근 활발해진 분야입니다만, 미국의 학문적 전통에서도 구술은 특히 널리 활용되고 있습니다. 수잔 파의『일본의 정치적 여성: 정치적 참가를 향하여』[6]나 제인 콘돈의『반 걸음 물러』[7] 등이 제가 아는 한에서는 그러한 대표적 작품입니다.

---

6) Susan J. Pharr, *Political Women in Japan: The Search for a Place in Political Life*, University of California Press, 1981.

7) Jane Condon, *A Half Step Behind: Japanese Women of the '80s*, Tuttle Pub, 1985 / ジェーン・コンドン, 石井清子 譯『半歩さがって』主婦の友社, 1986.

2.4 여성사 논쟁

셋째로는 여성사의 방법론을 자각하게 된 것입니다. 1970년대 초기 이른바 여성사 논쟁이 그 계기를 만들었습니다. 이것은 여성사가인 무라카미 노부히코가 이노우에 기요시의 『일본여성사』를 예로 들며, 여성사는 이노우에의 작품과 같은 해방운동사가 아니라 "무수한 약점을 가진 여자의 생활"의 역사이지 않으면 안 된다고 주장한 것에서 비롯되었습니다. 그에 대해 같은 여성사가인 요네다 사요코^{米田佐代子}와 이토 야스코^{伊藤康子} 등이 해방운동사의 입장을 옹호하자, 다시 무라카미가 반박하면서 논쟁이 전개되었습니다. 그에 대해서는 고쇼 유키코가 편집·해설한 『자료 여성사논쟁』[8])에 잘 정리되어 있습니다.

그렇지만 이렇게 간단히 말해 버리면 이 논쟁을 지나치게 도식화하는 것이 됩니다. "이제 더 이상 공허한 여성론이나 개념적 여성사는 필요 없다. 견실하고 눈에 띠지 않는, 마루 아래 지반 다지기와 같은 실증작업에 전력을 기울여야 할 때"라는 것이 무라카미의 지론이었습니다. 하지만 그의 주장은 당시까지 정본적^{定本的} 텍스트로 여겨져 온 이노우에 여성사에 대한 방법적 반성을 촉구하는 것이었던 만큼, 일거에 그 문제점이 드러났습니다. 해방사라면 과감한 투쟁을 전개한 사람들이 주역의 위치를 차지합니다. 그러나 생활사라면 "체제에 순응해서 산" 사람들이 주역이 되고, 그러한 "일견 평범하게 보이는

---

8) 古莊ゆき子 編·解説 『資料女性史論爭』 ドメス出版, 1987.

제2장 여성사는 지금

여성들의 생활 내부로 비집고 들어가, 그 갈등이나 체험이나 실생활 안에서 발휘되어 온 각종 능력이나 곤란을 감내하며 살아낸 늠름한 에너지를 끌어내는" 것이, 여성사 고유의 역할이라 간주됩니다. 해방사인가 생활사인가는 이렇게 여성사를 대하는 사람에게라면, 누구라도 반추해야 할 논점을 만들어냈습니다.

동시에 이 논쟁은 마르크스주의 사학에 하나의 문제를 제기했습니다. 성차별이 궁극적으로 계급모순으로 집약되는가 하는 문제입니다. 이 점은 '민중 여성'의 자주성 내지 노예성을 둘러싼 문제에서 가장 단적으로 나타납니다. 이노우에가 그녀들이 일상의 노동 때문에 "비교적 가족 안에서도 지배자가 강요하는 여러 관계를 극복하고 인간다운 관계를 형성할 수 있었다"고 한 것에 대해, 무라카미는 '가부장권의 지배' 하에서는 그러한 '억측'은 '전설'에 불과하다고 일축했습니다. 이것은 계급일원론에 대한 문제제기였으며, 이후 여성사나 그에 이어 등장하는 이른바 여성학은 논리 전개 과정에서 이점을 끊임없이 의식하지 않을 수 없게 되었습니다.

1970년대 이후 방대한 양의 개별연구의 축적에 의해, 해방사인가 생활사인가라는 양자택일적인 문제설정의 방식은 대체로 극복되었다고 생각합니다 지금은 양자는 이른바 동전의 양면을 이룬다는 인식이 거의 공유되기에 이르렀다고 할 수 있을 것입니다.

저 자신은 '생활'사와 '운동'사에 기반한 '문제'사로서 여성사를 쓰고 싶다는 생각을 가지고 있습니다. 앞서 소개했던 호리바 기요코와의 공저 『할머니·어머니·딸의 시대』[9]에는 그러한 취지를 다음과 같이 적은 바가 있습니다.

> 여성의 행적을 추적한다는 것은 여성의 생활을 명확히 하고, 그들이 지고 있는 문제를 검토하고, 그들이 추진해 온 운동을 추적하는 것이 됩니다. 너무 욕심쟁이같기도 하지만 우리들은 이들 '생활'과 '문제'와 '운동' 세 가지 모두를 다루고자 했습니다 … 굳이 말하자면 '문제'에 어느 정도 비중이 두어진 것 같기도 합니다.

2.5 남성사에 대한 충격

넷째로는 일본사를 보는 역사적 관점에 충격을 준 것입니다. 종래에는 사실상 남성사가 일본사라는 이름을 내걸고 통용되어 왔지만, 여성사가 그에 새로운 하나의 부문을 추가하는 데 그치지 않고 총체적으로 변화시킬 정도의 충격을 주었거나, 최소한 그러한 가능성을 내포하고 있었다는 것입니다.

1970년대에 저는 야마카와山川출판사의 『일본사용어집』이라는 편리한 공구서를 사용해서, 고등학교 일본사 교과서에 여성 인명이 얼마나 나오는가를 조사한 적이 있습니다(편리하다고 한 것은 역사 용어의 전부에 대해, 교과서의 등장 횟수가 숫자로 표시되어 있었기 때문입니다). 당시는 전부 13종의 교과서가 있었습니다만, 1853년 페리 내항 이후로 한정하자면

---

[9] 鹿野政直·堀場淸子『祖母·母·娘の時代』岩波ジュニア新書, 1985.

제2장 여성사는 지금

여성 인명의 등장 횟수는 연인원 80회입니다. 한 교과서당 6명 정도에 불과합니다. 남성과 비교하자면 너무도 적은 수입니다. 그 가운데 모든 교과서에 등장하는 것은 히구치 이치요[10]·요사노 아키코[11]·히라쓰카 라이초 그리고 가즈노미야[12]였습니다. 그러한 상황하에서는 여성사의 서술이 더해지는 것만으로도 아마도 어느 정도 의미가 있다고 할 수 있을 것입니다.

또한 사회사업사와 같이 이제까지 여성이 많은 부분을 책임져온 부문이 재고되었던 것도, 중요한 일이었습니다. 가메야마 미치코의 『근대 일본 간호사』(전4권)[13]라는 놀랄 정도의 분량의 책이나, 고미 유리코 편저 『사회사업에 헌신한 여성들: 그 생애와 일』(전3권)[14]과 같이, 많은 참가자가 함께 한 연구가

---

10) [역주] 히구치 이치요(樋口一葉, 1872~1896). 소설가. 본명은 나쓰(奈津). 도쿄 하급관리 집안 출신으로 일찍 부친을 여의고 곤궁한 가운데에도 문학 수업을 계속하여 『문학계』, 『문예구락부』등에 작품을 발표했고, 과자점 운영에 실패한 후에는 저작에만 전념했다. 1890년대 중반 활발한 작품활동을 통해 비로소 대중의 주목을 받는 작가가 되었지만, 이른 나이에 폐결핵으로 사망했다.

11) [역주] 요사노 아키코(與謝野晶子, 1878~1942). 가인, 시인, 평론가. 오사카 과자점에서 출생. 유달리 왕성한 집필 활동뿐 아니라, 13명의 아이를 출산(2명 사망)한 것도 특이하다. 1904년 러일전쟁 당시에는 반전시를, 1911년 『세이토』창간호에는 여성해방을 상징하는 시를 발표했다. 모성보호논쟁에서는 여성의 경제적 독립을 줄곧 주장했으며, 1921년에는 문화학원(文化学院)을 설립했다. 부선획득동맹의 요청에 응해 '부선의 노래(婦選の歌)'를 작시하기도 했다. 전시하에서는 어용적인 행적을 보이면서도 리버럴한 성향의 작품을 발표하는 등, 다소 엇갈린 모습을 보였다.

12) [역주] 가즈노미야 지카코 내친왕(和宮親子内親王, 1846~1877). 닌코(仁孝) 천황의 여덟 번째 황녀.

13) 龜山美知子, 『近代日本看護史』(전4권), ドメス出版, 1983~1985.

14) 五味百合子 編著, 『社會事業に生きた女性たち: その生涯としご

성과를 낸 것도 그러한 분위기 가운데 이루어진 일이었습니다. 이제까지 '정사'로서 위치를 점하지 못한 채 지나친 공격에 노출되어온 분야와 선구자들의 행적이, 이상과 같은 노력에 의해 다시는 지우기 어려울 정도로 깊이 새겨지게 된 것입니다. 나아가 관련 학회도 만들어지게 되었습니다.

그러나 그것만으로 충분하지 않다고 생각합니다. 10여 년 전 저는 여성사의 상황을 소개하면서 다음과 같이 적은 적이 있습니다.

> 존재는 의식을 결정한다. 남성은 우월자인 만큼, 시야가 좁기 때문에 남성만을 '전부'라고 생각하기 쉽다. 우리 남성들은 '그중 여성은 몇'이라고 괄호를 붙여서 지적되는 것과 같은 일 없이, 일상을 살 수 있다. 여성사의 시점을 도입하는 것은 (남성에게는 인위적으로 도입하는 것 외에는 전혀 방법이 없다) 그것만으로도 이제까지의 역사를 사실상 남성사로서 상대화하는 것이 된다. 기성의 관념이 갖는 흡인력은 항상 끔찍하게 강해서, 그것은 각종 억압의 구조를 만들어내고 나아가 하나의 힘이 될 것이라 나는 생각한다.

그만큼 여성사는 '남성사에 대한 보완물'에 그치지 않고, "가령 이제까지의 시기 구분 하나를 하더라도, 그것을 의심하며 도전하는 자세에서, 그것을 재검토의 대상으로 삼고 여성에게는 무엇이었는가라는 시점에서 여성사 고유의 시기 구분

と』(전3권), ドメス出版(1973~1985.

을 내놓는 자세가 좀 더 필요하지 않을까"라고도 적었습니다. "여성을 거의 시야에 넣지 않은 채 세워진 시기 구분의 틀에, 굳이 익숙해져야 할 이유는 전혀 없다"[15]는 것입니다. 여성사 고유의 역할에 관한 저의 생각은 그때의 이러한 문장 안에 거의 다 담겨 있습니다.

2.6 『일본 부인문제 자료집성』

그러한 점에서 단연 획기적인 사건은 이치카와 후사에[16] 등이 편집·해설한 『일본부인문제자료집성』(전10권)[17]입니다(이하 『집성』). 아래와 같은 구성을 가진 『집성』은 여성사 연구에 있어서 거대하고 견고한 기초공사였습니다.

- 제1권 인권(편집·해설 이치카와 후사에)

---

15) 鹿野政直「女性史研究雜感」『歷史評論』1976.3. (「ある感想」『女性交流史研究』17, 1975.10를 수정한 글이다.)

16) [역주] 이치카와 후사에(市川房枝, 1893~1981). 정치가, 여성운동가. 소학교 교사와 신문기자를 거쳐 일본 최초 노동조합인 우애회(友愛會) 활동에 참여하던 중, 1919년 히라쓰카 라이초와 신부인협회를 결성하고 여성의 정치집회 참가를 위한 청원운동을 전개했다. 1921년 도미하여 미국 체재중에 부선운동 헌신을 결의했고, 1924년 귀국 후에는 부인참정권운동기성동맹회(부선획득동맹)을 결성하는 등 부선운동의 중추적 역할을 수행했으나, 전시기에는 그러한 목적에 입각하여 여성의 전시동원에 적극 협력했다. 그러한 행적으로 인해 전후에는 3년간 공직추방을 당하기도 했지만, 1953년 중의원 의원으로 처음 당선된 이후 총 24년에 걸쳐 정치인으로 활동하면서 매춘금지, 이상선거 등의 운동을 전개했고, 일본 내 여성차별을 철폐하기 위해 국제연합 등 국제 무대에서도 활발하게 활동했다.

17) 市川房枝 他編集·解説, 『日本婦人問題資料集成』全10卷, ドメス出版(1976~1981.

- 제2권 정치(이치카와 후사에)
- 제3권 노동(아카마쓰 요시코赤松良子)
- 제4권 교육(미쓰이 다메토모三井爲友)
- 제5권 가족제도(미쓰이 다메토모)
- 제6권 보건·복지(이치반가세 야스코一番ヶ瀨康子)
- 제7권 생활(마루오카 히데코丸岡秀子)
- 제8·9권 사조 상·하(마루오카 히데코)
- 제10권 근대일본부인문제연표(마루오카 히데코·야마구치 미요코山口美代子)

그 이후 근대 일본의 여성사는 이 기초 위에 서서 각각 고유한 분야로 출발할 수 있게 되었습니다. 그 점이 이 자료집 본래의 의의라고 할 것입니다. 그러나 지금도 그 기억이 선명합니다만, 간행 예고를 본 순간 저의 뇌리에 떠오른 것은, 기존의 근대 일본사상像에 대해 이 구성이 얼마나 큰 충격이 될 것인가라는 점이었습니다.

이 구성을 만들어내는 데 참여한 사람들의 의도를 제대로 파악했는지 모르겠지만, 저는 다음과 같이 이해했습니다. 제1권의 '인권'이야말로 여성문제 전부에 관한 총론이며, 제7권의 '생활'은 그 총괄에 해당하고, 그 두 권 사이의 각 권은 여성문제를 날카롭게 보여주는 각론이다, 즉 '정치'는 정치에서 배제되어 있던 여성의 정치참여운동을 주축으로 하고, '노동'은 일본 자본주의를 저변에서 지탱했던 여성 노동자의 실태에 초점을 맞추었으며, '교육'은 이른바 양처현모주의의 강요

제2장 여성사는 지금

과정을 속속들이 드러냈다, '가족제도'는 가부장제 하에서의 여성의 지위를 추체험追體驗하게 하고 '보건·복지'는 모성과 그 주변의 문제를 도려내고 있다, 이상에 대한 도입부로서 '인권'을 설정했는데, 그 주요 부분을 매춘에 할당한 것은 여성의 전全 존재형태를 상징하는 의미를 가지며, 그에 비해 총괄적인 '생활'은 생활의 주체로서의 여성의 행위를 확인시켜준다는 것, 이상이 제가 파악한 대략의 흐름입니다.

그 후의 '사조思潮'는 "부인층 전체의 고뇌 깊은 현실이 융기하는 부인들의 언동에 응결된 것이라는 시점"에서 주제별로 "논쟁 및 문제제기를 통한 사상 형성의 과정"을 정리하면서 그 근거를 제시했고, 또 '연표'는 여성의 상태·운동 및 체제의 동향을 포괄적으로 그것도 세부적인 내용까지 다루고 있기에, 비록 연표이지만 근대 일본 여성사로서 읽을 수 있습니다.

이처럼 『집성』에는 여성에 관해서는 그다지 관심을 보이지 않은 채 기술되어 왔던 당시까지의 통사와는 전혀 다른 사관과 구상력이 확고하게 제시되고 있습니다. 여성문제 내지 여성사를 향한 시점을 자신의 마음에 두는 것이 이제까지의 통사상像에 대한 여성사 부분의 추가 혹은 보완에 그치지 않고, 그와는 이질적이라고 할 정도의 새로운 역사상으로 이끌 가능성을 갖는다는 것을, 이것만큼 제게 강한 설득력을 가지고 제시했던 문헌은 없습니다.

거기에는 천하의 중대사에 관련이 없다고 해서 폄하되고 짓밟히고 무시되어 왔던 것들이, 인간 존재의 근간에 관련된

2.6 『일본 부인문제 자료집성』

가치로서 아무런 가식 없이도 중요하게 제시되고 있었습니다. 저의 경우 예를 들면 일본사에서의 보건부保健婦[18])의 위치나 역할을 이 자료집에서 처음으로 혹은 비로소 인식하게 되었습니다. 그리고 그것이 마음에 인상 깊게 남은 결과, 산지키 요시코의 『영원한 청춘: 어느 보건부의 쇼와사』[19])의 훌륭함에 눈뜨게 되었습니다.

그 안에 담긴 내용이란, 우리의 둔한 의식으로 인해 고난을 짊어지는 측으로서는 감내할 수 없을 정도로 대응이 느려터졌던 문제들뿐이었습니다. 그러나 그것들을 이만큼 정면에서 돌파하면서 게다가 근거가 되는 재료까지 갖춰져 제시한 이상, 남자인 저 역시도 나름의 방식으로 여성의 통각을 공유하는 방향으로 바싹 다가가는 것이 인간으로서 최소한의 의무가 아닐까라고 생각했습니다. 오랫동안 어쩔 수 없이 '여류女類'냐 '남류男類'냐를 따져온 우리이지만, 『집성』을 뒤적이다보니 어쩌면 '인류人類'에 이르는 길을 발견할 수 있을 것 같다는 느낌도 들게 되었습니다.

---

18) [역주] 지역의 사회사업이나 공중위생, 간호를 위한 가정방문 활동 등에서 태어난 직업으로 순회간호부, 방문부, 지도부, 공중위생부 등 50종 이상의 명칭으로 불려왔다. 최초의 채용 기록은 1927년이 처음이었고, 법률상으로는 1937년 처음 명문화되었다.
19) 桟敷よし子『永遠なる靑春: ある保健婦の昭和史』靑春社, 1975.

2.7 여성의 시점

『이치카와 후사에 자전: 전전편』[20]을 읽은 후에도 여성의 입장에서라는 시점이 제시하는 충격을 받았던 기억이 있습니다. 전 생애를 부인운동에 헌신해온 그녀는 자서전의 권두 부분에서 자신이 태어난 해에 대해 기록하면서, "내가 태어난 것은 메이지 26년(1893) 5월 15일로, 이 해는 메이지헌법 공포 4년 후이자 부인의 정치활동을 금지한 집회 및 정사법集會及政社法 공포 3년 후"라는 의미를 부여하고 있었습니다.

보통 1890년은 대부분의 연표에 제1회 총선거가 실시되어 의회가 개설되었던 해로 기록되어 있습니다. 바로 그러한 해를 이치카와는 여성의 정치적 권리를 빼앗긴 해로 인식하고 있었습니다. 거기에서 저는 온갖 시련을 견뎌온 이 부인운동가에게 신뢰를 느꼈고, 동시에 이것이야말로 여성사의 시선이지 않으면 안 된다고 생각했던 것입니다. 1890년 하나를 보아도 남성(이라고 해도 한정적입니다만)에게는 어쨌거나 참정권이 부여되었던 해인데, 여성에게는 도리어 그로부터 멀어진 해가 됩니다. 남성에 대한 부분적 참정권의 부여가 여성에 대해서는 그러한 가능성의 박탈과 표리를 이루고 있었다는 것이 역사의 진실에 가장 가까운 것인지도 모르겠다고, 바로 그 한 구절이 저의 눈을 뜨게 해 주었습니다.

---

20) 市川房枝『市川房枝自傳: 戰前編』新宿書房, 1974.

2.8 민간학에 대한 공헌

다섯째로는 여성사가 민간학의 수맥을 풍성하게 했다는 것입니다. '민간학'이란 일본 학문의 양상을 조망하면서 제가 제창한 개념으로, 아카데미즘과 대비되는 재야의 학문을 의미합니다. 근대 일본에서 아카데미즘이 서양으로부터의 각종 과학의 섭취에 급급했고 또한 국가 본위로 이루어져 갔던 것에 비해, 일본 사회의 내부를 들여다보며 사람들의 생활 및 생활의식을 끄집어내려는 의지에 뒷받침되었던 학문은 거의 대부분 아카데미즘 밖에서 재야의 학문으로서 형성되어 갔습니다.

그때문에 오랜 기간 그것은 학문이 아니라고 비하되기도 했고, 그러한 경향이 지금도 전혀 없는 것은 아닙니다. 하지만 그와 동시에 기성 학문을 상대화하는 힘을 가지고 근대 문명의 병폐를 명백히 폭로하면서 재평가되고 있기도 합니다. 이렇게 제도로서의 학문에 대적하는, 운동으로서의 학문의 울창한 성과로서 야나기타 구니오柳田國男가 개척한 민속학이 있습니다만, 여성사 역시도 그 유력한 일익을 담당해 왔습니다.[21]

전전의 대표적 존재는 다카무레 이쓰에였습니다. 그녀의 자서전『불의 나라 여자의 일기』[22]에는 "다섯 평 서재의 한가운데에서 일 미터 남짓한 책상을 덩그러니 놓고,『고사기전古事記傳』(모토오리 노리나가本居宣長) 한 권을 놓고 앉았"던 것

---

21) 민간학에 관해서는 다음을 참조. 鹿野政直『近代日本の民間學』岩波新書, 1983;「民間學」『思想の科學』(임시증간호), 1987.11.
22) 高群逸枝『火の國の女の日記』理論社, 1965.

제 2 장 여성사는 지금

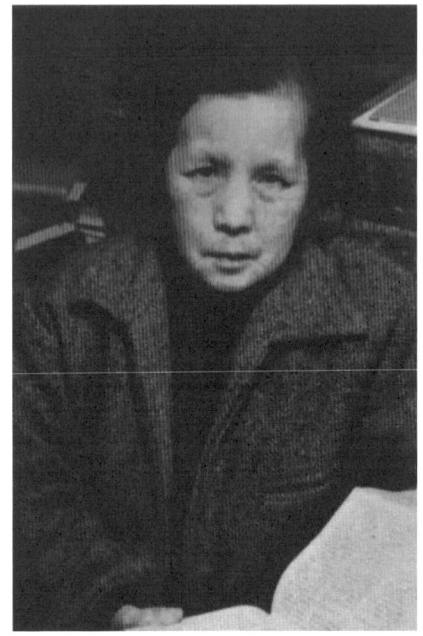

그림 2.1 다카무레 이쓰에

이 여성사로 출발한 날이었다고 기록되어 있습니다만, 이만큼 민간학의 초심을 뚜렷하게 보여주는 광경도 없을 것입니다.

제도나 조직에 의한 어떤 보증이나 보호도 없이 뜨거운 열정만이 그 추진력이 되는 민간학의 특성은 1970년대 여성사에서 재현되었습니다. 여성사 연구자가 쓴 저작 '후기' 등을 읽노라면, 그 사람들이 얼마나 생활상·학문상의 악조건과 싸웠는지에 관해 적혀있는 경우가 매우 많습니다(다만 그러한 고생담의 반복이나 장황함은, 모순을 백일하에 드러낸다는 의미를 갖는 반면 다른 함정을 준비하는 듯한 느낌이 들기도 합니다).

여성사는 여성이 그 담당자의 압도적 다수를 점하는 학문 분야이지만, 그 여성 연구자가 직업과 가정의 라이프 사이클에서,[23] 어떠한 차별에 직면하고 있는지를 명확히 한 사루하시 가쓰코·시오타 쇼베에 편저의 『여성 연구자: 흐름과 전망』[24]과 같은 책에도 잘 정리되어 있습니다.

2.9 여성사·여성학의 융성

그러나 그러한 가운데 분출되어 나온 여성사가 지금은 누구도 무시할 수 없는 분야가 되었습니다. 대학 안에 여성사나 여성학이라고 이름 붙인 과목이 늘어나고 있습니다. 앞에서 인용한 『부인백서 1988』에 따르면, 4년제 단기대학을 포함한 여성학 관련 강좌는 1983년도 개설 대학수 75, 개설 과목수 94에서, 1987년도에는 대학수 128, 과목수 261에 이르렀습니다. 1983년도를 100으로 한 경우 대학수에 있어서는 171, 과목수에 있어서는 178이라는 지표를 보여주고 있습니다. 또 앞서도 다루었던 것처럼 시민강좌와 같은 경우에는 거의 뺄 수 없는 주제가 되었고, 그러한 사실로부터도 학습을 통해 스스로 여성사를 기록하려는 기운이 고조되고 있음을 목격할 수 있습니다.

---

23) 일부러 '가정의'라고 말하지 않을 수 없는 것에 처음부터 남성 연구자와의 차이가 있습니다.
24) 猿橋勝子·鹽田莊兵衛 編著 『女性研究者: あゆみと展望』 ドメス出版, 1985.

나아가 서점에 여성사·여성학 코너를 두는 것도 극히 일반적인 일이 되었습니다. 그로부터 저는 이 분야에서 사회를 공격까지는 하지 않더라도 자극을 주려 하는 편집자들(아마도 다수는 여성)의 집념의 응집에서 오는, 일종의 압력마저 느낍니다. 출판산업으로서도 그것이 '수지가 맞는' 주제가 된 것을 의미합니다. 그러한 책의 코너 앞에 섰을 때, 그러한 책들로부터 '이렇게나 문제가 있다구요'라고 하는 호소나 고발이 ―단지 사회를 향해서라기보다― 여성이나 남성 한명 한명에게 전해지고 있다는 인상을 받지 않을 수 없습니다. 민간학의 수맥을 풍부하게 했다고 이야기한 까닭입니다.

2.10 지자체사·노동운동사와 여성

여섯째로는 그러한 결과로서 많은 역사 서술이 최소한 여성사를 무시할 수 없게 되었다는 것입니다. 이제 역사 관련 대형기획을 수립할 때면 여성사를 중시하거나 최소한 그에 대한 관심은 반드시 요구되고 있어서, 다소는 쓴웃음이 날 정도이기도 합니다. 그런데 여기에서 특히 강조하고 싶은 것은, 지자체사나 노동운동사에도 여성사적 기술을 위해 일정한 매수가 점차 할당되게 되었다는 사실입니다.

가까운 사례부터 이야기하자면, 제가 아는 바로는 1980년대 출판된 『가나가와현사 통사편 4 근대·현대(1)』[25]는 제3편

---

25) 神奈川縣企劃調査部縣史編集室編 『神奈川縣史 通史編 4 近代·現代(1)』 神奈川縣, 1980.

2.10 지자체사·노동운동사와 여성

'메이지 후기'의 '제3장 메이지기 사회와 문화' 안에 '제3절 사회생활과 여성'을 편성하고 있는데(책의 본문 911쪽 가운데 23쪽), 상당히 이른 시도였던 것이 아닐까 생각됩니다. 다만 거기에 여성사를 정리해 버린 것으로 다소 안심(?)해버린 듯, 다른 부분에서는 그에 미치지 못하는 듯한 느낌도 없지는 않습니다. 하지만 지자체사에서 여성에 대한 관심이 증가하는 것은, 사료편에서 생활사료에 대한 관심이 구체적이 되고 있는 것과 조응하는 경향이기도 합니다.

노동운동사에 관해서 말씀드리자면, 노동문제에서 여자노동의 문제는 일찍부터 학문적인 분석의 대상이 되어왔음에도 불구하고, 노동조합 자체나 연구자들이 갖는 남성사회적 체질 때문에 여자 노동운동사에 대한 시점이 결여되는 경우가 있었습니다. 그러나 거기에도 새로운 바람이 불기 시작했습니다. 『히로시마현 노동운동사』(전3권)[26]의 '통사' 제1권에 제3편 '전전·점령하 히로시마현 부인노동'이 편성되어, 여성사 전문가인 스즈키 유코가 집필한 것이 대표적입니다.

스즈키 유코는 그 지역의 여성운동에 관해 집필해온 글을 『히로시마현 여성운동사』[27]로 정리하기도 했습니다. 그 '머리말'에는 여성 노동운동사이기에 가능한 시각에 관해 시사점이 풍부한 제언이 담겨 있습니다.

---

26) 廣島縣勞働組合運動史編集委員會編, 『廣島縣勞働運動史』(全3冊), 廣島縣勞働組合會議(1979~1980).
27) 鈴木裕子『廣島縣女性運動史』ドメス出版, 1985.

제 2 장 여성사는 지금

"압도적으로 다수인 여자 노동자 즉 '공녀工女'의 무지와 소수의 선구적 남자 노동자의 급진적 의식의 기묘한 조합, 거기에 전전 일본 노동자 의식의 특수성이 있었다." 이것은 사회운동사의 대표적 연구자 가운데 한 명이었던 오코우치 가즈오의 말입니다.[28] 스즈키는 그 말을 인용하면서, 이래서는 "'공녀'들의 '가슴 아픈哀史的 상황'에 동정적인 시선을 던지는 것은 가능하지만, 그들의 생생했던 가능성을 내포한 모습이나 이미지를 파악하는 것은 무리일 것"이라고 합니다. 게다가 그렇지 않아도 사료를 남기기 어려웠던 노동운동 가운데, 여자 노동자의 기록은 설령 '여자의 쟁의'라고 불린 경우에도 지도부가 남성들로 채워져 있었기 때문에 더욱 부족하거나 등한시되어 왔다고도 합니다.

게다가 그러한 경향이 처음부터 자동적으로 생겨났던 것은 아닙니다. 그 분야를 독립시키자든가 '끼워 넣자'라든가 하는, 담당자들의 부단한 투쟁이 있고서야 비로소 실현되었던 것입니다. 그러나 그 결과로서, 예를 들면 지자체사에서는 1960년대부터 1970년대에 걸쳐 그 지역 자유민권운동을 독립시켜 기록을 남기게 되었던 것처럼, 이제부터 1990년대에 걸쳐서 여성사 부분의 서술이 늘어나리라 기대할 수 있게 되었습니다.

이것들은 제가 볼 때 여성사 연구가 어느 정도 달성되었기 때문에 그 결과로서 나타나게 된 여러 특징들입니다. 최근 여성사나 여성학 관계 문헌목록이나 북가이드 등의 간행이 잇따르

---

[28] 大河內一男『黎明期の日本勞働運動』岩波新書, 1952.

고 있는 것도, 그러한 단계에 이르렀음을 집약적으로 보여주는 하나의 증표라고 생각됩니다.

그렇게 상당히 방대한 성과들이 나온 덕택에, 저의 경우 여성사총합연구회 편『일본 여성사 연구문헌 목록』(전2권), 아마카와 요코 편저『여자의 책이 가득』, 여성학연구소 편『여성학 북가이드』등에 도움을 받는 경우가 적지 않습니다.[29] 특히 뒤의 두 개는 단지 문헌을 아는 것 이상으로 페이지를 넘길 때마다 자극을 받아 시야 그 자체가 넓어지는 즐거움을 느꼈습니다.[30]

2.11 여성사의 문제점

그렇지만 그러한 달성이 있었던 만큼 지금의 여성사는 새로운 상황, 굳이 말하자면 새로운 모순의 시스템에 직면하고 있는 것으로 보입니다. 문제는 두 가지입니다.

그 하나는, 여성사가 급격히 성장했기 때문에 솔직히 말해 기초가 취약하다는 점입니다. 이렇게 단언하는 것에는 저 자신을 판정자의 입장에 둔다는 점이나, 본래부터 전혀 없다고

---

[29] 女性史總合研究會 編『日本女性史研究文獻目錄』(전2권), 東京大學出版會(1983~1988); 尼川洋子 編著『女の本がいっぱい』創元社, 1987; 女性學研究所 編『女性學ブックガイド』至文堂, 1988.

[30] 이 문헌 목록은 당초 한 권이었습니다만 1988년 말 그 후의 연구성과를 정리한 II가 간행되었습니다. 앞으로도 5년마다 간행된다고 합니다. 전시대에 걸쳐 관계문헌이 폭넓게 수집되어 있고 '해설'도 덧붙여져 있습니다. [역주] 2023년 현재 총 4권이 발행되어 있음.

제2장 여성사는 지금

할 수 없는 여성사에 대한 역풍에 가담하는 것일지도 모른다는 점에서 다소의 결단력이 필요합니다. 하지만 그러한 고민에도 불구하고 감히 말하자면, 실증력이나 논리구성의 취약함, 구술의 유행에 따른 가벼움, 원통형 여성사라고 할 정도로의 시야의 협소함, 거의 도작盜作에 가까운 듯 횡행하는 저작권 무시 등 여러 결함이 폭로되기 시작되고 있습니다.

그러한 의미에서 저는 여성사가 스스로를 연단하기 위해 아카데미즘으로부터 좀더 섭취해야 할 것이 있지 않나 생각합니다. 저의 본심은 여성사가 예를 들어 그레고리 M. 플루그펠더Gregory M. Pflugfelder의 『정치와 부엌: 아키타현 여자참정권운동사』31)와 같이 치밀하고 철저해야 하지 않을까 하는 것입니다. 또한 눈에 띄기 시작한 이러한 결함의 근원에, 오랫동안 권위라는 것으로부터 배제되어 왔던 것에 대한 반동으로서 어떤 종류의 '상승 지향'이 혹시라도 내재되어 있는 것이라면, 새로운 학문으로서의 여성사를 자멸로 이끌 것이라고 생각하지 않을 수 없습니다.

또 하나는 여성사가 아카데미즘 안에서 어느 정도 자리를 차지하게 된 결과 발생하기 시작한 것으로 보이는 현상입니다. 아카데미즘으로의 진출은, 그 학문을 정치精緻하게 만들 기회를 부여합니다. 여성사총합연구회 편 『일본 여성사』(전

---

31) グレゴリー・M・フルーグフェルダー『政治と臺所: 秋田縣女子參政權運動史』ドメス出版, 1986.

5권),[32] 그리고 앞서 소개한 『일본 여성사 연구문헌 목록』(전 2권)은 1977~1979년 문부성 과학연구비 보조금 교부를 따낸 성과이자, 그러한 의미에서의 정치함을 획득한 대표적 작품이었습니다.

개별 논문집이라는 인상이 앞섭니다만, 이들 책은 여성사 분야에 많은 기초를 세웠습니다. 그와 동시에 뜨거운 초심이 두드러졌던 여성사를 '차가운' 과학으로 이륙시키는 역할을 수행한 것도 사실입니다. 이 이륙은 여성사가 학문으로서 자립해 나가기 위해 한번은 거치지 않으면 안 되는 과정입니다. 그러한 의미에서는 당연히 나와야 했던 저작이었습니다.

그러나 그 반면 당시까지의 여성사에 숨쉬고 있던 '통각痛覺'이 두세 편을 제외하고는 —완전히 소멸했다고 했다고 하는 게 과하다면— 크게 후퇴했다는 사실이 저에게 충격을 주었습니다. 연구회 전체의 연구대표자인 와키타 하루코脇田晴子는 자신이 편집한 '중세' 편의 '편집후기'에서 "여성사는 응용문제"라고 하고 있습니다. 그렇다면 여성사는 이를테면 '정사'보다 한 단계 하위에 위치한 분야에 불과하다는 것이 될 것입니다. 스스로 비하하는 말이 아닌가라는 생각이 들었습니다.

그러한 '통각'의 결락은 본문 1634쪽에 이르는 이 대작에 『세이토靑鞜』를 논한 부분이 『부인전선婦人戰線』을 다루면서 곁들이는 방식에 의한 약 두 페이지를 제외하고는 거의 없다시피

---

32) 女性史總合研究會 編, 『日本女性史』전5권, 東京大學出版會, 1982.

하고, 그에 관한 설명도 없다는 점에서 잘 드러나고 있습니다. 『세이토』를 결락시킨 여성사라니 시민의 역사의식에 부응하는 작품이라고 할 수 있을까요.

2.12 여성사에 대한 두 가지 태도

여성 지위의 일정한 변화 그리고 여성사의 일정한 달성으로 인해 일어난 상황은, 젊은 세대의 적어도 일부에게는 여성사에 대한 두 가지의 태도를 낳고 있다고 여겨집니다.

하나는, 앞서 언급했던 여성문제에서 벗어난 여성사라는 국면의 등장입니다. 역사학을 꿈꾸는 여성이라면 여성사를 손대지 않으면 안 된다는 암묵의 기대에 대해 반발 내지 혐오의 징조가 보이는 것입니다. 역사학에서 재일조선인이 선택하는 주제가 조선사에, 오키나와인이 선택하는 주제가 오키나와사 내지 오키나와학에 치우쳤던 것처럼, 가장 깊게 집착하는 주제를 추구한다는 점에서 여성이 향하는 대상은 여성사가 되기 쉬웠습니다. 그러나 그러한 일종의 '강박' 관념은 분명 희박해지고 있습니다.

그리고 또 하나는, 사회문제에 관심을 갖는 남성이 더 이상 여성사를 최첨단의 문제로 삼지 않는 것입니다. 본래 그들은 스스로 여성사에 손을 대지는 않으면서도, 거기에는 무엇인가 어쩌면 사회의 구도를 뒤집을지도 모르는 폭발력을 가진 문제가 있는 게 아닐까라고 경의를 표해왔습니다. 그러나 지금은 여성의 문제를 전위적前衛的이라기보다는 후위적後衛的이라고 의식하기 시작했습니다.

이러한 것들은 일정한 변화와 달성 때문에 떠오른 일종의 나른해진 분위기입니다. 그만큼 여성사는 기성의 체제에 의지하는 것만으로는 과거와 같이 폭발력 있게 문제를 제기하기 어렵게 되었습니다. 다시 한 번 여성사에 과거와 같은 '독毒'을 갖게 하려면 어떻게 해야 할 것인지, 그것을 생각해야 할 시기가 왔다는 것이 저의 '여성사는 지금'에 대한 인식입니다.

2.13 사회 과목 폐지와 여성사

그리고 그러한 필요성은 지금 역사교육계에 나오고 있는 정책에 의해서도 한층 높아지고 있습니다. 1987년 11월 문부성 교육과정 심의회는 고등학교 사회 과목을 폐지하고 지리·공민 두 교과로 분리 재편한다는 '심의 결과'를 공표했습니다.

여성사는 이제야 사회 과목의 유력한 일익을 담당하게 되었다고 하는 단계일 것입니다. 여성과 직업이라는 문제에만 한정해도, 기회균등·임금의 평등제·청년 정년제·출산 퇴직제·성적 희롱·직업과 가사·돌봄介護·육아·파트타임·맞벌이 등 여성에게 특히 중요한 사회 과목의 제목을 제공합니다. 그러한 의미에서 여성사는 사회 과목에 의해 보증되는 동시에, 사회 과목을 풍성하게 하기 위한 한 부문입니다. 그것이 폐지된 후 사회 과목에 입각한 시야를 갖지 않는 여성사는 불가피하게 부덕사婦德史로 치우치게 되지 않을까 걱정됩니다.

덧붙이자면 저는 가정 과목과 사회 과목의 연대를 꿈꾸어 왔습니다. 전자가 주로 다루는 '소비'와 후자가 담당하는 '생산'은 개인을 매개로 하여 쉽게 연결될 수 있다는 정도를 넘어, 연결되지 않으면 안 되는 것입니다. 그에 의해 생산–유통–소비의 전과정이 드러나기 때문입니다. 그렇게 여성사는 가정 과목을 역사적으로 위치지우고 사회 과목으로 연결시키기 위해, 적지 않은 역할을 담당해야 하는 존재였습니다.

그러나 그러한 꿈이 실현되기는커녕 한쪽이 폐지되어 사라지면, 또 다른 한쪽인 가정 과목은 아무래도 '가사'의 쪽으로 변질되지 않을까하는 생각이 듭니다. 그러한 점에서 여성사는 사회 과목 폐지라는 격진에 의한 해일의 습격을 피할 수 없게 된 상황입니다.

이와 같은 복합적인 요인에 의해 여성사는 지금 스스로를 되돌아볼 시기에 도달해 있다고 여겨집니다. 그렇다면 그에 대한 재고는 어떠한 점에서 또 어떠한 방향으로 이루어져야 할 것인지가 다음의 과제가 될 것입니다.

제 II 편

여성사 다시 보기

여성사의 문제로서 세 가지가 저의 뇌리에 스칩니다. 첫째는, 해방을 추구하고 있던 여성이 역으로 질서에 포박되는 일은 없었는가, 아니 좀 더 단적으로 이야기하자면, 어떻게 포박되었는가라는 문제입니다. 둘째로는 여성사와 인접한 여러 과학과의 관계입니다. 그리고 셋째는 '일본 여성사'라는 범주의 상대화 문제입니다.

각각의 과제별로 두 개씩 주제를 설정해 보았습니다.

첫 번째인 어떻게 포박되었는가의 문제는, 여성이 가정 안의 존재였다가 사회참여로 움직이는 가운데 그 중요성이 급속히 높아지게 되었습니다. 그와 더불어, 그러한 새로운 상황에 직면해서 지금의 여성에게 무엇이 가장 긴요한가를 역사에서 찾는 여성사는, 의식적이든 무의식적이든 초점을 이동시키고 있는 것처럼 보입니다.

1970년대 초 여성사 논쟁에서 드러났던 것처럼, 여성사는 여성이 어떻게 스스로를 해방시켜 왔는가라는 것과, 여성이 어떻게 살아왔는가(이것은 어떻게 억압되어 왔는가와 거의 동의어가 됩니다)라는 것 두 가지를 커다란 주제로 하고 있습니다. 그것들이 지금 주제로서 의미를 잃었다는 것은 아닙니다. 그러나 지금은 확실한 해방 즉 즉자적卽自的인 비참함을 극복한 후 무엇인가 다른 함정에 빠지고 있을 우려는 없는지, 표현을 달리하면 진출이나 참여를 하기 때문에 도리어 포박되는 사태에 빠져버리는 것이 아닌지를 점검할 필요가 새로이 중요한 과제로 부상하고 있는 것처럼 여겨지는 것입니다.

그러한 문제를 추적하면서, 그 문제를 운동의 면과 논리의 면에서 검토할 필요를 느꼈습니다. '3장 여자들과 국가'와 '4장 모성의 논리'는 그 때문에 설정한 항목입니다.

두 번째인 인접 과학과의 관계라는 문제는, 여성사가 하나의 학문으로 구축되어 온 결과로서 생겨났습니다. 여성사에는 역사에 관한 학문이라는 성격과 여성에 관한 학문이라는 성격이 있으며, 그러한 성격에 의해 독자적인 인접 과학을 가지게 되었습니다. 본래 무엇을 인접 과학이라고 할 것인지를 인정하는 것이 의외로 곤란하기도 합니다만, 여기에서는 의식적으로 여성을 시야에 넣거나 주제로 삼고 또 여성이 주체로서 추진해 온 학문이라는 의미에서, 여성학과 민속학을 들기로 했습니다. '5장 여성학과 여성사', '6장 민속학과 여성사'는 그 때문에 마련했습니다.

세 번째인 '일본 여성사'라는 범주의 상대화 문제는 다음과 같은 생각에서 나온 발상입니다. 이제까지 여성사는 (여기에서는 일본의 경우에 한정합니다만) '일본 여성사'로서의 자기확립을 위해 분주한 시기를 보냈습니다. 물론 그것은 당연하다고 생각합니다. 이미 이야기했던 것처럼, 1960년대까지의 영웅시대, 통사의 시대 이후 1970년대에 들어 많은 참여자가 출현하면서 그것을 배경으로 개별연구의 시대가 일제히 시작되었습니다. 문제의 적출과 사실의 규명에 의해 여성사의 축적은 비약적으로 두터워졌고, 하나의 학문으로서 시민권을 얻기에 이르렀습니다.

이와 같은 자기 확립을 위한 노력은 금후로도 계속될 것입니다. 하지만 그와 동시에, 아니 '일본 여성사'로서의 자기 확립을 보다 풍성하고 더욱 확고한 것으로 하기 위해, 그것이 '일본 여성사'로서 자기완결이 되는 것을 뒤흔들 필요가 있는 시기가 오고 있습니다. 되는대로 맡겨 버린다면, 그러한 의미에서 폐쇄된 것이 되고 말 '일본 여성사'를 흔들어 놓기 위해서는 무엇을 당장의 도구로 삼을지를 고민한 결과, '7장 '세계'의 시점에서'와 '8장 '지역'의 시점에서'를 편성하기로 했습니다.

이상과 같은 여섯 개의 항목을 통해 여성사의 '지금'과 '미래'를 생각해 보고자 합니다.

제 3 장

여자들과 국가

3.1 여성의 사회참여

지역차·연령차·계층차가 있기는 해도, 어떤 식으로든 여성이 집 밖으로 나가는 것이 이제는 도도한 흐름이 되었습니다.

일단은 '전일제全日制 시민'이라는 호칭에서 드러나는 것처럼, 여성이 지역 주민운동의 주력이 되고 있습니다. 각종 자원봉사 활동에서도 같은 현상이 일어나고 있습니다. 서로서로 연락해서 평일에 놀러 나가는 것도 더 이상 드문 일이 아닙니다. 신문의 각종 정보란에는 여성 주최 집회 예고가 빈번합니다. 혹은 최근 정치 세계에도 진출하게 된 생활클럽생협 등도 여성의 사회활동의 장으로서 눈에 띕니다.

놀러 나가는 것까지는 포함되지 않겠습니다만, 이상의 내용은 현대 여성 특히 성인 여성이 다양한 형태로 사회에 참여하고

제3장 여자들과 국가

있음을 보여줍니다. 이상과 같은 사회참여는 여성의 생활을 바꾸고 있는 지표가 되며, 또한 생활을 변화시키는 촉매 역할을 하고 있기도 합니다.

그러한 하나의 예로서 '생활클럽생협'을 들 수 있습니다. 사토 요시유키 편저 『여성들의 네트워크: 생활클럽에 모이는 사람들』[1]은 '생활클럽생협 도쿄'를 대상으로 한 사회학적 연구로, 거기에 관여하는 주부들의 궤적을 다음과 같이 설명하고 있습니다. 이 운동은 "전업주부들의 '당연한 생활'에 이의를 제기하는 것에서 출발했습니다. 그것은 구체적으로는 '우유'라는 생활필수품의 공동구매를 통해 그 맛과 안전성을 확보하는 것에서 시작되었고, 우유가 된장·계란·야채를 거쳐 보다 환경에 해를 미치지 않는 '세제'는 무엇인가라는 물음으로 발전해 갔습니다." 그러한 의미에서 "그것은 직업적인 경제적 자립과는 다른 형태의 또 하나의 자립"이라는 것이었습니다(방점은 원문). 동시에 그것은 가사와 육아에 전념한다는 명목 하에 "경제적으로도 인간적으로도 공공의 장에서 소외되어"온 여성들이 사회성을 회복해가는 과정이기도 했습니다.

하지만 그와 같이 여성의 사회참여가 사실상 하나의 추세가 되어가는 것에서 저는 하나의 함정을 인식하게 되었습니다. 1988년 5월 시작한 도쿄도 구니타치시國立市 공민관의 '여성문제강좌 역사'의 참가자 모집 광고지에 이러한 문구가 있었습

---

[1] 佐藤慶幸 編著 『女性たちのネットワーク: 生活クラブに集う人びと』文眞堂, 1988.

니다. 지역 여성들의 학습활동을 조직하면서 '여자의 현재'를 응시해온 직원 이토 마사코의 문장입니다.[2]

> 지금 빈번히 '남녀평등'이 이야기되고 여자의 '사회참여'가 새삼 장려되고 있습니다. … 그러나 그러한 동향은 진정 여자의 인격·인권을 존중한 것, 인간다운 가치가 있는 사회를 창조하는 방향을 향하고 있는 것일까요 … 여자의 지위 향상을 위한 노력이 경제 우선·인간 파괴의 사회를 형성하는 것에 가담하고 있을 뿐이거나, 진정으로 자신의 역할을 다하는 것이 민주주의를 무너뜨리는 방향으로 연결된다거나, 선의의 행동이 '전전戰前'과 같은 방향으로 박차를 가하는 것이 되고 있다면, '여자의' 사회참여의 의미는 왜곡되는 것입니다.

과연 이토 씨이기에 가능한 문제제기라고 생각했습니다.[3]

3.2 국가로의 흡수

어떻게 포박되었는가를 이야기할 때 1930년대부터 1940년대 전반에 걸친 이른바 15년전쟁기가 그 주제에 둘도 없는 재료를 제공합니다.

---

[2] '여자의 현재'란 이토 씨 저서 중 한 권의 제목이기도 하다. 伊藤雅子 『女の現在: 育兒から老後へ』未來社, 1978.

[3] [역주] 필자 후기에 따르면, 이토 마사코가 가노 마사나오에게 바로 이 구니타치시 공민관의 '여성문제강좌 역사'에서 여성사의 현상과 과제에 관한 강의를 해달라고 제안한 것이 이 책의 집필과 출판으로 이어지는 출발점이 되었다.

제3장 여자들과 국가

그러한 문제의식을 최초로 가장 명료하게 내걸었던 것은 아마도 가노 미키요加納實紀代 씨 등이 참여한 '여자들의 현재를 묻는 모임'이었습니다. 『총후사 노트』라는 표제를 가진 이 모임 기관지의 창간호[4] 권두에는 '간행에 즈음하여'라는 글이 게재되었는데, 여기에서 아래와 같이 모임의 목적의식을 단적으로 드러냈습니다.[5] "어머니들은 분명 전쟁의 피해자였습니다. 그러나 동시에 침략전쟁을 뒷받침하는 '총구 뒤의銃後'의 여성들이었습니다. 왜 그럴 수밖에 없었을까. 이 기관지를 통해 그 점을 명확하게 하고 싶습니다."

왜 『총후사 노트』를 시작했는가에 대해, 가노 씨 등은 다음과 같이 세 개의 이유를 들었습니다.

- 첫째, 살아남은 '총후'의 여자들과, 살아남은 총후의 여성들이 키워낸 우리의 대화의 장으로서
- 둘째, 과거 '총후의 여자들'을 살펴봄으로써 '총후'의 여자들이 될 지도 모르는 우리, 이미 다른 형태로 그렇게 되고 있을지도 모르는 우리를 대상화하기 위해
- 셋째, 다른 사람 혹은 다른 나라 사람들을 짓밟지 않는 식으로 우리의 해방의 방향을 탐색하기 위해

여기에는 왜 '총후사'인가라는 의미가 깔끔하게 설명되고 있습니다. 그리하여 지금은 이러한 시각으로부터의 저작이

---

[4] 女たちの現在を問う會, 『銃後史ノート』(창간호), 1977.11.3.
[5] 이 잡지는 통권 10호를 내고 1985년 8월 1일 종간되었다. 1~3호는 해당 모임에서 간행했고, 이후는 JCA출판에서 간행했다.

가와나 기미의 『여자도 전쟁에 가담했다』,[6] 아오키 야요이 편 『전쟁과 여자들: 여자의 논리로부터의 반전 입문』,[7] 스즈키 유코의 『페미니즘과 전쟁』[8] 등 다수 간행되었습니다. 가노 씨 자신도 『여자들의 '총후'』[9]를 출간했습니다. 또한 여성 지도자들의 전시하 언동에 대한 '고발'조의 논문도 눈에 띕니다.

이와 같은 현상은, 첫째로는 전쟁기억의 소거를 위한 국가의 움직임이 가속화하는 한편에서 15년전쟁에서의 가해성 문제에 대한 의식이 강화되어 온 것입니다. 그것은 여성이 단지 무권리 그리고 무책임의 위치에 있다고 보는 것과는 이질적인, 이른바 주체의식이라 할 수 있는 것이 고조되어 온 것에 조응하는 동향이 아닐까 여겨집니다.

앞에서 언급한, 제가 공저자로 참여한 『할머니·어머니·딸의 시대』의 구성 과정을 반추해보면, 당시 다소 고민스러운 점이 있었습니다. 결국 'I. 막말을 살다', 'II. 양처현모의 벽 안에서', 'III. 사회로 나아가다', 'IV. 15년전쟁 하에서', 'V. 해방은 실현되었나'라는 5장으로 구성되었습니다만, 결정하기 어려웠던 것은 III과 IV를 하나로 해서 '사회로의 진출·국가로의 흡수'로 할 수 있을까라는 점이었습니다.

시기적으로 말하자면 III이 주로 1910~1920년대에 해당하

---

6) 川名紀美 『女も戰爭を擔った』 冬樹社, 1982.
7) 青木やよひ 編 『戰爭と女たち: 女の論理からの反戰入門』 オリジン出版センター, 1982.
8) 鈴木裕子 『フェミニズムと戰爭』 マルジュ社, 1986.
9) 加納實紀代 『女たちの<銃後>』 築摩書房, 1987.

제3장 여자들과 국가

는 데 비해, Ⅳ는 1930년대 이후가 됩니다. 하지만 양자를 전혀 별개의 것으로 파악하거나 단지 다음에 이어지는 것이라 파악하기보다는, 전자에서 확인할 수 있는 여성의 일정한 진출進出이 있었던 만큼 후자에서 그 정도로 국가로의 흡수가 일어날 수 있었다고 하는 것이 역사의 진상을 제대로 파헤치는 것이 아닐까라는 인식이 있었기 때문입니다. 또한 '국가로의 흡수'가 15년전쟁이 시작된 후라기보다는 그 이전부터 준비되고 있었음을 명백히 하고 싶다는 생각도 있었습니다. 결국은 이 책의 독자인 어린이들에게 그러한 복합적 추이를 충분히 설명할 정도의 역량은 없다고 여겨졌기에, 신경은 쓰였지만 모험은 피하기로 했습니다.

1930년대 내지 15년전쟁 하에서 여성의 사회적 정치적 진출과 체제에 포섭되는 과정이 얼마나 깊게 관련되어 있었는지를, 여기에서는 이치카와 후사에 등의 부인참정권 획득운동과 급격하게 확산되었던 국방부인회의 사례를 통해 살펴보기로 하겠습니다.

3.3 부선운동과 이치카와 후사에

부선운동婦選運動은 1920년대부터 1930년대에 걸친 대표적 부인운동이었습니다. 일관해서 운동을 지도했던 이치카와 후사에市川房枝는 1924년 부인참정권획득기성동맹회婦人參政權獲得期成同盟會를 결성했고, 이듬해 그것을 부선획득동맹婦選獲得盟會으로 개칭했습니다. 이때 처음으로 사용된 '부선婦選'이라는 두 글

3.3 부선운동과 이치카와 후사에

자에는 마침 성립한 남자의 보통선거제를 진정한 '후센普選'이 아니라고 하면서, 그에 대신해서 본래 있어야 할 '후센婦選'10)을 내세우고자 하는 의지가 담긴 것이었습니다.

그리하여 이 부선이라는 이름으로 국정 참여의 권리를 추구하는 참정권, 정치결사 결성이나 가입의 자유를 추구하는 결사권, 지자체 참가권을 추구하는 공민권이라는 이른바 부선 3권11) 획득을 추구하는 활동을 전개해 갔습니다. 그 결과 1931년 2월에는 조건부로 —상위의 부현府縣은 제외하고— 하위의 시정촌市町村에서만 여성의 공민권을 인정하려 하는 이른바 제한공민권 법안과 부인결사권 법안이 정부에 의해 제안되었고, 중의원을 통과하기까지 했습니다.12)

거기까지 진전되어 있던 정세를 일거에 후퇴시킨 것은 그 해 9월에 일어난 '만주사변'이었습니다. 이후 사회운동에 대한 역풍이 강해져 1933년에는 운동가들의 사상적 전향이 잇따랐습니다.

하지만 부선획득동맹은 그러한 새로운 시류에 편승하지 않

---

10) [역주] 보선과 부선 모두 일본어 발음이 '후센'으로 동일하게 읽힌다.
11) [역주] 저자는 '부인 3권'이라고 했지만, 지금은 '부선 3권'이라는 표현이 일반적이다. 부선 3권이란 지방의회의 선거에 참여할 수 있는 '공민권', 정치와 관련된 단체를 조직할 수 있는 '결사권' 그리고 중앙의 국회의원 선거에 참여할 수 있는 '참정권'으로 이루진다. 다만 당시에는 '부선 3권'을 합해서 '참정권'이라고도 표현하기에, 참정권은 문맥에 따라 넓은 의미와 좁은 의미 두 가지로 사용되는 점에 유의해야 한다.
12) 결국 귀족원의 반대로 불성립되었다. 또 부선획득동맹의 운동가들은 너무도 굴욕적이라는 이유에서 제한공민권 법안에 반대하였다.

제3장 여자들과 국가

앉습니다. 오히려 반대로 '군부 독재정치의 위험'을 지적하면서 "파쇼가 실현되면 당장 우리 부인이 곤란해진다"는 논조를 펼쳤고, 그로 인해 그들의 기관지 『부선婦選』1932년 3월호는 발매금지 처분을 받기도 했습니다. 또한 그해 5월 개최된 제3회 전일본부선대회에는 전례가 없을 정도의 부선단체가 결집해서 부선의 즉각 실시와 파시즘 배격 등을 결의했습니다.

하지만 정세는 부선의 기치를 내거는 것을 더 이상 허락하지 않는 방향으로 급속히 기울었습니다. 그러한 상황에 처한 부선획득동맹은 지방자치문제로 관심을 전환시켰습니다. 도쿄에 도제문제都制問題[13]가 일어난 것을 계기로 부인공민권의 실현을 강하게 주장하고, 부패에 대해 시정市政의 정화를 제창했으며, 나아가 쓰레기처리 문제나 중앙도매시장의 문제를 내거는 등 '구체적인 일상생활에 관련된 문제'에 매진하게 됩니다. 부선획득동맹에서 실질적으로 이치카와 다음의 지위에 있던 가네코 시게리[14]는 종래의 부선 순행行脚 대신 '청소 순행'

---

13) [역주] 도쿄에 특별 행정구획을 실시하려는 것은 근대 일본에서 일관된 움직임으로, 이를 위한 이른바 '도쿄도제안(東京都制案)'이 종종 의회에 제출되었다. 특히 제1차 세계대전을 계기로 도시 인구가 증가하고 간토대지진 발생에 따라 인접지역으로 인구가 이동하면서 도제 실현의 기운이 높아졌고, 1932년 시군 합병을 통해 대도쿄시(大東京市)가 실현된 후인 1933년 정부가 의회에 도쿄도제안을 제출했다. 복잡한 이해관계와 정국의 변화 등으로 지연되다가, 전쟁중인 1943년 비로소 실현되었다.

14) [역주] 가네코 시게리(金子しげり, 1899~1977). 사회운동가, 정치가. 결혼 전 본명은 야마타카 시게리(山高しげり). 도쿄여자고등사범학교를 중퇴하고 결혼한 후에는 국민신문사·주부지우사에서 기자로 활동했다. 사회운동에도 참여했는데, 특히 부선획득동맹과 모성보호연맹에서 적극적으로 활동했다. 전후에는 주로 '미망인(未亡人)' 문제에 관심을 기울였고, 1962년부터 약 10년에 걸쳐 참의원의원으로 활동했다.

3.3 부선운동과 이치카와 후사에

그림 3.1 이치카와 후사에

으로 바쁜 날을 보내게 되었습니다. 그 결과 그녀가 도쿄시 보건국 청소과의 무급 촉탁嘱託으로 임명되자 『부선』에서는 그것을 "모든 여성이 금후 시정촌 정치에 참가하기 위한 선구"라며 환영했습니다.

이러한 '참가→협력'의 논리는 1935년부터 1936년에 걸친 이른바 선거숙정운동選擧肅正運動에 더욱 전형적으로 나타납니다. 이것은 당시 오카다 게이스케岡田啓介 내각에 의해 1935년 부현회 의원 선거와 이듬해의 중의원 의원 선거 때 대대적으로 행해진 관민합동운동으로, 기성정당의 배격을 기조로 하는 것이었습니다.

이치카와는 "선거의 숙정은 부인으로부터"라고 제창하면

제3장 여자들과 국가

서 이 운동의 중심기관이었던 선거숙정중앙연맹에 평의원으로 참가했고, 부선획득동맹도 다른 부인단체와 함께 선거숙정부인연합회를 만들어 그에 참가했습니다. 그 이유에 대해 이치카와는 다음과 같이 설명했습니다. "관제의 정치단체 중앙연맹 그 자체에 참가하는 것이, 넓은 의미에서는 부선의 획득이라고 보기에 … 굳이 그 고통을 감내하고 있습니다." 부선 획득을 향한 길이 닫혀버린 후의 운동가들이 관제운동에 적극 참여함으로써, 여성의 정치참가가 공인되는 최초의 사례를 이끌어낸 것이었습니다.

이 운동을 볼 때 강한 인상을 받는 것은, 부선획득동맹 지부가 열기 넘치는 활발한 모습을 보여준다는 점입니다. 동맹 발족 후 '지방 지부'는 니가타新潟·구마모토熊本·교토京都·마쓰야마松山·가리와刈羽·효고兵庫·가나자와金澤·아이치愛知·히로시마廣島·아키타秋田·요코테横手·군마群馬 그리고 도쿄의 조난城南·고이시카와小石川 등에서 창설되었습니다. 방침 수립에서도 운동 전개에서도 도쿄 본부의 지도력은 압도적이었습니다. 그러나 실제 기관지를 보면, 이 선거숙정운동에서 지부 즉 각 지역 동맹원들의 에너지가 폭발했던 것 같습니다.

'지방 지부'의 활약은 이치카와 자신에게도 예상 이상이었던 듯, "부인이 이렇게 적극적으로 열심히 참가할 줄이야"라는 반응을 보였습니다. 아이러니하게도 부선운동을 후퇴시킨 것이나 다름없는 "반동적인 분위기를 타고 의회정치를 부정하기 위해 시작된 선거숙정운동에 의해, 부인은 다시 다른 형태로 정치전선에 나서게 되었던" 것입니다.

오랫동안 중산계급의 한계를 넘어서지 못했던 부선운동에서 이치카와는 처음으로 '대중화'의 감을 잡았다고도 할 수 있습니다. 거듭 억제되기만 했던 여성의 정치참가를 향한 열의와 일상생활에서 꾹꾹 눌려 있던 모순을 정치의 장에서 폭발시키려는 집념은, 다분히 국책수행이라는 형태를 띠면서 지도층의 예측을 한참 뛰어넘는 규모로 분출되었던 것입니다.

3.4 총동원체제로

이치카와는 "다음 단계는 부선운동의 대중화"라는 기대를 가졌습니다. 그러나 '비상시'의 진전이 훨씬 빨랐습니다. 1936년의 2.26사건, 이듬해인 1937년의 중일전쟁의 전면화에 이어, 동맹의 기관지 『부선』은 1936년 1월호부터 『여성전망女性展望』으로 이름을 바꾸었습니다. 중일전쟁이 전면화하자 이치카와는 "지난 2개월 동안 나는 아주 우울하게 갇혀 있었다"면서도, 그러나 "이제 갈 데까지 가보는 수밖에 없다"라고 반응합니다.

그리고 이치카와 등은 "사회개선 내지는 부인의 지위 향상을 목적으로 하는 부인단체"를 통합하여 일본부인단체연맹日本婦人團體聯盟을 결성합니다. 연맹은 탄광주들에 의해 추진되던 여성의 갱내작업금지 완화운동에 대해 반대 의지를 표시합니다. 한편으로 "흰 쌀밥은 지양하자", "일어나 앞장서자 총동원의 가을" 등의 슬로건을 내걸었고, 또한 사재기 방지·폐품 활용

제3장 여자들과 국가

등의 캠페인을 벌이며 "경제전에서 부인의 역할을 훌륭하게 수행"하고자 했습니다. 전쟁의 전면화와 함께 발족한 국민정신총동원운동의 일익을 담당하는 활동이었습니다.

이치카와는 국민정신총동원 중앙연맹의 도쿄시 실행위원이 되었고, 가네코 시게리는 그 전문위원이 되었습니다. 그에 참여한 부인운동가들은 적지 않았습니다. 아니, 참여하지 않은 사람의 수를 세는 편이 빠를 정도입니다. 1940년은 진무神武 기원15)으로 2600년이 되는 해였는데, 『여성전망』은 그해 1월호 표지에 "황기皇紀 2600년은 부인의 손으로"라는 이치카와의 발언을 자신들의 주장으로 게재했습니다. 이 무렵 그녀는 육군 내 반주류파・대중對中전쟁 확대 반대파인 이시와라 간지16)에 대한 기대로 가득 찼던 것 같습니다.

부선이라는 숙원을 유지하면서도 총동원체제에 가담한다는, 이러한 방침에 관해서는 동맹 안에서도 논쟁이 있었습니다. 기관지의 내용을 살펴보면, 그러한 방침에 대한 의문이 상당히 널리 퍼져있었던 것을 알 수 있습니다.

---

15) [역주] 일본 초대 천황인 진무천황이 즉위했다고 하는 해를 원년으로 삼은 일본의 기년법(紀年法)으로, 정식 명칭은 '진무천황 즉위기원'이다. 『일본서기(日本書記)』에 근거하며 원년은 서기 B.C 660년에 해당한다.

16) [역주] 이시와라 간지(石原莞爾, 1889~1949). 일본의 육군 군인이자 사상가로, 육군사관학교와 육군대학을 졸업했으며 독일 유학의 경험, 니치렌(日蓮) 신앙 등을 결합하여 독자적인 '세계최종전쟁론'을 제창했다. 관동군(關東軍) 참모로서 1931년 만주사변을 주도했으며, 1936년 2.26 사건 당시에는 반란군 진압에 공헌했다. 중일전쟁 발발 이후 도조 히데키와 대립 끝에 퇴역한 후에는 중국・일본・만주에 의한 '동아연맹' 결성을 제창했다.

마쓰다 도키코^{松田解子}는 "부인운동가는 도대체 무엇을 하고 있는 것인가. 단지 정동(국민정신총동원운동)의 선봉을 담당하고 있을 뿐 아닌가"라는 목소리가 있었다고 전하고 있습니다. 또 가네코 시게리가 다소 긴장한 듯, "과거 15년간의 부인운동 가운데 올해만큼 쉬지 않고 그것을 위해 몰두했던 해도 없습니다"라고 한 데 대해, 가미치카 이치코[17]는 "하지만 국민의 비판을 받는 정치에 협력했던 것이잖아요"라고 되받아치고 있었습니다.

그러한 가운데 이치카와는 1940년 연구라는 형식으로 운동의 불씨를 보존할 생각으로, 부인문제연구소를 설립하고 부선획득동맹을 해산했습니다.[18]

3.5 거부의 논리와 참여의 논리

15년전쟁 하에서의 부선운동의 역사는 이 운동이 권리획득운동에서 국책협력운동으로, 나아가 여성동원운동으로 '전화轉化'되어 갔음을 보여주고 있습니다. 그것은 남성의 전향(이라고 해도 역시나 전부 같지는 않습니다만)에 종종 보이는 것과 같

---

17) [역주] 가미치카 이치코(神近市子, 1888~1981). 평론가, 정치가. 교사 재직중 세이토사(靑鞜社) 참여를 이유로 면직되었고, 신문사(東京日日新聞) 기자를 거쳐 잡지(番紅花)를 창간하기도 했다. 무정부주의자 오스기 사카에(大杉榮)와의 사이에 세 자녀를 낳은 후 이혼했고, 프롤레타리아 문학운동에 경도되었으며, 전후에는 사회당 소속 중의원 의원으로 활동했다.

18) 이상의 내용은 대부분 기관지 『부선』과 『여성전망』에 근거한 것이며, 『이치카와 후사에 자전: 전전편』도 이 시기 자신의 행동을 자세히 설명하고 있습니다.

은, 고뇌의 흔적도 보이지 않는 그야말로 180도 전회형도 아니고, 고뇌에 짓눌린 끝에 허무주의자나 구도자로의 길을 택한 것도 아니었습니다. 오히려 눈에 띄는 것은 추진자들이 직면했던 선택의 어려움입니다. 그렇기는 하지만 운동이 결과적으로 정반대의 것으로 전화되어 갔던 것은 물론 부정할 수 없습니다.

사회운동은 항상 기존의 무엇인가에 대한 이의제기라는 측면과, 그것을 통해 실질적으로 무엇인가를 획득하려는 측면을 가집니다. 만일 전자를 '거부'의 논리라고 한다면, 후자는 '참여'의 논리라고 할 수 있습니다. 전자는 문제점을 명시합니다. 그러나 비타협적으로 그것을 관철하려 할 때, 실질적으로 무엇인가의 성과나 개선(그것들은 당연히 부분적인 것이 됩니다만)을 획득하는 것은 거의 불가능합니다. 반대로 만일 후자를 고집한다면, 아마도 기존 체제의 개변改變 정도가 아니라 그에 대한 무한한 접근이라는 결과를 초래할 것입니다.

이 거부의 논리와 참여의 논리가 서로 상승작용을 할 때 운동은 강인해집니다만, 실제로는 이 두 개의 논리는 각각의 국면에서 서로 충돌하는 경우가 많은 것이 일반적입니다. 게다가 무권리자無權利者는 본래 체제에 대한 책임을 분담하지 않음에도 불구하고, 그야말로 무권리이기 때문에 종종 거부의 논리 없는 참가의 논리로 끌려갑니다. 15년전쟁 하의 부선운동은 그러한 교훈을 오늘날 남겨주고 있습니다.[19]

---

19) 鹿野政直「ファシズムの婦人運動: 婦選獲得同盟の場合」家永三郎教授東京敎育大學退官記念論集刊行委員會 編『近代日本の國家と

3.6 국방부인회

국방부인회의 정식 명칭은 대일본국방부인회로 1932년 발족되었습니다. 성인 여성 즉 대부분이 기혼 여성인 전국적 조직으로서는 1901년의 애국부인회와 1930년의 대일본연합부인회大日本聯合婦人會에 이어 세 번째였였습니다만 앞의 두 단체와는 매우 다른 점이 있습니다. 그것은 이 단체가 본래 국사에 분주했던 여성 오쿠무라 이오코[20]가 만든 애국부인회나 문부성의 주도로 만들어진 연합부인회와 달리, 매우 자연발생적으로 어떤 직함도 없는 여성들의 일종의 '만부득이한' 심경에서 시작되었다는 점입니다.

야스다 세이安田せい·미타니 히데코三谷英子 등 오사카에 사는 두 주부가 그 출발점이 되었습니다. 1932년 초 군사원호 모금을 개시하고, 마침 상해사변에 소집되었다가 귀향하는 상당수 청년들이 환송하는 사람 한 명 없이 누비옷 차림으로 추워하는 광경을 외면하지 못하고, 그들의 옷가지나 속옷을 수선하거나 환송하거나 하기 시작한 것이 계기가 되었습니다. 그들은 병사들을 위해 집에서부터 오사카의 역이나 항구까지 뜨거운

思想』三省堂, 1979.

20) [역주] 오쿠무라 이오코(奧村五百子, 1845~1907). 애국부인회 창시자. 14세부터 가족 영향으로 막부타도운동에 가담했고, 두 번의 결혼 후 자립, 향토 개발사업이나 정치활동에 분주했으며, 중앙의 정재계에도 인맥이 두터웠다. 1897년 대륙 진출을 도모하는 불교계(東本願寺)의 요청으로 조선에서 포교와 실업학교 경영에 참여했다. 1900년 중국 대륙에서 전쟁의 참상을 목격하면서 유족 지원의 필요성을 절감, 이를 위한 애국부인회를 창설했다.

제3장 여자들과 국가

차를 담은 주전자를 들고 달려갔고, 각종 위문품을 보냈으며, 세탁이나 바느질 등을 하기도 했습니다. 그것이 오사카국방부인회가 되었고, 육군성의 후원을 얻어 전국적 조직인 대일본국방부인회가 되기까지 채 1년이 걸리지 않았습니다.

야스다 세이와 그 남편은 열렬한 니치렌종日蓮宗 신자였다고 합니다만, 국방부인회가 확대되어 가던 위세야말로 신흥종교의 그것처럼 느껴지기도 합니다. 서민의 심정을 가지면 가질수록 가난한 병사들에 대한 동병상련의 심경이 되었고, 운동은 들판의 불길처럼 확대되어 갔습니다.

이후 중일전쟁이 본격화하면서 국방부인회의 활동은 전사자 혹은 전병사자戰病死者의 유골이나 상이병사의 마중, 군인 유가족의 위문 등으로 확대되었고, 국방부인회에 가입하지 않은 자는 일본 여성이 아니라는 분위기마저 생겨날 정도여서, 회원이 천만 명에 달했습니다. 성인 여성 두 명에 한 명이 가입한 셈으로, 일본 역사가 시작된 이래 최대 규모의 단일 여성조직이었습니다.

애국부인회나 연합부인회가 지역의 유력자 부인들을 규합한, 그래서 그 회합 등이 화려한 기모노 자랑의 경향도 없지 않았던 것과는 대조적으로, 국방부인회의 회원은 노동자로서 갓포기カッポウ着(흰 앞치마) 복장을 했는데, 이것이 이 단체의 제복이 되었습니다. 국방부인회에 관해서는 후지이 다다토시

의 상세한 연구[21])가 있습니다.

3.7 부엌에서 거리로

그처럼 열기가 고조되었던 것은, 군부의 선전뿐 아니라 전쟁의 격화에 따라 가까운 곳에서 출정이나 전사가 실제 증가했기 때문입니다. 그러한 상황이 여성에게 '조국을 위해'라는 마음을 갖게 한 것은 의심할 여지가 없는 바입니다. 하지만 그와 함께 여성 특유의 요인도 있었습니다. 그들은 처음으로 그러한 형태로 정치의 장에 참가하고, 국가로부터 공인이나 장려를 받는 경험을 하게 된 것입니다.

후지이의 책에 따르면, 이제 막 시작된 국방부인회의 활동을 전하던 『오사카 아사히신문大阪朝日新聞』에서는 이를 '부엌에서 거리로'라고 표현했다고 합니다. 그 슬로건은 절묘하게도 '국방은 부엌에서'라는 의미이자, 앞치마는 그야말로 부엌이 거리로 나선 모습을 상징하고 있었습니다. 이치카와 후사에는 그러한 상황에 대해, "[비록] 국방부인회에 대해 할 말은 있지만, 그러나 과거 자신의 시간이라는 것을 가진 적이 없는 농촌의 대중부인이 한나절 가정에서 해방되어 강연을 듣는 것만으로도 이것이 부인해방"이라고 논평한 바 있습니다.

국방부인회가 얼마나 '현상타파'적이었는지는 오사카에서

---

21) 藤井忠俊『國防婦人會: 日の丸とカッポウ着』岩波新書, 1985 / 한국어판 이종구 역『갓포기와 몸뻬, 전쟁: 일본 국방부인회와 국가총동원체제』일조각, 2008.

제3장 여자들과 국가

그림 3.2　근로봉사활동을 하는 국방부인회원

국방부인회 발족 당시 오사카사단 사령부 외사부 주임으로 힘을 더했던 육군 소좌(훗날 중장) 이시이 가호의 「국방부인회 발족 비화」를 통해 엿볼 수 있습니다. 거기에서 그는 국방부인회라는 명칭 자체가 '여자인 주제에'라는 생각 때문에 아무래도 '과하다는' 느낌을 주었다는 것, 또한 앞치마의 착용에는 "'앞치마' 같은 것은 가정부女中가 입는 것으로, 우리는 [그것을] 가지고 있지도 않다고 말하는 것을 일종의 자랑으로 삼던 구체제의 부인들"에 대한, 일종의 대항의식이 있었다는 사실 등을 명확히 하고 있습니다.[22]

그러나 여성의 사회활동에는 여러 가지 곤란한 문제가 있었습니다. 활동이 활발해지면서 회원들 사이에는 가정과 밖에

---

22) 石井嘉穗「國防婦人會發足秘話」, 大日本國防婦人會總本部 編『大日本國防婦人會十年史』大日本國防婦人會總本部, 1943.

서의 활동과의 사이에서 고민하는 사람도 생겨났고, 또 그와 같은 사회활동을 비판하면서 여자는 가정으로 돌아가라는 식의 논의도 나타나게 되었습니다. 앞서 나온 야스다 세이조차 국방부인회의 간부를 맡기 위해서는, 남편에게 "저의 아내 야스다 세이가 재단법인 대일본국방부인회 간사이본부회관 이사에 취임하는 것을 허락합니다"라는 '허가증'을 받지 않으면 안 되었던 것입니다.

사회와 정치로부터 격리되어 있었던 여성들의 '밖'으로 나가고자 하는 열의가 이 운동을 활성화했고, 여성과 전쟁과의 관련을 깊게 또 직접적인 것으로 만들었다는 역설이 엿보입니다.

여기에서 살핀 것은 겨우 두 개의 사례에 불과합니다. 그러나 사회 진출이나 사회 참가와, 그로 인해 빠질지도 모르는 함정과의 관계를 잘 보여주고 있습니다. 특히 지금은 여성정책이 국가나 지자체의 정책에서 빼놓을 수 없는 주요 항목의 하나가 되었습니다. 그러한 의미에서 그에 어떻게 관여해갈 것인가, 어떠한 소리를 내고 행동할 것인가와도 관련됩니다.

어떻게 하면 저항하려던 것이 참가가 되고, 나아가 동원에 이르고 마는 것을 피할 수 있을까, 어디에서 멈추는 것이 가능할 것인가, 어떻게 하면 초심을 끝까지 지켜낼 수 있을까. 15년전쟁 하의 여성사는 그러한 의미에서 앞으로의 여성사에게 무한의 과제와 교훈을 남기고 있습니다.

어떻게 스스로를 해방시켜 왔는가, 어떻게 생활해 왔는가에 더하여, 지금 여성사에는 어떻게 포박되어 왔는가라는 시점의 수립이 매우 중요한 까닭입니다.

제 *4* 장

모성의 논리

4.1 여권주의와 모성주의

여성이 어떠한 논리에 의해 전쟁에 포박되어 왔는가를 생각할 때 떠오르는 것은 모성 내지 모성주의입니다. 이 문제는 여성해방의 기본적 방향에 관련되는 어려운 논점을 포함하고 있습니다.

 잘 알려져 있는 것처럼 유럽에서 여성해방사상이 출현한 이래, 여권주의와 모성주의는 이제껏 맹점이었던 시점을 제시함과 동시에 어느 쪽이 진정한 여성해방으로 연결되는가라는 쟁점을 형성해 오기도 했습니다. 18세기 말 영국의 사상가 메리 울스턴크래프트는 『여성 권리의 옹호』[1]를 써서, 남녀의

---

1) Mary Wollstonecraft, *A Vindication of the Rights of Woman with Strictures on Moral and Political Subjects*, 1792. / メアリ・ウルストンクラーフ

육체적 차이를 가지고 남녀특성론에서 성차별론으로 나아가는 논의를 거부하고, 인간으로서의 동질성을 주장하면서 그것을 뒷받침하기 위한 경제적 자립이나 정치적 평등을 주장했습니다. 그에 대해 스웨덴의 사상가 엘렌 케이는 20세기 초 『연애와 결혼』[2)]을 내고 '사회적 모성'으로서의 여성의 사명을 강조했습니다.

4.2 모성보호논쟁

이 노선의 차이는 일본에서도 여성해방운동의 발생과 함께 논쟁으로 나타났습니다. 1918년부터 1919년에 걸친 이른바 모성보호논쟁이 바로 그것입니다.

이것은 요사노 아키코與謝野晶子가 "자활自活할 수 있을 만큼의 직업적 기능을 갖는다는 것은, 여자 인격의 독립과 자유를 스스로 보증하는 제일의 기초"라고 하면서, "구미 부인운동에 의해 주창되고 있는, 임신과 분만 등의 시기에 있는 부인이 국가를 향해 경제상의 특수한 보호를 요구하려 하는 주장"을 비판한 것에 대해, 히라쓰카 라이초平塚らいてう가 「모성보호 주장은 의뢰주의依賴主義인가」라는 글로 응대한 것에서 시작되었습니다. 야마다 와카山田わか나 야마카와 기쿠에山川菊榮 등도 참전해서 여성해방을 위한 서로 다른 두 개의 논리를 선명히

ト, 白井堯子 譯 『女性の權利の擁護』 未來社, 1980.
2) Ellen Key, *Love and Marriage*, 1911 / エレン・ケイ, 小野寺信·小野寺百合子 譯 『戀愛と結婚』 新評論, 1997.

했던 논쟁입니다.

얼마 전 남녀고용기회균등법 제정 때에도 자립인가 보호인가의 의견이 충돌했던 것처럼, 지금도 또한 우리들에게 날카롭게 던지는 과제가 되고 있습니다. 모성보호논쟁과 전후 그 전개에 관해서는 상당한 자료의 수집과 해설이 이루어졌고, 그 결과가 출판되어 있기도 합니다.[3]

4.3 '모성'의 성화

여권주의는 성차별을 극복하기 위해 당연히 남녀의 동질성을 기저에 두었는데, 그러자 남는 것은 '출산하는 여성'(모성)이라는 문제였습니다. 이 '출산하는 여성'을 풍요나 재생에 대한 기원을 담아 신성시하는 것은 인류사에서 널리 목격되어온 바입니다.

그리스도교에서의 마리아뿐 아니라, 힌두교에서의 두르가^{Durgā}를 비롯한 여러 신들이 만들어져 왔습니다. 원시미술의 조형도 그것을 보여주고 있습니다. 여권주의가 정치적·경제적 평등을 외치는 것과는 달리, 여성의 특성에 기초를 두는 모성주의에는 그러한 인류사적인 전통에 뒷받침되어 보다 총체적인 —즉 무언가 전 존재를 그대로 껴안는 식의 해방이라고 하는— 기대 내지 환상으로 유도하는 매력이 있습니다.

---

3) 香內信子 編集·解説『資料母性保護論争』ドメス出版, 1984; 鈴木尚子 編集·解説『資料母性の行方』ドメス出版, 1985.

제4장 모성의 논리

이 '출산하는 성' 관념이 나아가 '키우는 성'으로 연장되어 갈 때 '모성'의 성화는 한층 강화됩니다. 그러한 '키우는 성'으로서의 행위는 수유로부터 시작됩니다. 포유류라고 하는 것은 딱 맞는 말로, 수유하는 모습을 한 모자상이 널리 숭배의 대상이 되어온 것도 그러한 까닭입니다.

하지만 최근 이 모자관계에 끼어드는 침입자가 나타났습니다. 인공영양에 의해 여성이 모유를 주는 것에서 해방되었다는 사고방식입니다. 야마모토 다카지로의 『모유』[4]는 바로 그러한 사고방식을 경고하는 책이었습니다. 저자는 모유 포육哺育이 얼마나 멋진 일인지를 힘주어 주장하고, 그 쇠퇴는 생명에 대한 가해라고 보면서 모유를 '조물주의 선물'이라 칭송하고 있습니다.

이 책에서 저는 많은 것을 배웠습니다. 그리하여 공해에 의한 모유 오염의 지적, 수유 기간으로서의 산후휴가 연장의 필요 등에 대해 새로운 시야가 열리기도 했습니다. 이 책이 인간, 생명을 기본으로 하는 사고방식에 서 있는 것은 명확합니다.

하지만 동시에 이러한 '모성'의 성화가 예를 들면 "모유 포육은 모자관계를 규제하고, 건강한 모자관계는 가정의 행복과 사회의 질서를 가져온다"라고까지 강하게 주장될 때, 아마도 저자의 평소 소신에 반해 그와 같은 관계를 갖지 못하는 모자에 대한 배제의 논리로 작용하는 것도 부정할 수 없습니다. '모성'

---

[4] 山本高治郎 『母乳』 岩波新書, 1983.

을 지렛대로 삼아 추구되는 영원성, 궁극성, 자연성의 함정이 갖는 위험성이 여기에도 있습니다.

결연한 자아를 축으로 하는 여권주의는, 근대의 도래를 화려하게 선포한다는 의미가 있습니다. 그에 비해 모성주의는 전근대로부터 이어져온 것으로, 근대를 초월하는 세계로 관통하는 성격이 느껴집니다.

외국에서의 제 작은 경험을 이야기할까 합니다. 두 번에 걸친 미국에서의 생활로 백인 여성과도 흑인 여성과도 더듬거리는 수준이기는 하지만 이야기할 기회를 몇 차례 가질 수 있었습니다. 백인의 경우 다수는 지식층에 속하는 여성이었습니다만, 명확한 자기주장을 가진 여성들의 대화에 항상 신선한 인상을 받았습니다. 흑인 여성의 경우 지식층과 만날 기회는 적어서, 제가 만났던 이들은 대개 고향인 남부나 카리브해 연안의 나라에서 대도시로 일을 찾아온 사람들이었습니다. 밝고 호탕하며 종종 깊은 생각에 빠지는 그녀들의 언동에서 '개성'이라기보다는 '모성' 그리고 그 배후에 숨쉬고 있는 공동체의 존재를 느꼈고, 문득 근대가 된 후 잃어버린 가치가 무엇일지 저의 마음도 잠시 혼란스러워지곤 했습니다.

4.4 히라쓰카 라이초와 다카무레 이쓰에

근대 일본에는 그러한 모성-공동성을 원리로 하여, 여성-인간의 해방을 구상한 여성 사상가가 적어도 두 명이나 있었습니다.

제4장 모성의 논리

한 명은 세이토샤靑鞜社를 세운 히라쓰카 라이초[p.28]이며, 또 다른 한 명은 여성사라는 분야를 개창한 다카무레 이쓰에[p.75]입니다.

라이초의 경우 그녀가 주도하는 세이토샤의 사원들이 노라Nora에게 열광하고 헤다 가블레르Hedda Gabler에게 동정을 아끼지 않을 때,5) 홀로 그 와중에 끼지 않았습니다. 노라나 헤다의 '근대적 자아'가 당장의 일본에 필요하다고 하면서도, 궁극적으로는 그러한 '주아主我' 본위를 넘는 단계가 오지 않으면 안 된다고 생각하고 있었습니다. 그녀는 "일체의 부정자否定者인 우리는 일체의 긍정자肯定者다"라고 말하기도 했습니다.6) 거기에는 '근대적 자아'를 뚫고 '공존하는 사랑'共存の愛이라는 세계를 수립하고자 하는 사색思索이 깔려 있었습니다.

다카무레의 경우 그러한 상념은 그녀의 저서인 『연애창생』7)에 가장 전형적으로 드러나고 있습니다. 그 가운데에서 다카무레는 부인문제의 역사를 (1) 모든 성적 불평등을 떨쳐내는 주장인 여권주의(울스턴크래프트 등), (2) 애정을 결혼의

---

5) [역주] 노라는 1879년 노르웨이 극작가 헨리크 입센이 발표한 희곡 『인형의 집』의 여주인공으로, 희곡은 은행가 남편에게 인형처럼 취급되던 노라가 어떤 위기를 계기로 독립된 인간의 길을 찾아가는 내용이 주를 이루며, 노라는 여성의 자기실현의 상징이 되었다. 헤다는 입센의 또 다른 희곡 『헤다 가블레르』의 여주인공으로, 남성들이 만들어낸 전통의 틀에서 벗어나 자신의 세계를 구축하고 주체적으로 살려는 여성의 모습을 보였다는 점에서 노라와는 대조적으로, 여장부·악녀·페미니스트의 원형 등으로 평가될 수 있다.

6) 『青鞜』(2권 1호의 '권두언'), 1911.

7) 高群逸枝 『戀愛創生』 萬生閣, 1926.

기초로 해야 한다고 외치는 여성주의(엘렌 케이 등), (3) 부인문제를 궁극적으로 경제문제로 보는 신여권주의(마르크스주의 여성론)로 정리한 후에, 자신은 사적소유로서의 결혼제도의 폐지에 더하여 연애의 일체화를 제기하는 '신여성주의'를 주장했습니다.

그후 다카무레는 '부권'이 갖는 권력주의적 성격을 분쇄하기 위해 '모계'의 연구에 착수했고, 일본 여성사학 수립의 지표를 이루는 『대일본여성사 제1권: 모계제의 연구』[8]를 완성했습니다. 가부장제가 일본 사회의 당연한 것이라는 통념을 타파하는 연구였습니다. 다카무레는 결론 부분에서 다음과 같이 통념을 역전시켰습니다.

> 예를 들면 아무개의 아들, 즉 아무개를 아버지로 둔 사람이라면, … 특별한 기록이 없는 한 바로 아무개와 동거하는 자를 [그 아들일 것이라고] 인정한다. 실은 오히려 반대로 해석해야 하는 것으로, 특별한 기록이 없는 경우는 어머니와 동거하고 어머니의 일족과 있는 자를 [아들로] 인정해야 하는 것은, 당시의 혼인제를 볼 때 가장 타당한 이해다.

그렇다면 왜 그 모계제가 부계제에 길을 양보하게 되었는가라는 질문에 대해, 다카무레는 '모계의 희생과 지지'를 강조했습니다. "모든 모계는 당시 일족 안에서 세력을 얻지 못한 채 부계 등에서 오는 자를 받아들이고 나아가 그것을 받들어,

---

[8] 高群逸枝 『大日本女性史 第一卷: 母系制の研究』 厚生閣, 1938.

스스로를 파멸시키는 것이 일상적이었다"는 것입니다.[9]

4.5 국가와 모성

거기에는 어머니라는 관념이 어떻게 기존의 양성관계에 대한 날카로운 칼날이 되었는가가 뚜렷해짐과 동시에, '희생'의 '숭고함'을 칭송함으로써 현상을 긍정하는 기능을 했던 양상이 드러나 있습니다. 그러한 위험성을 가진 모성은 15년전쟁 하에서 여성을 국가에 총체적으로 흡수시키기 위한 중심적 관념으로 활용되었습니다. 교육사회학자인 야마무라 요시아키는 아마도 일본에서 가장 본격적인 어머니 관념의 연구라 할 수 있는 『일본인과 어머니: 문화로서의 어머니의 관념에 관한 연구』[10]를 시작하면서, 주제를 다음과 같이 가설적으로 정리하고 있습니다.

> 일본의 어머니는 단지 아이의 부모라는 의미를 넘는 존재로, 가치적인 상징으로서 기능하고 있는 듯하다 ⋯ 어머니는 일본인의 정신의 구석 깊은 곳에 있으면서 아이의 행위를 지켜보고, 개인적인 불행이나 공사에 걸친 곤란한 상황에 대해서는 그것을 극복해나갈 마음의 버팀목이 되고 때로는 구제가 되며, 그는 어머니와의 대화에 의해 격려를 받게 되는, 그러한 '그 무엇'인 것이다. 그

---

9) 다카무레의 이 논리에 관해서는 다음 책에서 자세히 설명했다. 鹿野政直·堀場淸子『高群逸枝』朝日新聞社, 1977.
10) 山村賢明『日本人と母: 文化としての母の觀念についての研究』東洋館出版社, 1971.

것은 경직된 이데올로기나 체계를 이룬 사상적 원리는 아니다.

이처럼 '인위'와 대비되는 '자연'이라고 해야 할, 따라서 본래대로라면 그곳으로 되돌아올 것이라고 암묵적인 합의를 얻고 있는 심정이 국가에 의해 철저히 이용되었던 것입니다. 그와 함께 그것은 사심없는 사랑을 기조로 한다는 이미지를 부여하기 때문에, 어떤 경우에는 해방을 향한 환상을 흡수했고 다른 경우에는 자기 정당화에 근거를 제공함으로써, 여성을 국가 안에 가두는 데 강한 힘을 발휘하기도 했습니다.

그렇다면 어떻게 '어머니' 또는 '모성' 캠페인이 행해져 왔을까요. 이러한 관점에서 볼 때 1931년 3월 6일은 기억해야 할 날이라 할 수 있습니다. 3월 6일은 당시 황후의 탄생일 이른바 지구절地久節에 해당합니다만, 정부는 그해의 이날을 '어머니의 날'로 정하고 그를 전후한 일주일을 '어머니의 날 주간'으로 하여 모성 존중·어머니에 대한 보은과 감사·가정교육 진흥을 주제로 하는 여러 행사를 개최했습니다.

마찬가지로 그날, 문부성의 후원을 받아 대일본연합부인회가 전 여관장女官長[11]인 시마즈 히사코島津久子를 이사장으로 발회식을 거행합니다(설립은 전년도의 12월 23일). '연합'이라는 명칭은 지역부인회나 어머니 모임母の會·주부회 등을 단일 조직으로 통합한 데서 유래합니다. 그 기관지에는 『가정家庭』

---

11) [역주] '여관(女官)'은 황실에서 일하던 궁녀.

이라는 이름이 붙여졌습니다. 거기에는 부선운동 등의 운동이 여성의 권리를 외치며 여성을 거리에 나서게 하는 것에 대한 위기감과 대항의식이 가득차 있었으며, 그러한 움직임 대신 여성은 본래 가정을 지켜야 하는 존재라는 주장이 담겨 있었습니다.

이와 같이 시작된 '어머니' 내지 '모성'의 성화는, 초기에는 '이에'의 해체를 저지하려는 일종의 접착제와 같은 역할이 기대되었기 때문이고, 15년전쟁에 돌입한 후로는 모델로서의 '군국의 어머니', '야스쿠니靖國의 어머니'를 고취하기 위함이었습니다.

4.6 '이에'의 해체와 모성의 역할

1920년대부터 1930년대 초에 걸쳐 '이에'의 해체는 세 가지의 방향에서 급진전하고 있었던 것으로 보입니다.

첫째, 쇼와공황[12] 하에서의 경제적 파멸에 의한 '이에'의 해체입니다. 파멸에 직면한 이에를 지키기 위한 수단으로 생각되기 쉬운 것은 딸을 파는 것입니다. 그러한 일이 증가하는 것은 당연히 사회문제가 되었습니다만, 그러나 '이에'의 해체는, 가장이 그렇게 '부속' 부분을 절단하는 것에 그치지 않았습니다. 가장 자신이 실종되는 사태는 모자가정을 대량으로 발생시켰

---

12) [역주] 1919년 미국에서 시작된 세계공황의 영향이 일본에 미쳐 1930~1931년에 걸쳐 일본 경제를 심각한 위기로 밀어넣은, 제국 일본 최악의 경제공황.

고, 그 결과는 이른바 가족의 동반자살親子心中로 이어졌습니다.

그처럼 생활고의 증대가 가정파괴로 진행되는 현상은 사회사업 단체의 주목을 끌었습니다. 당시의 대표적인 4대 일간지 내용에 기초해서 조사한 결과 1927년 7월부터 8년에 걸쳐 1735건의 가족 동반자살을 발견했으며 그 70%가 이른바 어머니와 자녀의 동반자살母子心中이었습니다.[13]

둘째, '사상 악화'라는 형태로 진행된 '이에'의 해체입니다. 1920년대 후반부터 1930년대 초두에 걸쳐 마르크시즘을 원리로 하는 사회운동이 급속히 격화되었습니다. 그에 대항하여 일종의 당근으로서 남자 보통선거제(이 말은 형용모순이긴 합니다만)와 채찍으로서의 '치안유지법'이 성립한 것은 1925년입니다만, 운동을 제어하는 데에는 여전히 충분하지 않았습니다.

국가는 이러한 '적화赤化'를 '국체'의 위기로 간주했습니다. 동시에 '이에' 이념은 무력화될 위험에 처했습니다. 가장의 통솔하에 일체가 되어야 할 '이에' 안에 국가에 대한 반역의 깃발을 내건 이단이 출현했기 때문입니다. 그러한 경우 '엄부嚴父'는 이미 이단으로 진입한 자녀를 되돌이킬 힘을 갖지 못했습니다. 오히려 모범적인 '엄부'일수록 자녀들에게는 종종 반면교사가 되었습니다. 그러했던 만큼 일체화의 회복을 위해 '자애로운 어머니慈母'가 필요해지게 됩니다.

---

13) 一番ヶ瀬康子 編集·解説『日本婦人問題資料集成 6: 保健·福祉』 1978, ドメス出版.

제4장 모성의 논리

셋째, 모더니즘의 유행과 함께 공공연해진 연애로 인한 '이에'의 해체입니다. 연애의 본격적 해금은 15년전쟁을 기다리지 않으면 안 됩니다. 그러나 이 시기 '우애결혼'·'계약결혼' 등의 용어가 최신의 풍속으로서 빈번히 출현하며, 그에 대한 금기가 다소 느슨해졌습니다. 이러한 연애의 부상에는 '이에'와의 격투를 통해 여성이 획득해왔다는 면과, 아마도 부인잡지의 상업주의에 사로잡힌 성의 강조가 미묘하게 뒤섞였던 것처럼 보입니다.

그것은 국가 측과 '이에'를 본위로 생활을 영위하지 않을 수 없던 농산어촌의 사람들에게 강한 거부반응을 불러일으키게 되었습니다. '난잡'하다는 목소리가 쏟아졌고, 그처럼 변색하기 쉬운 이성애에 비해 항구성을 띠는 어머니의 사랑이 강조되었습니다.

4.7 군국의 어머니

'어머니' 내지 '모성'의 성화는 무엇보다 이와 같은 역할을 담당하고 있었습니다. 그런데 1931년 9월 18일 '만주사변'이 발발하고 그것이 15년전쟁으로 확대되어 가자, 이 '모성'은 일본이 여성을 통제하는 기본적 관념으로 선전되어 갔습니다. 이렇게 만들어져 간 '군국의 어머니'는 다섯 가지의 모습을 가졌다고 저는 생각합니다.

일단 그것은 출정하는 병사들을 향한 '어머니의 마음母心'

으로 발현되었습니다. 그점은 앞서 이야기했던 국방부인회의 활동에 전형적으로 보입니다. 실제 '모성애'는 국방부인회에서 가장 강조되는 덕목의 하나였습니다. 예를 들어 '대일본국방부인회 회칙'에는 "상이군인 및 그 가족, 전병사자戰病死者의 유족 및 황군 장병의 가족에 대해 모성애를 기조로 하는 위휼慰恤의 정성을 다할 것"이라고 되어 있습니다.[14]

둘째, 총후의 가정을 지킨다고 하는 형태의 '모성'의 강조였습니다. 전쟁의 확대에 따라 출정 변사나 상이군인 나아가 전사·전병사자가 증가하자, 이러한 경향은 더욱 급속하고 현저해졌습니다. 우선 국가에 의무를 다할 아이를 낳아 기르는 존재로서의 '모성'이 그것이었습니다. 유명한 표어 "생육하고 번식하라 조국을 위해産めよ殖せよ國の爲"는 그것을 잘 보여줍니다. 그와 함께 '건강한 어머니健母'라는 관념이 고취되었습니다. 다음으로 남자들이 소집에 응해 떠난 후 그들을 대행하면서, '아내'이자 '어머니'로서 가정을 지키고 아이들을 지키지 않으면 안 되었습니다. 나아가 '미망인'이 된 경우 '야스쿠니의 어머니'로서 그녀들의 성을 가둬두기 위해 더더욱 '모성'이 강조되었습니다.

셋째, '근로모성 보호'라는 형태를 띠었습니다. 이것은 직접적으로는 전쟁의 격화 및 전황의 악화에 따라, 여성을 필수

---

14) 大日本國防婦人會總本部 編『大日本國防婦人會十年史』大日本國防婦人會總本部, 1943.

적으로 공장에 동원해야했기 때문입니다. 여자정신대挺身隊15) 등이 만들어졌습니다만, 노동조건이 저하하기만 하는 환경에서 노동의 강화가 요청되었습니다. 이것은 당시까지의 여성정책과 두 가지 점에서 모순적입니다. 하나는 여성을 '이에' 안에 가두려고 하는 방책과의 모순입니다. 또 다른 하나는 다산을 장려하면서 모태를 훼손시킬 수 있는 노동현장으로 여성을 내보낸다는 모순입니다. 그만큼 '근로모성 보호'는 실제로는 도저히 접합 불가능한 모순을 과제로 하는 것이나 다름없었기에 모순이 격화하는 속도를 늦추는 것이 최선일 정도의 실적밖에 올릴 수 없었습니다만, 그만큼 더 강력히 주창되었던 것 같습니다.

넷째, 이치카와 후사에 등의 부인운동에서 '모성'을 강조한 것입니다. 1934년 이후 부선획득동맹은 국가에 의한 당시의 '모성' 강조를 역으로 이용하여 모성보호를 주장하기 시작했고, 구체적으로는 모자보호법의 제정을 추진했습니다. "제이第二의 국민을 낳고, 이를 양육하는 임무가 있는 모체의 보호"를 내걸었던 이 주장은, 1937년 13세 이하의 아이를 가진 빈곤한 어머니 혹은 할머니에 대한 생활부조를 규정한 모자보호법의

---

15) [역주] 아시아태평양전쟁 당시 노동력 부족을 보완하기 위한 여성 동원책의 하나로, 점진적인 법제화 끝에 1944년 8월에 발포된 '여자정신근로령'에서는 12세 이상 40세 미만의 여성에게 정신대 참가를 의무화했지만, 이 때에는 이미 수십 만 명의 여성이 동원된 상태였으며, 그들은 주로 항공기 및 비품·기계 등의 분야에 배속되었다. 한국에서는 1990년대 초 처음 군 위안부 문제를 제기하면서, 이를 정신대로 표현하고 단체명에도 사용하는 용어상의 혼란과 오용이 있었다. 이후 정정의 필요가 제기되기도 했지만, 그러한 오용조차 역사적 의미를 갖게 되었다고 할 수 있다.

성립이라는 실효를 거두었습니다만, 동시에 국가 본위의 '모성'을 인식하는 방향으로의 전환을 촉진했습니다.

다섯째, 이러한 모든 개념 조작을 통해 '어머니'의 성화가 이루어진 것입니다. 학교교육·사회교육을 통해 '여자는 어머니'라는 의식이 주입되었고, 규범적인 모성상이 만들어져 갔습니다. 구스노키 마사쓰라^{楠木正行16)}의 어머니가 그 대표적 존재였습니다만, 점차 무명의 어머니가 크게 주목되기 시작했습니다.

가노 미키요의 「'천황의 마음'과 '모심': '야스쿠니의 어머니'를 낳은 것」¹⁷⁾은 15년전쟁하 '모성찬가'의 기만과 위험성을 아마도 최초로 본격적으로 분석한 작품으로, 그 안에서 1942년 국책협력을 제창하며 만들어진 대일본문학보국회^{大日本文學報國會} 최초의 사업이 『일본의 어머니』¹⁸⁾였다는 사실을 날카롭게 지적하고 있습니다. 이것은 요미우리신문사와 제휴해서 기획된 것으로, 많은 문학자들이 각 부현^{府縣}별로 한 명씩 '일본 최고 자식대장^{日本一子寶部隊長}'¹⁹⁾ 등의 방문기사를 적은 작품으로,

---

16) [역주] 남북조시대 남조의 대표적인 무장. 부친 구스노키 마사시게(楠木正成)가 전사한 충격으로 자신도 자살하려 했으나, 어머니가 부친의 유훈으로 설득하여 만류했던 일화가 전해진다. 구스노키는 이후 무예와 학문에 정진하여 남조의 대표적인 명장으로 이름을 남겼으나, 결국 자신도 전투(四條畷の戦い, 1348)에서 패배한 후 자살로 생을 마감했다.

17) 加納實紀代「"大御心"と"母心": "靖國の母"を生み出したもの」加納實紀代 編『女性と天皇制』思想の科學社, 1979.

18) 大日本文學報國會『日本の母』春陽堂書店, 1943.

19) [역주] 전시중의 일본에서 자녀가 많은 다산 가정을 국책에 협조했다고 상찬할 때에 언론 등에서 사용한 표현.

제 4 장 모성의 논리

권두에는 사토 하루오^{佐藤春夫}의 '일본의 어머니를 칭송하다'라는 시가 게재되어 있습니다.

> 천황과 조국에 바치고자
> 자식을 키우는 데 분주하여
> 늙어가는 것도 몰랐다니
> 일본의 어머니야말로 경이롭다.[20]

4.8 전후 사회에서의 '모성'

제가 본 바로는 15년전쟁 하에서 '모성'의 논리는 거의 이상과 같은 기능을 수행했습니다. 게다가 중요한 것은 이 모성주의가 전후 사회에서도 여전히 그대로 살아남았다는 것입니다.

그러한 사실은 다음의 두 가지 사실을 가지고 이야기할 수 있습니다. 우선, 국가에게 '모성'의 효용은 남자들을 100%의 '회사인간'으로 하기 위해 불가결한 것이었습니다. '회사인간'에게 가정은 근무와 근무를 잇는 잠시동안의 휴식의 장에 불과합니다. 거기에서는 유아화하는 것(그만큼 한편으로는 독재자가 되는 것입니다만)이 최고의 휴식이 됩니다. 아내의 역할은 그러한 남편의 '어머니화'하는 것입니다. 남편에 관해 얼마나 많이 "또 한 명의 큰 아이를 키우고 있다"는 탄식과 만족을 섞은 고백을 듣는지요.

나아가 자본주의 사회의 성숙에 따른 고학력 사회와 고령

---

[20] 15년전쟁 하에서의 '모성'의 성화에 관해서는 필자의 책에서 검토한 바 있다. 鹿野政直『戰前·「家」·思想』創文社, 1983.

화 사회의 도래는 좋든 싫든 많은 아내로 하여금 누군가를 보살피는 '어머니'의 역할로 몰아넣었습니다. 고학력 사회에서 어머니는 —이토 마사코의 적절한 표현을 빌자면— "어느 새인가 자기도 모르게 아이를 자기표현의 매개"로 삼을 정도로 몰입하게 됩니다.[21] 또한 고령화 사회의 경우, 남편이 회사 인간이기를 강요당하는 가족 안에서 아내가 보살피는 어머니 역할을 수행하는 것은 피하기 어려운 현실입니다. 그러한 효용을 위해 국가는 기회가 있을 때마다 '모성'의 강조를 입에 담는 것입니다.

그리고 또 하나 빼놓을 수 없는 것은, '모성'의 성화를 강요당해온 측에게도 그것이 청산되지 않고 있다는 사실입니다. 그러한 점을 지적하면서 가노 미키요는 앞의 논문[p.143]에서 다음과 같이 말하고 있습니다. "'어머니된 존재'에 대한 공동환상이 지속될 때, 민중에게 가해책임의 의식이 생기는 일은 없다. 존재하는 것은 단지 '어머니'의 치유의 손길을 구하는 피해자 의식일 뿐이다." 가노의 주장은, 실은 천황이 일반적으로 말해지는 것처럼 국민의 '아버지'로서가 아니라 민심에 있어서 '어머니된 존재'로 의식되고 있으며, 그 때문에 그에 대한 공동환상을 파괴하지 않은 채 천황제를 무화無化하는 것은 불가능하다는, 매우 흥미로운 지적과 맞닿아 있습니다. 그점에 관해 다소는 유보적인 입장이지만, 전쟁과 관련된 전후 사회에서의 '모성'의 지속성 혹은 불사조와 같은 속성을 정확히 짚어내고

---

21) 伊藤雅子『女の現在: 育兒から老後へ』未來社, 1978.

제4장 모성의 논리

있습니다.

그뿐만이 아닙니다. '모성'은 전후 평화운동의 담당자가 되기까지 했습니다. 1955년 시작된 일본모친대회의 평화운동에 대한 높은 공헌도는 누구도 의심하지 않을 것입니다. 특히 '눈물과 호소의 대회'라 불린 제1회의 그 열기는 지금까지도 회자될 정도입니다. 전쟁협력이라는 형태로 사회에 발을 내밀었던 어머니들은, 이 운동으로 평화 호소의 주도적인 존재가 되었다고도 할 수 있을 것입니다.

또한 어머니로서의 공통의 요구나 그에 기초한 연대감도 있었습니다. 모친대회의 '얼굴'이 되었던 가와사키 나쓰[22]가 남긴 두 개의 문장 "우편함 숫자만큼의 보육소를", "어머니가 변하면 사회가 변한다"는 그것을 잘 보여주고 있습니다. 그러한 사실 모두를 인정한다고 해도, 그럼에도 불구하고 여성이 무엇인가에 관해 정당성을 주장하려 할 때 왜 '여자'로서가 아니라 '모친'이라는 것을 정면에 내세우지 않으면 안 되는 것일까라는 의문이 여전히 남습니다.

그러한 점에서 논리로서의 모성주의는 총체적 해방으로의 예감을 내포하면서도, 동시에 총체적으로 포박되는 핵심 개

---

22) [역주] 가와사키 나쓰(河崎なつ, 1889~1966). 교육자, 사회운동가. 도쿄여자고등사범학교를 졸업하고 교사를 거쳐 1921년에는 요사노 아키코와 함께 문화학원을 설립했고, 부선획득동맹에서 활동하는 등 사회운동에도 참여했다. 전후에는 사회당 소속 중의원 의원으로 활동하는 한편, 1955년 제1회 일본모친대회 사무국장을 맡아 '어머니가 변하면 사회가 변한다(母親がかわれば社会がかわる)'는 유명한 문장을 남기는 등, 특히 일본모친대회에 깊숙이 간여했다.

념도 된다는 운명을 지고 있습니다. 그뿐 아니라 최근 다른 점에서도 '모성' 개념은 격동기를 맞이하게 되었습니다.

앞에서 본 것처럼 아그네스 찬의 돌출된 행동은 일하는 어머니의 배후에 아이가 있다는 사실을 주목하게 만드는 동시에, 필연적으로 어머니만이 육아를 책임져야 하는가에 관한 논쟁을 불러일으키게 되었습니다. 반대로 여성의 지위가 어느 정도 변화함에 따라, '여성'이 곧 '아내여야 하는 존재'이자 '어머니여야 하는 존재' 그리고 '모성 관념의 소유자'라는 도식이 흔들리게도 되었습니다. 심지어는 아이라는 구체적 존재를 '생명'이라고 추상화·보편화시키고, 반원전운동 등의 경우처럼 거기에 인류의 미래를 향한 희망과 절망을 떠맡기려는 자세도 나타났습니다. 여전히 '모성'과 아이의 관계는 무한한 사유화와 무한한 공생화共生化로의 가능성을 갖는 것처럼 보입니다.

4.9 '모성'의 탐구

이러한 동향은 좋든 싫든 여성사가 '모성'을 본격적으로 검토하도록 이끌었습니다. 그것들을 조금이라도 읽는다면, 지금 '모성' 관념이 크게 동요하고 있으며 동시에 논자들이 각각 나름의 방식의 탐구를 진행하고 있음을 알 수 있습니다. 세 개의 분야에서 그 탐구가 진행되고 있는 것으로 보입니다.

그 하나는 '모성'의 변천의 의미를 묻는 탐구입니다. 와키타

제4장 모성의 논리

하루코 편 『모성을 묻다: 역사적 변천』[23)]이 그에 해당합니다. 와키타의 '간행사'에 따르면, "과거 부덕婦德의 중핵에 위치하면서 여성의 존재의의 그 자체나 다름없던 '모성'에 대해, 지금은 근저로부터 그 의미를 되묻고 있다"라는 문제의식 위에서, "문헌사학뿐 아니라 민속학, 문화인류학, 고고학을 포함하여 각각의 시각"을 담은 19편의 논문을 수록해 '모성관의 변천을 추구'한 책입니다.

어려움도 있습니다. 다 읽은 후에 '모성의 다양성'[24)]이 어느 정도인지, 혹은 '모성'이란 과연 무엇이었는가에 관해, 딱히 이것이라고 윤곽이 또렷한 답을 얻은 기분이 들지는 않습니다. 또 대부분이 '모성'관의 변천을 좇는 가운데, 그 시대를 뛰어넘은 본질을 보려는 논문도 있습니다. 그렇지만 이 책을 읽고 비로소 일본을 대상으로 고대에서 현대에 이르는 각 시대의 '모성'의 의미나 역할, 특히 이데올로기로서의 모성을 구체적으로 이해할 수 있었습니다.

둘째는, 아마 일본을 넘어서는 차원에서 '모성'의 존재를 둘러싼 총체적 부정론과 총체적 긍정론이 속출한 것입니다. 예를 들면 엘리자베트 바댕테르의 『플러스 러브: 모성본능이라는 신화의 종언』[25)]은 '모성애', '모성본능' 등이 기껏해야 200년

---

23) 脇田晴子 編, 『母性を問う: 歷史的變遷』(전2권), 人文書院, 1985.
24) 『모성을 묻다: 역사적 변천』에 첫 번째로 실린 가기야 아키코(鍵谷明子)의 논문 표제.
25) Élisabeth Badinter, *L'Amour en plus: histoire de l'amour maternel*, 1981 / エリザベート・バダンテール, 鈴木晶 譯 『プラス・ラブ: 母性本能と

도 되지 않은 (역사적) 산물에 불과하다고 주장했고, 가미무라 구니코의 『성의 붕괴: 남자와 여자의 성차가 없어질 때』[26)]는 '양성구유兩性具有, androgynous'에서 성차의 미래상을 찾습니다.

그에 비해 이시이 미키코의 『성모 마리아의 비밀』[27)]은 "조용히 살아야 할 성모 마리아"가 "그리스도교의 번영과 함께 위대한 존재로 성장"해갔던 과정을 통해 "영원히 어머니인 존재"에 대한 민중의 숭배가 얼마나 뿌리깊은 것인지를 폭로하면서, 대지모신大地母神 신앙의 보편화를 추구합니다. 또한 혼다 가즈코의 『자녀 이별의 전통』[28)]은 어머니와 아이의 성스럽기까지 한 일체성을 지적하면서, 그 어머니와 아이가 분리에 의해 탄생된 것이기 때문에 이별의 도래는 운명지워져 있다고 주장합니다.

4.10 성차로서의 모성

날카롭게 대립하는 이들 주장은 여성의 미래에서 '모성'이 공통의 핵심 개념이라는 인식이 절박해지고 있음을 보여줍니다. 이 난제를 어떻게 돌파해야 할까요. 오기노 미호의 「성차의 역사학: 여성사의 재생을 위해」[29)]가 제게는 지금 가장 흥미로운

いう神話の終焉』サンリオ, 1981.
26) 上村くにこ『性の崩壊: 男と女の性差がなくなる時』フォー・ユー, 1988.
27) 石井美樹子『聖母マリアの謎』白水社, 1988.
28) 本田和子『子別れのフォークロア』勁草書房, 1988.
29) 荻野美穂「性差の歷史學: 女性史の再生のために」『思想』1988.6.

제4장 모성의 논리

도전으로 보입니다. 그것이 세 번째 분야입니다.

이 논문에서 다루는 논점은 다양합니다만, 중심을 이루는 것은 여성사가 "성차가 성차별의 구실이 되어온 사실을 포함, 성으로서의 여성의 존재를 바로 보는 것"을 무엇보다 "기본적 과제로 삼지 않으면 안 된다"는 주장에 있습니다. 그리고 오기노는 그 성차를 파악할 때 이제까지 비교적 논의의 대상이 되었던 사회적·이데올로기적인 면 이상으로, 생리학적 특성 즉 "여자에게만 나타나는 일련의 생식과 관련된 현상"을 직시해야 한다고 주장합니다.

이것은 "성차가 존재하지 않는 것처럼 하자는 것이 아니라, 그렇다고 해서 '모성'의 신전(혹은 감옥)에 갇히지도 말고" 제삼의 인식으로의 길을 여는 방식입니다. 구체적으로는 "신체의 자주관리를 향한 노력"으로서의 피임과 낙태의 사례를 들면서, 그것이 얼마나 보편적이고 "자연적"이었는지를 논증한 후 그것이 "역사에서 여자를 주체적 행위자로 발견하는 것으로 연결되는 중요한 영역"이라고 의미를 부여합니다.

다만 구체적인 논의에서는, 오기노가 논점을 드러내기 위한 필연적 과정이겠습니다만, 다산의 고민에 비해 피임과 낙태라는 '자주관리를 위한 노력'의 강조로 너무 내달렸다고 생각합니다. 그렇다고는 해도 여성사를 '성과 육체'에 대한 깊은 이해를 기초로 구축하지 않으면 안 된다고 제창한 것은 역사의 "여자의 시점에 의한 재고찰"로 나아가는 것이자 이제까지 뻔하게 당연시해온 구도를 무너뜨리는 주장으로서, 저를 매우

4.10 성차로서의 모성

흥분시키는 것이었습니다.

나아가 오기노는 그러한 주장을 하면서 "출발점이 되어야 할 인식"을 세 가지로 제시하고 있습니다. 요약하자면 (1) 인간을 정신과 육체로 나누는 이원론을 배제하고, 정신도 또한 육체의 일부로 간주하는 총체적인 인간 파악에 기초할 것(이것은 남자=정신=문화가 여자=육체=자연에 우월하다는 기성 도식의 부정을 의미합니다), (2) 여성 특유의 생식 기능과 그로 말미암은 구속성을 만고불변이 아니라고 파악할 것, (3) 육체나 성이 사적 영역이 아니며 "개인적인 것이 정치적인 것"임을 아는 것이라고 할 것, 이상의 세 가지입니다.

그것은 '모성'을 '성차'라고 하는 여성에게 보다 일반적인 특징 안에 위치시킨 후에, 그 '성차' 인식의 방향 전환을 도모하려는 논의입니다. 그러한 체제 안에서 사고를 진전시켜야 '모성'을 응시하면서도 그것이 갖는 함정을 피할 수 있지 않나 생각합니다. 저 역시 잠시 이러한 주장의 연장선상에서 여성사의 양태를 모색하려 합니다.

제 5 장

여성학과 여성사

5.1 여성학의 탄생

여성학은 1960년대 여성해방운동과 함께 미국에서 탄생하여, 'Women's Studies'라는 이름으로 현재 구축중인 활기찬 미완성 학문입니다.

'여성학'이라는 용어, 아니 그러한 제목의 책은 이미 20세기 초 일본에 출현했었습니다. 기쿠치 아키소 편저 『여성학』[1])이 그것으로, 서양서 중에서 여성을 다루면서 "철학적으로 인정人情의 세세함을 살피는" 부분을 발췌, 번안·편집·논평한 책입니다. 연애론·여성의 특질론·부부론·시어머니론·과부론이나 각국의 아내細君 비교론까지 다루고 있습니다. 이 책 간행 5년

---

1) 菊池秋叟 編著 『女性學』 朝野通信社, 1906. 기쿠치 아키소는 기쿠치 다케노리(菊池武德)라는 이름으로도 알려져있다.

후가 『세이토』의 창간이기 때문에, 부인문제 대두의 기운을 엿보게 하는 작품의 하나라고 할 수 있습니다. 다만 이하에서의 여성학은 1970년대 이후 일어난 것으로 인식되고 있는 여성학을 의미합니다.

제가 일본에서의 여성학의 탄생이라고 강한 인상을 받은 것은 간사이關西의 일본여성학연구회와 도쿄의 여성학연구회 활동에서였습니다. 그 외에 1978년에는 국제여성학회 주최로 국립부인교육회관에서 여성학 심포지엄이 개최되었고, 거기에 참가한 것이 계기가 되어 이와오 스미코·하라 히로코의 『여성학의 시작』[2]이 나오게 되었습니다. 지금 생각해보면 오늘날 일본 여성학으로의 도화선이었습니다.

일본여성학연구회는 1980년 기관지 『여성학연보』를 창간합니다. 창간호의 머리말인 「여성학연보 창간에 부쳐」에 "창립 이래 4년째를 맞이"한다고 적혀 있는 것을 보면 연구회가 창립된 것은 1977년인 듯합니다.

여성학연구회의 경우, 첫 성과인 『여성학을 만들다』[3]에 실린 히라노 다카코平野貴子의 '서론을 대신하여'에 따르면, 1978년 창립되었다고 합니다. 그 경위에 대해서는 다음과 같이 적혀 있습니다.

> 1970년대 초 미국의 대학에서 개설되기 시작한 Women's

---

2) 岩男壽美子·原ひろ子『女性學ことはじめ』講談社現代新書, 1979.
3) 女性學研究會 編『女性學をつくる』勁草書房, 1981.

Studies의 정보도 오래지 않아 몇 연구자들에 의해 [일본에] 소개되었고, 그 명칭으로 '여성학'이라는 일본어가 선택되어 매스미디어를 통해 상당히 일반적으로 사용되기에 이르렀습니다. 일본 종래부터의 부인문제나 여성사라는 연구와 여성학이 동일한 것인지 아닌지와 별개로, 각각의 전문분야에서 여성의 시점을 반영한 연구를 수행한다는 점에서는 공통적이었고, 이것들은 모두 '여성학'이라는 이름 아래 사람들에게 하나의 이미지 안에 정리되어 갔습니다. 동시에 몇몇 대학에서는 '여성학'·'부인문제'·'여성문제' 등의 제목으로 사회학이나 교육학의 코스로서 강의가 개설되기 시작했습니다.

1979년부터 오차노미즈여자대학에 일반 교육과목의 하나로 '부인문제' 강의가 만들어졌고, 그를 위한 전임교원을 채용하게 되었습니다만, 그보다 조금 앞선 전년도 1월에는 그 대학의 여성문화자료관 주최로 '대학에 부인문제 및 여성학 강좌는 어떻게 존재해야 하는가'라는 제목의 심포지엄이 개최되었습니다.

바로 이 심포지엄을 계기로 여성학연구회가 발족되었다는 것입니다. 히라노의 글에는 일본에서 여성학의 출발 상황이 여성학의 이미지나 아카데미즘으로의 진출 과정, 나아가 연구자들의 결집을 포함하여 총체적으로 정리되어 있습니다. 그로부터 여성학은 무엇보다 여성의 시점을 기본으로 여성을 대상으로 하는, 학제적 성격을 갖는 학문이 되었습니다.

5.2 여성사는 여성학에게 무엇을 주었나

여성학과 여성사 양쪽 모두를 혼자 겸하는 사람도 전혀 없는 것은 아닙니다. 아니 그 이상으로 여성학 연구자는 대개 많든 적든 여성사의 소양을 자신의 여성학적 인식의 기반으로 삼고 있습니다.

그렇지만 일단 각각을 개별 범주로 할 때, 여성사 쪽에서 보면 여성학과의 사이에는 두 개의 관계가 상정됩니다. 첫째로는 여성사가 여성학에 무엇을 주고 있는가이며, 둘째로는 여성사가 여성학에서 무엇을 받고 있는가 혹은 무엇을 받아야 하는가입니다. 특히 두 번째 점에 관해서 저는 여성사가 (여성학으로부터) 스스로를 단련시킬 수 있는 시각을 받았다는 생각이 강합니다.

우선 첫 번째와 관련해서는 여성사의 여성학에 대한 관계가 경제사의 경제학에 대한, 또 정치사의 정치학에 대한 관계와 유사하다고 할 수 있을 것입니다. 여성학이 현상 분석과 미래를 향한 이론 구축을 고유의 역할로 하는 데 비해, 여성사는 대상으로 하는 분야의 과거를 명백히 하는 것입니다. 그에 의해 무엇이 드러나게 되는가를 오기노 미호는 앞에서 인용한 「성차의 역사학」에서 이렇게 정리하고 있습니다. "여성사의 페미니즘에 대한 공헌은 예를 들면 초역사적으로 사용되기 쉬운 '억압'이나 '해방'이라는 말이 갖는 의미의 역사적 상대성을 명백히 하는 것"이라고.

5.3 바지에서 치마로

그뿐 아니라 여성사가 여성학에 새로운 시각의 발견과 같은 자극을 주었던 경우도 있었습니다. 무라카미 노부히코『복장의 역사』(전3권)[4]가 그 전형이었습니다. 이것은 '1. 기모노가 등장하기까지', '2. 기모노의 시대', '3. 바지와 치마'의 3부로 구성되었는데, "남녀 복장은 왜 다른가, 남자가 바지를 입고 여자는 치마를 입는 것은 왜인가"라는 질문에서 출발해서, 복장의 역사를 "치마와 바지의 싸움"으로 구성하고 거기에서 드러나는 여성 지위의 변천을 추적하려 한 작품입니다.

이 경우 '치마'와 '바지'는 다리를 감싸는 천이 하나로 합해져 있는가 둘로 나뉘어져 있는가를 축으로 하는 개념이기에, 기모노는 물론 '치마'형에 속합니다. 저자의 주장을 한마디로 정리하면, "의복의 색제色制가 행해진 7세기를 상한으로 삼고 무로마치室町 막부가 붕괴한 16세기를 하한으로 삼는다면" 그 사이 약 9백 년 동안 "여자 지위의 저하가 여자의 바지 형식을 치마 형식의 기모노로 변형시켰다"라고 하는 것입니다.

그 구체적인 변화의 과정이나 남자의 기모노가 갖는 의미와의 차이 등에 관해서는 직접 이 책을 읽으시는 수밖에 없습니다. 하지만 저자의 주된 논점은, 여성 지위의 저하와 함께 "기모노는 여자에게 신분별 혹은 계급별 복장이 아니라 '성적' 복장"으로서 보급되었다, 그것은 "선정성과, 활동의 자유를

---

[4] 村上信彦, 『服裝の歷史』(전3권), 理論社, 1961.

제5장 여성학과 여성사

빼앗는다는 두 가지 목적을 다하기 위해 발달된 것이다"라고 하는 점에 있습니다.

저자에 따르면, 그것을 가장 단적으로 보여주는 것이 '오비帶' 즉 허리띠입니다. 여자의 오비는 여성의 복장에서 하카마袴가 사라진 후 기모노의 부속으로서 등장했던 것이었던 만큼, 최초에는 실용품으로 등장하여 모양은 가늘고 묶는 부분도 일정하지 않았습니다. 그런데 점차 "이상한 발달"이 진행되어, 폭이 넓어지고 길이도 길어진 결과 뒤에서 묶지 않을 수 없게 되었을 뿐 아니라 혼자서 묶는 것조차 어렵게 되었다는 것입니다.

> 오비는 허리에서 아래는 무방비상태로 한 채 위쪽으로만 넓어져, 자유롭게 몸을 숙이는 것도 깊게 숨을 쉬는 것도 허용하지 않게 된다. 그것은 여자 기모노의 일부분이라기보다, 기모노의 특질을 완전히 대표하고 있는 의미이자 이른바 상징인 것이다.

당연히 그것은 유럽의 코르셋을 연상시킵니다. 『복장의 역사』는 오직 일본의 복장에 관한 서술을 시도한 저작입니다만, 그래도 당연히 무라카미는 코르셋의 역사적 의미를 놓치고 있지 않습니다. 코르셋은 18세기부터 발달한 복장으로, 저자는 그에 관해 다음과 같이 이야기하고 있습니다.

> 남자의 요구는 평범한 가정부 타입에서 창부 타입으로 향하고 있었다. 코르셋은 그러한 요구의 하나였던 것으

로 … 14~15세부터 시작하는 코르셋 교육은 느슨한 고
문과도 같은 것이어서 종종 빈혈이나 졸도로 이어졌다.

이러한 기조를 가진 『복장의 역사』가 제게는 무라카미 노부히코의 여러 명저 가운데 가장 충격적인 작품이었습니다. 그것은 저자가 스스로 이야기하고 있는 것처럼, 단지 양식의 변화를 추적하는 데 그치기 쉬웠던 복장사에 혁명을 일으키려 한 작업이었습니다. 그러나 그 이상으로 매우 참신한 시각에서 여성사상像을 그려낸 노작이었습니다. 세부적인 서술은 앞으로 여전히 논증이 필요겠습니다만, 복장에 초점을 집중시키자 도리어 여성의 역사적 위치가 확연히 드러나는 작품이 되었습니다.

5.4 화장과 복장

여성학 연구자인 고마샤쿠 기미가 편찬한 『여자를 입다』[5]는 아마도 무라카미의 이러한 시각에서 시사를 얻은 책인 듯합니다. '머리말'에서 편자는 아래와 같이 문제를 제기하고 있습니다.

평소 '여자다움'의 틀에서 자유롭게 살고 싶다고 생각하고 있는 사람일지라도, 미의식에서의 이중잣대 double standard 는 비교적 가볍게 넘기는 일이 많지 않을까.

---

[5] 駒尺喜美 編 『女を裝う』勁草書房, 1985.

제 5 장 여성학과 여성사

> 각자가 복장을 다듬고 자신이 좋아하는 모습을 택하는 것은 하나의 커다란 즐거움이다. 놀이로서 멋부림으로서 혹은 변신의 시도로서 혹은 자기주장과 자기표현으로서 어떤 거북한 복장을 하든, 불편한 구두를 신든 그것은 물론 자유다. 그러나 우리가 여자와 남자를 규제하는 이중잣대를 인지한 이상, 한 번쯤은 여자에 관련된 미의식이나 복장에 관해 그것이 어떠한 구조로 어떻게 해서 성립되어 왔는지 근본적으로 파악해두고 싶다.
>
> '오늘 자기 예쁘네'라는 말을 들으면, 우리 여자는 자기도 모르게 기뻐하지만 사실 그것은 강한 사회적 요청이자 구속인 것이다.

이 책에서는 여성의 화장과 복장 특히 후자가 얼마나 여자들을 구속했는가가 명쾌히 설명되고 있습니다. 표적이 되고 있는 것은 전족과 코르셋입니다.

여기에서 전족이 중국 고유의 풍습으로 다루어지고 있는 것만은 아닙니다. "하이힐은 전족의 대용품"이라는 인식에 이르고, 나아가 "큰 발은 곧 '천박下品'"한 것이라는 통념으로 이어집니다. 코르셋이 기모노까지 포함하는 것은 말할 것도 없습니다. 기모노는 "구속복拘束服[6])으로 타이트 스커트를 입힌 셈"이라는 평가도 소개되고 있습니다.

이렇게 전족과 코르셋은 상징으로 보편화합니다. 예를 들면 '자신의 발을 회복하다'라는 장을 집필한 다지마 요코田嶋

---

6) [역주] '구속복'은 행동 제한이나 진정을 위해 정신병 환자나 난폭한 죄수 등에게 입히는, 상하의가 연결된 옷이다. 영어로는 straightjacket.

그림 5.1 버스의 여차장(1930년대)

陽子는 그것을 '신발로부터의 해방'·'육체의 전족'·'또 하나의 '신데렐라' 해방'·'정신의 전족'이라는 네 개의 절로 구성하고 있습니다. 편자인 고마샤쿠는 이들 논의를 정리한 최종장에 '아름다움美의 족쇄'라는 제목을 붙였습니다.

이러한 전개가 제게는 무라카미 여성사가 던진 공이 고마샤쿠 여성학에 의해 보답받은 듯한 인상을 주었습니다. 그의 문제제기가 이번에는 여성사에 새로운 시야를 열어주고 다시 새로운 주제도 낳게 될 것입니다. 지금은 나아가는 형세를

제5장 여성학과 여성사

곁눈질로 보고 있을 뿐인 제가 말하는 것은 좀 그렇습니다만, 여성사와 여성학의 사이에는 그러한 관계의 형성이 보다 바람직하고 그에 의해 서로의 폐쇄성을 타파할 수 있다고 생각하고 있습니다.

5.5 여성사는 여성학에서 무엇을 얻을 것인가

다음으로, 여성사는 여성학으로부터 무엇을 얻고 있나 혹은 무엇을 얻어야 할 것인가에 관해서는 두 가지를 말씀드리고 싶습니다.

첫째로는 역사의 기본모순으로서 계급지배와 더불어 성지배가 주장되고 이론화되었다는 것입니다. 이 점에 관해 1970년대의 미즈타 다마에는 —미즈타 씨는 여성학과 여성사의 양쪽 모두에 걸쳐 활동하던 분이었습니다만— 타의 추종을 불허하는 작업을 수행했습니다. 『여성해방 사상의 흐름』, 『여성해방 사상사』라는 두 권의 저작을 중심으로 한 성과가 그것입니다.[7]

지금 생각해보면 기이하기도 합니다만, 『여성해방 사상의 흐름』은 '여성사는 성립하는가'라는 질문에서 시작하고 있습니다. 그렇지만 거기에는 여성사에 관한 공포스러운 진실이 적혀 있었습니다. 저자는 그것을 영국 여성 줄리엣 미첼^{Juliet Mitchell}과 미국 여성 마가렛 조지^{Margaret George}의 논쟁을 소개하면서

---

7) 水田珠枝『女性解放思想の歩み』岩波新書, 1973;『女性解放思想史』築摩書房, 1979.

논증하고 있습니다.

미첼에 따르면 "여성이 독자적 활동을 통해 역사의 무대에 등장하는 것은 영국에서는 부인참정권 운동의 경우거나 소수 특정 개인에 한정된 것으로, 여성의 역사를 쓰려 한다면 단편적인 누더기가 되어버린다. ··· 여성에게 존재하는 것은 역사가 아니라 상황인 것이다"라고 합니다.

이에 대해 조지는 다음과 같이 이야기합니다. "남성의 그림자에 가려진 여성의 상황이야말로 여성의 '전사前史'"인 것이며, 그 "전사란 여성 종속의 기록이자, 여성이 비로소 자신의 생활의 주인이 되기까지의 역사다." 그렇기에 "여성이 자신의 생활의 지배자가 되었을 때 '전사'는 소멸하며, 그때에는 '여성의' 역사라는 것이 다시 존재하지 않게 되는 것이다"라는 것으로, 여성이 억압되고 소외되어온 상황과 그것을 고통을 감내하며 응시하려 하는 자세가 엿보입니다.

5.6 계급지배와 성지배

거기에는 분명 계급지배만으로 일원화되지 않는 성지배의 문제가 있다는 것이 미즈타의 주장이었습니다. "여성은 계급지배와 성지배라는 이중의 억압 아래 놓여져 왔고", "무엇보다 성지배와 계급지배는 밀접한 관계에 있으며, 계급지배를 빼고 성지배를 논할 수는 없지만, 성지배를 계급지배로 바꿔치기하는 것도 역시 문제의 본질을 놓치는 것이 된다"고 합니다.

제5장 여성학과 여성사

왜 성지배가 생겼는가에 관해 미즈타는 두 가지의 지표를 제시합니다. 첫째는 '생활자료의 생산'만이 중시되고 '생명의 생산'이 경시되어온 것이며, 둘째는 그러한 남녀관계를 제도로 고정화된 것이 '가부장제'라는 지적입니다. "생활자료의 생산을 책임진 남성은 도구나 기술을 개선해서 생산력을 높이고 생산수단을 점유하며 생산물을 축적해" 나감으로써, "생산활동에서 우위에 선 남성=가장이 절대권을 쥐고 유일한 재산소유자가 된다"라고 논리를 전개합니다.

매우 도식화해서 말하자면 저자는 첫 번째에서는 마르크스주의를, 두 번째에서는 루소를 의식하고 있습니다. 왜냐하면 마르크스는 역사를 추진하는 원동력을 생산력으로 보는 이론을 세웠고, 그것이 사적유물론으로서 확산됨에 따라 어느 새인가 '생산력'론의 성격을 띠게 되었기 때문입니다. 또 근대의 눈부신 예지자인 루소는 "낡은 권력에 대해 격렬한 반발을 드러내면서 여성에 대해서는 남성의 권위를 강하게 주장"한 인물이었기 때문입니다. 특히 자유·평등 이념의 대명사가 되다시피 했던 루소의 또 다른 면에, 그의 모순이라기보다 그가 체현하는 시민적 윤리로 인해 그렇게 될 수밖에 없었다는 각도에서 날카롭게 메스를 대는 것은 이 작은 책이 갖는 가장 커다란 충격이었습니다.

이리하여 미즈타는 여성사 고유의 척도로서 '생활자료의 생산'을 상대화하는 '생명 생산'의 시점과 '가부장제' 파괴의 시점을 제시했습니다. 『여성해방 사상의 흐름』은 'Ⅰ. 여성사는 성립하는가'에 이어 'Ⅱ. 남성의 해방과 여성의 종속', 'Ⅲ. 여성해방 사상의 성립', 'Ⅳ. 페미니즘과 반페미니즘', 'Ⅴ. 여성해방의 논리와 주체'라는 구성으로 여성사와 여성학의 혼일성渾一性을 드러냈습니다.

또한 매우 상세한 연구인 『여성해방 사상사』는 '서장'에 이어 'Ⅰ. 시민혁명 사상과 여성해방사상', 'Ⅱ. 여성해방 사상의 전개'라는 2부 10장으로 구성되었는데, 여성해방 사상의 사적탐구 중 최종장으로 '여성해방 사상사의 방법과 해방의 전개: 맺음말에 대신하여'라고 적고 있습니다. 거기에서는 '계급관계와 양성관계'·'여성해방 사상과 이데올로기론'·'분업과 성차별'·'마르크스주의에서의 분업과 차별'·'성차별의 원인 성적 분업'·'성차별 극복의 전망' 등을 다루면서, 계급지배와 성지배의 관계의 이론화를 위해 분투했습니다.

5.7 신마르크스주의 페미니즘

미즈타가 내면 깊은 갈등을 감내하면서 이끌어낸 계급지배와 성지배의 이원론의 입장은, 1980년대가 되면 우에노 지즈코上野千鶴子에 의해 너무도 당연한 것으로 주장되기에 이르렀습니다.

우에노는 '신마르크스주의 페미니즘'을 자칭합니다. 이것은 여성해방의 사회이론으로서 억압의 메커니즘을 계급지배로 일원화한 '전통적 마르크스주의 페미니즘', 그에 대한 안티테제로서 성지배 일원설을 주장하는 '래디컬 페미니즘'에 대해, 그것들을 지양한 제삼의 입장이라는 것을 의미합니다. 그리하여 자본주의와 가부장제의 이원성에 지금의 사회의 구성원리를 구상하고, 양자가 교착하는 지점에서 이제까지 보이지 않았던 여성 억압의 영역을 지적한다고 합니다. 그 영역이란 가족도 자본주의하에 포섭되고 있다는 '자본주의적 가부장제', 그리고 기업사회가 성별역할 분담에 의해 운영되고 있다는 '가부장제적 자본주의'라고 하는 것이 그 이원론의 윤곽입니다.[8]

5.8 부인문제 연구와 여성학

여성학이 여성사에 제기하고 있는 두 번째 주제는 '근대'가 갖는 소외성·억압성의 제시입니다. 미즈타의 루소 비판도 그것을 보여주고 있습니다. 하지만 그에 관해서는 여성학연구회 편의 『여성학을 만들다』와 『강좌 여성학』[9]이 가장 잘 정리된 성과로서 우리들 앞에 있습니다. 『강좌 여성학』의 경우, '1. 여자의 이미지', '2. 여자들의 지금', '3. 여자는 세계를 바꾼다', '4. 여자의 눈으로 보다'의 네 권으로 구성되어 있습니다.

여기에서는 특히 학문 자체를 주제로 한 '4. 여자의 눈으로 보다'를 단서로 세 가지를 이야기해보고자 합니다. 이 책은 'Ⅰ. 학문 속의 여성', 'Ⅱ. 페미니즘의 조류, 'Ⅲ. 여성학의 구축을 향하여'라는 3부 15장으로 구성되었으며, '머리말'에는 "『강좌

---

8) 上野千鶴子『資本制と家事勞働: マルクス主義フェミニズムの問題構制』海鳴社, 1985.
9) 女性學研究會, 『講座女性學』(전4권), 勁草書房, 1984~1987.

5.8 부인문제 연구와 여성학

여성학』의 최종장으로서 여성학이 탄생 이후 모색해온 방향과 축적해온 성과를 일단 현재의 시점에서 정리해 보여주고자 편집한 것"이라는 취지가 적혀 있습니다.

첫째로는, 일본 여성학의 성립이 역사적 단계로서 어떤 의미를 갖는가라는 문제입니다.

논자의 한 명인 이노우에 데루코井上輝子는 "여자의 시좌'를 만들다'에서 다음과 같이 말합니다. "일본 여성학의 직접적인 원류는 부인문제 연구다"라는 것입니다. 그렇다면 '여성학'은 '부인문제 연구'에서 어떻게 스스로를 구별할까요. '연구'라고 부르지 않고 '학'이라고 칭하는 것은, 말할 것도 없이 "서로 교류하지 않고 이루어져 온 연구를, 여성의 전체상을 파악하기 위해 유기적으로 관련시키고자 하는 취지"에서 비롯된 것입니다만, 주제의 경우에는 어떠할까요.

"근대 시민이라면 당연히 향유할 수 있는 '권리'를 '부인'도 획득하는 것이 '부인해방'의 과제이며, 그 앞을 막아선 여러 사회적 장애를 제거하는 것이 '부인문제'의 해결이다. 그러므로 부인문제 연구의 관심의 초점은, 여성의 시민으로서의 권리에 관한 것과 그것을 보장하는 제도로 향한다", 이에 대해 여성학은 "'부인문제'라는 특수한 문제를 설정하는 것이 아니라, 여성의 존재를 전체로 파악하는 것, 여성에 관련된 여러 사상事象을 여성의 눈으로 새롭게 돌아보는 것"이라는 것이 이노우에의 설명입니다.

제5장 여성학과 여성사

이 정의에서 시사를 받아 그에 더하여 저 나름의 부연을 하자면 다음과 같습니다. '부인문제'라고 할 때 연구든 운동이든 주제가 되는 것은, 예를 들면 정치적 권리로서의 참정권이거나 가부장제라고 하는 가족제도 안에서의 '군주제'이거나, 노동시장 내 성에 의한 고용차별·임금차별·승진차별·'정定'년차별[10] 등이었습니다. 그렇다면 극복해야 할 대상이 '봉건유제封建遺制'였다는 것을 의미합니다. 표현을 달리하면, '부인문제' 연구나 운동에서 지향해야 할 것은 '근대'였던 것입니다. 이노우에는 이것을 "부인문제 연구를 뒷받침하는 근대주의적 배후 가설"이라고 부르고 있습니다.

5.9 성역할의 유동화

그에 비해 여성학은 그러한 제도상 차별의 극복을 추구하면서도, 오히려 그 이후 내지는 그 이상의 문제에서 고유의 영역을 이끌어내고 있는 감이 있습니다. 그것을 이노우에는 여성에 관한 사회통념의 전환이라고 하면서, 다음과 같이 설명합니다. 그에 따르면, "사회가 여성에게 기대하고 여성이 스스로 실천해 가는 그러한 '여성다움'의 심리나 태도, 생활습관이나 활동영역 등을 총칭해서 여성학은 '성역할'이라고 이름 붙입니

---

[10] [역주] 퇴직을 위해 정해진 해라는 의미의 '정년'의 한자로 한국에서는 '亭年'을 사용하는 반면, 일본에서는 '定年·亭年' 두 개 모두를 사용하며 법률과 방송에서는 '定年'을 사용하는 것으로 정착했다. 다만 이 책에서 가노가 '定'에 강조 표시를 한 것은, 단순히 임기를 마치고 퇴직하는 해라는 의미만이 아니라 그 외에도 각종 임기를 정할 때 여성이 차별받고 있음을 강조하기 위해서인 것으로 보인다.

● 5.9 성역할의 유동화

다." 그리고 그 실태나 특색, 그것이 전달되고 교육되는 양상, 그것이 여성에게 만들어낸 문제 등을 해결하는 것이 "여성학의 중심적 과제"라고 합니다.

구체적인 사례의 제시가 없어서 뭔가 명확하지 않은 느낌이 있습니다만, 누구라도 그로부터 피할 수 없고, 심지어 여성 자신의 안에도 자리잡은 일종의 사회적 압력氣壓을 지칭하는 듯합니다. 그 안에는 설령 제도상의 차별이 철폐된다고 해도 그러한 사회적 압력이 여전히 존재하는 한, 다음에는 '차별'이 아니라 다분히 근대의 논리이기도 한 '분업' 사상에 의해 여전히 여성은 감옥에 갇힌 존재가 될 것이라는 인식이 담겨 있습니다. 그뿐이 아닙니다.

여성학으로부터 지적을 받아 행정이 '성역할의 유동화'에 대처하기 시작한 것 자체가 다른 함정에 빠질 위험성을 내포한다며 이노우에는 다음과 같이 지적합니다.

> 우리나라에서도 '성역할의 유동화'는 여성학 연구나 교육뿐 아니라, 부인 행정의 주요과제로서 종종 인구에 회자되고 있다. 하지만 내가 걱정하는 것은 '성역할'이라는 용어가 시민권을 얻음에 따라 당초 내포하고 있던 풍성한 의미를 내버리거나, 직업역할과 가정역할이라는 '성별역할 분업'으로 왜소화시켜 사용되는 것이다.

그때 '성역할의 유동화'라는 슬로건은 여성에게 감옥의 철폐가 아니라 보다 후퇴한 선에서 보다 느슨하고 새로운 감옥의 설정에 불과하다는 예감이 담긴 것이었습니다.

제5장 여성학과 여성사

여기에서 표적이 되고 있는 것은 이제 노골적인 성차별이 아닙니다. 그러한 의미에서는 '봉건'은 물론이고 '봉건유제'도 (더 이상) 주요한 적이 아니게 되었습니다. 제도상의 평등성의 잇단 달성에도 불구하고 여전한 감옥의 실감, 혹은 달성이 되었기에 더욱 명확하게 보이는 그 모습이 억압성의 근원이라고 의식되게 되었습니다. 말하자면 그것은 '근대'였습니다.

그러한 의미에서는 '부인문제'의 연구와 운동은 곤란을 이겨내면서 하나하나 '근대'를 획득했고, 그 위에서 '여성학'은 그야말로 그로 인해 드러나게 된 '근대'의 억압성과 싸우기 시작했다고 할 수 있습니다. 여성해방 나아가 인간해방에 있어서 '부인문제'의 제기가 첫 번째 주자였다고 하면, '여성학'은 1970년대에 그로부터 배턴을 이어받아 두 번째 주자로서 달리기 시작했다고 할 수도 있겠습니다.

그것은 반대로 말하면 여성학의 탄생 자체가, '전근대'의 불식이라는 의미에서 일본 사회가 얼마나 '근대'에 도달해갔는가를 보여주는 하나의 지표이기도 합니다. 그것은 1960년대 고도경제성장이 봉건유제의 기저를 좋든 싫든 쇠퇴시키면서 '근대'의 일원적 지배를 실현시켜 나갔고, 그로 인해 '근대'가 주는 억압감과 그로 인한 상실감을 사람들이 느끼기 시작했다는 역사의식에 부합하는 흐름이기도 했습니다.

5.10 『새로운 여성의 창조』

생각해보면 'Women's Studies'의 큰 파도를 일으키는 데 방아쇠의 역할을 한 것이 베티 프리던이라는, 당시에는 그다지 유명하지 않았던 여성의 책『새로운 여성의 창조』[11]였습니다. 그것은 행복이 실사화한 것 같은 미국 중류층 주부들이 실은 '여자답다'고 여겨져 온 역할 안에서 인간 취급을 받고 있지 못했다고, 무심한 듯 선언한 책이었습니다.

책을 통해 베티 프리던은 외견은 충만하지만 마음은 채워지지 않은 가정을 "인간다움을 박탈하는 '수용소'"라고 단언하고, 자신을 행복하게 하는 것도 불행하게 하는 것도 스스로 정할 수 있는 삶을 바라고 있다고 이야기했습니다. 이것은 주로 '근대'의 질서에 대한 중류층 기혼여성의 반란 선언이었습니다. 그것이 유사한 문제, 즉 내심 공허함을 느끼고 있던 유사한 경우의 사람들에게 불을 붙인 것입니다. 그 무렵 미국의 작은 마을에 있던 저는 이 책이 대학 사회의 부인들에 의해 열렬히 읽히면서 파문이 확대되어 가는 것을 직접 목격했습니다.

거기에 여성학의 원점이 있다고 하면, 저는 히라쓰카 라이초[p.28]의 '원시, 여성은 태양이었다'(1911)의 한 구절을 경의를 가지고 떠올리지 않을 수 없습니다. 다음의 구절입니다.

---

11) Betty Friedan, *The Feminine Mystique*, W. W. Norton, 1963. / ベティ・フリーダン, 三浦富美子 譯『新しい女性の創造』大和書房, 1965. / 한국어판 김현우 역『여성성의 신화』갈라파고스, 2018.

제 5 장 여성학과 여성사

> 자유해방! 여성의 자유해방이라는 소리는 매우 오래 전부터 우리의 귓가에서 울리고 있다. 하지만 그것이 무엇이었을까 … 단지 외부의 압박이나 구속에서 벗어나 소위 고등교육을 받게 하고 널리 일반 직업에 종사하게 하고 참정권을 부여하며 가정이라는 작은 세상으로부터, 부모나 아버지라는 보호자의 손에서 떠나 소위 독립생활을 하게 했다고 해서, 그것이 왜 우리 여성의 자유해방인 것인가. 과연 그것 역시 진정한 자유해방의 지경에 도달케 하기에 좋은 경우와 기회를 주는 것인지도 모르겠다.
>
> 그러나 아무리 해도 결국은 방편이다. 수단이다. 목적은 아니다. 이상은 아니다.

역사적 단계가 다르다고는 해도 1910년 전후는 일본에서도 그 나름으로 다양한 여성해방론이 대두하기 시작한 시기였습니다. 그러한 '근대'의 일정한 성과에 대해 라이초는 단호히 '아니No'라고 내뱉고 있는 것입니다. 거기에는 기만적 해방과 진정한 해방을 날카롭게 판별하는 그의 견식과 기백이 드러나고 있습니다.

5.11 '근대'와 페미니즘

이렇게 볼 때 여성학은 '근대'의 의미를 되묻는 학문으로서 발생했다라고 할 수 있습니다. '근대'를 지배하는 '생활자료의 생산' 지상의 논리에 대해 '생명의 생산'의 논리를 이끌어낸 미즈타 다마에 씨, '근대'의 획득을 추구한 '부인문제 연구'에서 스스로를 분리·독립시키려 했던 이노우에 데루코는 그러한 성격을 일찍부터 선명하게 했던 사람들이었습니다.

『강좌 여성학 4 여자의 눈으로 보다』에 실린 오치아이 에미코落合惠美子 '"근대'와 페미니즘: 역사사회학적 고찰'의 주제는, 여성학의 핵심을 이루는 '페미니즘'의 '근대'와의 관련입니다. 고찰은 한마디로 단언할 수 없을 정도로 다면적입니다만(나중에 다시 다루겠습니다), 문제 설정이나 결어만 보더라도 '페미니즘' 내지 여성학에 있어서 '근대'와의 관련이 얼마나 깊은지 그 일단을 엿볼 수 있습니다.

그녀는 이렇게 지적합니다. "19세기 이래 페미니즘 사상사를 돌아보면, '근대'는 때에 따라 표현이 다르기는 해도 페미니즘 이론에 중요한 지위를 계속 점해온 것처럼 보인다", 어쩐지 "그것은 페미니즘이 '근대'의 지평 위에 있으면서, 중요할 때마다 다음 시대를 예감하면서 현상을 비판해왔던 것의 굴절된 표현에 다름 아니다." 그리고 이것은 두 번째 주제로 연결됩니다.

5.12 페미니즘의 다양한 조류

둘째로는[12] 페미니즘의 다양한 조류에 관해서입니다. 다양한 조류가 명확히 드러나게 된 것 자체가 페미니즘이 밀물의 단계에 들어선 결과입니다. 그에 관해서는 앞에 소개한 오치아이

---

12) [역주] 중간에 논의가 길어졌는데 첫째 논의는 167쪽에서 언급되었다.

제5장 여성학과 여성사

에미코의 "'근대'와 페미니즘'과 구바 요시코久場嬉子의 '마르크스주의 페미니즘의 과제: 여성 억압에서 해방의 이론과 해방의 전략을 중심으로'에서 다루고 있습니다.

후자는 계급일원론을 자인하고 있던 마르크스주의 안에 성차별이라는 구조를 조합시킨 새로운 문제 설정의 움직임을 논술하면서, 그러한 입장 위에서 페미니즘의 다른 조류에 대해 비판을 시도한 작품입니다. 그것은 그것대로 흥미롭지만, 여기에서는 페미니즘 내지 여성학의 기본적 노선에 관련된 문제를 대략적으로 제기한 논고로서 전자를 소개해 보겠습니다.

페미니즘에 적어도 두 개의 노선이 있다는 것을 명료하게 인상에 남긴 것은 아오키 야요이와 우에노 지즈코의 등장에 의해서였습니다. 모두 저작이 많은 분들입니다만 여기의 논점에 관해서는 아오키가 편집한 『페미니즘의 우주』와 앞서 소개한 우에노의 『자본제와 가사노동: 마르크스주의 페미니즘의 문제구제』・『여자는 세계를 구할 수 있을까』・『여자라는 쾌락』에 거의 집약되어 있습니다.[13] 에콜로지컬ecological 페미니즘과 마르크스주의 페미니즘이라는 두 개의 노선입니다.

우에노의 논리 전개는, 종종 에콜로지컬 페미니즘의 '교조'적 존재인 이반 일리치Ivan Illich 비판이라는 형태를 취합니다.

---

13) 青木やよひ 編『フェミニズムの宇宙』(シリーズ「プラグを拔く」3), 新評論, 1983: 上野千鶴子『資本制と家事勞働: マルクス主義フェミニズムの問題構制』;『女は世界を救えるか』勁草書房, 1986;『女という快樂』勁草書房, 1986.

그 점에서 대표작은 「여자는 세계를 구할 수 있을까: 일리치 '젠더'론 철저 비판」[14]입니다. 1985년 10월 도쿄에서 아사히신문사·아사히이브닝뉴스사 주최로 개최된 심포지엄 <여자는 세계를 어떻게 바꿀 것인가>에서, 주최자가 제삼의 의제로서 '여성원리와 남성원리'를 정하고 일리치와 우에노를 기조 발제자로 선정한 것은 그러한 논점을 명확히 하기 위한 것이었습니다. 즉 양자의 표제는 '경제발전 지상주의와의 결별' 및 '근대 산업사회를 뛰어넘는 페미니즘'이었습니다.

이러한 상황에 대해 오치아이는 양자의 대조성보다 오히려 공통성에 주목하는 관점에서 논의를 전개했습니다. "아오키의 이상은 육체적으로는 남자든 여자든 한 인간 안에 '여성원리'와 '남성원리'가 균형있게 구비되어 있다고 하는 것이라고 하지만, 그것은 그 반대파가 추구하는 '남자와 여자 모두 가사도 일도 하는 사회'와 어느 정도 거리가 있을까." 그리고서 오치아이는 전자의 '반근대주의'에 대해 후자를 "일단은 '탈근대주의'라고라도 불러둔다"라고 합니다. 어느 쪽이든 '근대'에 긴장감을 가지고 대치하는 존재로 파악하는 셈입니다.

그러한 광경은 1985년 5월 12일 일본여성학연구회가 정기 행사로 개최한 심포지엄 <페미니즘은 어디로 향하나: 여성원리와 에콜로지>에서 선명하게 나타났습니다. 이것은 이 연구회가 아오키 야요이를 초대해서 개최한 것으로, 특히 아오키와

---

14) 上野千鶴子「女は世界を救えるか?:イリイチ『ジェンダー』論徹底批判」『現代思想』13권 1호, 1985.1. 이후 같은 제목의 책에 수록.

제5장 여성학과 여성사

우에노의 대결을 '기대'했던 듯합니다만, 논점이 명확해진 반면 오히려 그 이상의 경합적 공감이나 연대가 기조를 이루었던 것 같습니다.[15] 참가자들은 각각 포스트모던이라든가 안티모던을 표방하고 있었습니다만, 그 입장을 넘어 공유되고 있던 것은 '근대'를 대상화하고 그에 어떻게 마주할 것인가라는 질문이었습니다.

그것은 페미니즘에게 얼마나 통절하게 '근대' 너머의 사회상이 요구되고 있는지를 보여줍니다. 그러한 원리의 수립이라기보다는 모색에 페미니즘의 과제가 있습니다. 가장 시원하게 현실을 재단하는 우에노 지즈코 씨조차 다음과 같은 독백을 남겼습니다.

> 나는 일본의 집단지향적 사회에 대한 반발에서 개인주의적인 페미니스트로서 자기형성을 해왔지만, 미국에서의 페미니즘 체험은 아이러니하게도 나 자신의 문화 배경을 재고한다고 하는, 문화상대주의적 시점으로 나를 이끌었다. 이 시점에서는 미일 양측의 페미니즘에 각각의 특징과 한계가 있다는 것이 보인다 … 미국인 페미니스트인 내 친구 중 한 명이 언젠가 나를 평하기를, 너는 개인주의와 공동체주의 두 가지 페미니즘 사이에서 가랑이가 찢어지고 있구나라고 한 적이 있다.[16]

---

15) 당일의 기록은 다음의 책으로 간행되었다. 日本女性學研究會1985年5月シンポジウム企劃集團『フェミニズムはどこへゆく: 女性原理とエコロジー』松香堂書店, 1985.

16) 上野千鶴子『女という快樂』勁草書房, 1986.

이상과 같은 여러 의미에서 페미니즘에게 '근대'는 그것이 가진 억압적인 측면으로 인해 경계こだわり의 대상이 되고 있습니다.

5.13 여성학의 정의와 방법

셋째로는 여성사의 정의와 방법을 둘러싼 문제입니다. 그에 관한 논의는 특히 『강좌 여성학 4 여자의 눈으로 보다』의 'Ⅲ. 여성학의 구축을 향하여'에서 전개되고 있습니다. 거기에는 세 명의 연구자에 의한 세 편의 논문이 실려 있습니다. 메구로 요리코目黒依子 '여성학의 방법을 생각하다', 하라 히로코 '여성학의 사명', 이노우에 데루코 "여자의 시야'를 만들다'가 그것입니다. 거기에는 두 개의 문제가 제시되고 있습니다.

첫째, 여성학이 기성의 학문=아카데미즘에 대해 어떠한 관계에 서야 할 것인가라는 문제입니다. 메구로의 논문은 그 문제를 다루면서 다음과 같은 도식화를 시도했습니다. 그의 설명을 빌자면 횡축은 여성학이 '새로운 학문 영역의 창설'이어야 하는가, '페미니즘 도입에 의한 체내 변혁'을 지향해야 하는가라는 성격 부여입니다. 한편 종축은 여성학이 '독자의 방법론의 확립'을 추구해야 하는가, '독자의 대상=여성의 연구'를 최우선적으로 해야하는가라는 성격 부여입니다. 메구로 씨 자신은 여기에 명확한 답을 제시하지 않으면서 여성학 연구자는 이 그림 어딘가에 위치할 것이라는 데 그치고 있습니다만, 여성학이 본질적으로 갖추어야 할 변혁성을 정리해서 보여준

제 5 장 여성학과 여성사

논리라고 할 수 있습니다.

<여성 지위의 성격과 방향성>

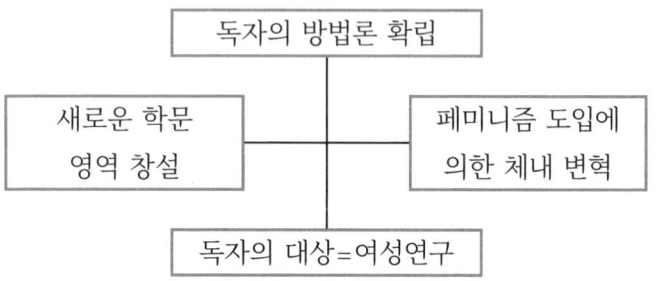

또 하나는 여성학의 정의를 둘러싼 문제입니다. 이 점에서 이노우에의 논문과 하라의 논문은 정면에서 대립하는 주장을 내놓고 있습니다.

이노우에는 말합니다. "여성학이라는 용어에 담긴 내 생각은 지금도 과거에도 다르지 않다. 과거 나는 여성학이라는 것에 관해 다음과 같은 결론을 내린 적이 있다. '여성의, 여성에 의한, 여성을 위한 학문'이 바로 그것이다." 여기에 대해 하라의 주장은 다음과 같은 것이었습니다. "여성학은 여성에 의한, 여성에 관한, 여성을 위한 학문이라는 입장을 나는 지지하지 않는다. 인간을 연구할 때 남성과 여성이라는 것의 존재를 시점 안에 넣는 자세를 철저히 하는 것이 여성학의 사명이라고 생각한다. 그리고 남녀에 의한 남녀를 포함한 인간에 관한 남녀를 위한 연구를 지향하고자 한다."

전자에는 주체에 대한 고집이라는 시점이 있습니다. 이노우에는 "여성학이란 여자가 묻고 여자가 배운다는 것", "여성학의 수행 자체가 잠재되어 있는 여자의 시좌를 현재화하고 활성화하는 과정"이라고 부연하고도 있습니다. 주체의 확립 없이는 학문으로서 아무리 정치해지고 아름답게 장식되어도 반드시 기만성이 동반될 것이라는 예감이 담겨 있습니다.

후자에는 남녀공생에 대한 전망이 있습니다. 동시에 성차별만을 추출해서 고찰의 대상으로 하는 것만이 아니라, "다양한 차별의 구조 안에 내포되어 있거나 공존하고 있는" 것으로서 보편화하고자 하는 지향이 있습니다.

전자는 여성학이라는 고유명사를 갖는 학문의 수립을 강하게 주장할 것입니다. 그에 대해 후자는 오히려 정치학이나 경제학, 사회학 등의 학문에 여성학적 시점을 투영시키는 것과 그에 의한 기성 학문의 변혁을 중시합니다.

양자는 적대관계에 있는 것이 아닙니다. 그러나 여성학의 창건을 향해 두 개의 입장이 있음을 보여줍니다. 어느 쪽을 택할 것인가는 여성학에 대한 지향에서 각자가 절실하게 여기는 방향에 따라 나뉠 것입니다. 발전단계로서 생각한다면 전자에서 점차 후자로 향하는 것도 가능합니다. 또한 굳이 그러한 식으로 정리하지 않고, 이러한 두 입장이 제시되는 곳에서 하나의 학문이 만들어질 때의 초심을 목격할 수도 있습니다. 그와 동시에 저 자신은 어느 쪽이냐고 제게 물으신다면, 여성이 볼 때 이성異性인 저로서는 매우 말씀드리기 편치 않습니다만

제5장 여성학과 여성사

적어도 일단은 주체의 확립을 강조하겠습니다. 그것이 확고하지 않다면 기성 학문은 여성학을 당장이라도 삼켜버릴 것이기 때문입니다.

여성학의 정의와 방법을 둘러싼 논의에는 이처럼 근대와 함께 형성되고 견고한 존재가 되어 있던 아카데미즘을 뛰어넘으려는 자세가 보입니다. 이것도 또한 여성학이 안티테제反措定로서의 '근대'를 제시하고 있는 한 사례입니다.

이상의 모든 사례를 통해 여성학은 '근대'가 여성에게 어떻게 중층적 모순을 초래했는가를 폭로하기 위한 중요한 작업을 해왔습니다. 그것은 바로 얼마 전까지 '근대'가 드리워져 있었던 만큼, 여성에게 그것이 얼마나 눈부신 존재로 비치고 있었는지를 아는 자에게는 인식의 틀의 커다란 변환이었습니다.

이러한 점에서 역사학은 과거를 대상으로 하는 학문일 뿐으로, 평론이나 운동의 차원을 제외하면 현재 혹은 그 현재에 직접 연결되는 시기의 과거를 인식이나 분석의 대상으로 삼는 것에는 아무래도 겁을 내는 경향이 있습니다. 역사학의 한 분야인 여성사도 그러한 폐단을 면할 수 있는 것은 아닙니다. 그러한 사실을 생각할 때 여성학이 보여준 '근대'의 의미는 여성사에 많은 시사를 주는 것입니다.

5.14 여성학의 문제점

그와 동시에 이처럼 '근대'를 대상화하는 여성학이, 그럼에도 여전히 '근대'에 깊숙이 침식되고 있는 것처럼 보이는 것에는 의문이 들지 않을 수 없습니다. 연구자의 다수는 미국 사회에서 발생한 여성학 내지 페미니즘의 감화를 너무도 깊이 받고 있고, 게다가 그것을 자각하고 있지도 않습니다.

여성학연구회가 편찬한 5권의 책 『여성학을 만들다』와 『강좌 여성학』 전 4권을 읽고서 응어리처럼 남은 것은, 아시아는 물론이고 제삼세계 여성조차 시야에 거의 들어있지 않다는 것이었습니다. 조금 더 정확히 말하자면 『강좌 여성학 3 여자는 세계를 바꾼다』의 'Ⅱ. 세계의 여자들'에 '아시아의 여자들'(시오자와 미요코鹽澤美代子), '카스트제도와 여성차별: 인도'(도리이 지요카鳥居千代香), '근대화 속의 여성: 아랍'(메구로 요리코)의 세 장이 실려 있습니다만, 겨우 그 정도에 머물고 있을 뿐 아니라 그 안의 문제의식이 다른 논자들과 거의 공유되고 있지도 않습니다.

특히 여성학의 창건을 직접 주제로 하는 『강좌 여성학 4 여자의 눈으로 보다』에 그러한 시점이 완전히 결여되어 있는 것은, 여성학의 진정한 창건의 길이 요원하다는 것을 느끼게 합니다. 여성학이 '여자의 눈'에 집착하는 것을 출발점으로 하는 이상, 제삼세계 동성에 대한 시점 없이 보다 보편성을 띠는 학문의 창건에 이르는 것은 불가능할 것입니다. 그 점에서는

제5장 여성학과 여성사

『페미니즘은 어디로 향하나: 여성원리와 에콜로지』에서 아오키 야요이가 훨씬 선명하게 제삼세계를 향한 시야를 가지고 있었습니다.

창조를 위한 그와 같은 출산의 고통을 느끼지 않는 한, ― 그것은 간여하는 인간 각자의 자기변혁을 수반하지 않으면 안 됩니다만― 여성학은 기성의 학문에 다소 결이 거친 또 하나의 학문을 추가하는 것에 그치고 마는 것 아닐까라는 걱정이 듭니다. 여성학의 정의를 직접 이야기할 때, 링컨의 말이 비유적으로 사용되고 있는 점에서 저는 그러한 안이함을 느낍니다. 아무리 명언이라고 해도 자신의 학문의 최고 핵심을 남이 한 말을 가지고 채우려 하고 있다는 의미에서입니다. 현재의 여성학에는, 창조를 지향하면서 자칫 뒤쫓기에 바쁜 측면이 있는 것처럼 제게는 보입니다. 그것은 동시에 여성학이 정말 '근대'의 저편을 개척할 수 있을지의 시금석도 될 것입니다. 그리고 여성학이 드러내고 있다고 여겨지는 이들 경향은 여성사에게는 반면교사이기도 합니다.

제 6 장

민속학과 여성사

6.1 야나기타 구니오의 여성에 대한 시점

민속학은 기존의 학문에서는 예외적이라고 해도 좋을 정도로, 연구의 대상이나 주체로서도 여성을 시야에 넣어온 학문이었습니다. 게다가 그것은 역사학에 무거운 질문을 던졌던 것처럼, 여성사가 그리는 여성상과도 현저한 대조를 이루는 여성상을 만들어내고 있습니다.

여성에 대한 민속학의 깊은 관심은 일본 민속학의 창시자인 야나기타 구니오에게서 이미 잘 드러나고 있습니다.

『정본 야나기타 구니오집』[1]은 야나기타 작업의 대집성이라고 간주되는 작품집입니다. 실물을 보면 같은 민속학이라

---

1) 柳田國男, 『定本柳田國男集』(전36권), 築摩書房(1962~1971).

제6장 민속학과 여성사

고 해도 이렇게나 폭넓은 범주에 걸쳐져 있었나라고 감탄하게 됩니다. 남방문화나 북방문화, 기행, 산·전설·구전 설화^{昔話}·이야기^{物語}·민간신앙·제사·신도·연중행사·의식·민요·하이카이^{俳諧}·방언^{方言}·국어·지명 등에 관한 고찰이, 여성·아이·이에·혼인 등에 관한 것과 함께 폭넓게 다루어지고 있습니다.

야나기타가 민속학 창건을 위해 본격적으로 출발한 것은 1910년경입니다만, 직접 여성을 주제로 내세운 논고인 「무녀고」2)를 비롯해서 다수가 있고, 단행본으로서는 『여성과 민간전승』·『누이의 힘』·『가한담』·『혼인 이야기』를 꼽을 수 있습니다.3) 그 외 주제의 작품에도 여성에 대한 시점이 거의 항상 엿보입니다.

『여성과 민간전승』등의 저작은 당시까지 개별적으로 발표되어온 논고를 각각 몇 편씩 묶은 것입니다. 각 논고의 발표 시기를 보면 오래된 것은 야나기타의 민속학 수립 전후까지 거슬러 올라가므로, 그의 여성에 대한 시선은 학문적 생애를 통해 일관된 것이었습니다.

그만큼 여성에게 학문을 향한 뜻을 가지도록 격려하고 자택에서의 연구회에는 여성의 출석을 권장했으며, 또한 1942년 자신의 『작은 자의 목소리』를 비롯한 '여성총서'를 발행했

---

2) 柳田國男「巫女考」『鄕土研究』(제1~11호), 1913~1914.
3) 柳田國男『女性と民間傳承』岡書院, 1932;『妹の力』創元社, 1940;『家閑談』鎌倉書房, 1946;『婚姻の話』岩波書店, 1948.

습니다. 거기에는 야마카와 기쿠에[4]·세가와 기요코·노다 다요코·에마 미에코 등도 필자로 참가하고 있습니다.[5] 이들은 당시의 15년전쟁 하에서 '황국' 여성의 '부덕婦德'이 강조되고 있던 가운데, 그와는 다른 여성의 '일상복ふだん着' 차림의 모습을 제시했습니다.

그 가운데 한 명인 세가와 기요코는 야나기타와 여성의 학문에 관해, 예를 들면 다음과 같이 이야기하고 있습니다.

> 내가 도움을 받기 시작한 것은 1934(쇼와9)년 정확히 전국적인 산촌山村 조사가 시작되던 시기였다. 선생은 민속 연구에 여성의 분야가 있다는 것을 일찍부터 생각하고 계셨던 듯, 둘째 딸에게 나와 함께 지바현千葉縣 산촌에 가보도록 권하셨고, 발이 아프지 않은 신발을 사는 게 좋을 것이라는 등의 말씀을 하셨다. …
>
> 무라村에 가더라도 할아버지는 세상을 너무 알아서 거짓말도 섞여 있겠지만, 할머니의 이야기에는 경청할 가치

---

4) [역주] 야마카와 기쿠에(山川菊榮, 1890~1980). 여성해방사상가, 평론가, 사회운동가. 여자영학숙(女子英學塾, 현 쓰다주쿠대학) 재학 당시 여공의 비참한 상태를 목격, 여공문제 해결을 결심하였고, 사회주의에 경도되어 갔다. 공사창(公私娼)문제, 산아조절, 성폭력 등 여성의 성적 자유에 관한 논설을 다수 발표했고, 모성보호논쟁에도 참여하여 사회주의에 입각한 여성해방론을 주장했다. 일찍부터 아우구스트 베벨의 『부인론』등 서양 문헌을 번역해서 일본에 소개했고, 사회주의 여성단체(赤欄會)뿐 아니라 일반 시민적 여성운동가들과도 제휴하면서 각종 사회문제의 해결을 위해 운동가이자 평론가로서 활동했다. 전시기에는 주로 여성사 등 학문적 연구에 집중했고, 전후에는 초대 노동성 부인소년국장을 지냈다.

5) 柳田國男『小さき者の聲』三國書房, 1942; 山川菊榮『武家の女性』·『わが住む村』; 瀨川淸子『海女記』·『販女』; 能田多代子『村の女性』; 江馬三枝子『飛驒の女たち』·『白川村の大家族』.

가 있는 이야기가 많다고 말씀해 주셨다. …

본래 나는 피해자로서의 여성의 모습에 분개하는 것은 알아도, 일상 가사와 같은 것이 학문의 대상이 되는 것이라고는 생각지 않았었다. …

[하지만] 해녀의 생활은 여자가 조사하지 않으면 안 된다고 하셨는데 정말 그렇다고 생각되며, 어촌 부인의 행상은 상업의 역사상 중요한 문제다, 여성의 두상운반頭上運搬은 운반법 발전開明의 계기가 될 것이라는 등의 말씀을 듣고 두상운반을 하는 부인을 한없이 존경해서 주고쿠中國나 시코쿠四國 곳곳을 따라 걸었던 세월을 생각하면, 선생의 말씀에는 그렇게 정력적인 힘이 나게 할 정도의 진실함과 힘이 있었던 것이다.[6]

6.2 서입고

여성의 과거에 관한 야나기타의 수많은 논고 가운데, 가장 문제성을 배태한 작품은 아마도 『혼인 이야기』의 권말에 수록된 '서입고壻入考'일 것입니다. 그것은 1928년 도쿄대 사학회에서 '혼인제의 고찰'이라는 제목으로 발표됐고, 이듬해 '서입고'라고 하여 『미야케 박사 고희축하기념 논문집』[7]에 게재되었던 것입니다.

그 글에서 야나기타는 역사학이 당시까지 무명 인물의 역사, 특히 혼인의 역사 등을 시야 밖에 두어온 것을 매섭게 비판

---

6) 「柳田先生」, 『定本柳田國男集』 월보 5, 1962.
7) 『三宅博士古稀祝賀記念論文集』 岡書院.

했습니다. 그리하여 현재=당시에는 혼인이라고 하면 가입嫁入り 즉 시집가기라고 생각되고 있었습니다만, 그 이전 단계로서 서입의식聟入儀式이라는 처가살이의 관행이 있었다고 주장했습니다.

다만 야나기타의 경우, 서취혼聟取婚에서 가입혼嫁入婚[8]으로 혼인형태의 전환을 생각하고 있었던 것은 아닙니다. 서입聟入り이란 모두 '사위의 처음 방문聟の初入り'일 뿐으로 결국에는 남자 집안에 여자를 맞이하는 것이기에, 결혼제도로서는 어느 시대이든 결국 가입혼이었다는 것이 그의 견해였습니다. 다카무레 이쓰에가 『초서혼의 연구』[9]에서 이 사실을 짚어 야나기타를 비판했던 것은, 무라카미 노부히코의 『다카무레 이쓰에와 야나기타 구니오』[10]에 자세히 분석되어 있습니다. 다만 이러한 문제에 메스를 들이댄 야나기타의 의식 근저에는, "일본의 딸들은 누구나 부모나 형제들에 의해 사위에게 넘겨지는 바와 같은", "배우자를 선택하는 자유가 전혀 없는" 상태에 놓여져 있었던 것은 아니라고 주장하고 싶다는(그러한 상태가 미풍이라고도 간주되어 왔지만) 마음이 있었던 것입니다.

---

8) [역주] '가입혼'은 신랑측에서 혼인 성립의 의례를 행하고 신부가 남편의 저택에 머물게 되는 가장 보편적인 결혼의 형태로, '서취혼'과 쌍을 이룬다. 서취혼은 처문혼(妻問婚) 혹은 초서혼(招壻婚)이라고도 한다.
9) 高群逸枝『招壻婚の研究』講談社, 1953.
10) 村上信彦『高群逸枝と柳田國男』大和書房, 1977.

6.3 누이의 힘

같은 주장은 주부의 지위에 관한 논의에서도 목격됩니다. 『가한담』 안에 '주부에 관한 잡화雜話'(초출은 1941)라는 짧은 글이 있습니다. 야나기타는 주부를 왜 '오카미 상オカミサン'이라고 부르는가라는 질문에서 출발합니다. '오이에オイエ'・'오카미オカミ'・'오우에オウヘ'・'오마에オマエ'・'오카타オカタ'11) 등과 같이 주부를 지칭하는 다양한 유사어를 들면서, 왜 이처럼 "집의 곳곳을 의미하거나 본가・종가를 의미하는 말을 남편亭主・가장에게 붙이지 않고 그 배우자인 여성에게 부여했는가"라고 그 질문을 구체화한 후, 스스로 다음과 같이 답하고 있습니다. "이것은 과거 남자의 일이 직인이나 소매상처럼 가옥 안에서 이루어지는 것이 적고, 농어업과 벌목樵은 물론 수렵도 전쟁도 또한 제사도 모두 옥외 활동이 주였던 사실에 의해 설명된다. 즉 옥내 특히 마루 위의 사무를 관장하는 자는 본래 주부였다는 것을 의미하는 듯하다." 그로부터 다음의 결론이 도출되고 있습니다. "여자는 약한 존재라고 가르쳤지만, 한편으로 주부만은 집 안에서 주인ヌシ이라고 불려도 좋을 지위를 확보하고, 남자의 가족을 지도하는 것이 가능했던 것입니다."

이렇게 해서 야나기타가 발굴하고자 했던 것은 일본 여성의

---

11) [역주] 오이에(お家)는 이에, 오카미(お上)와 오우에(お上)는 윗사람에 오(お)가 붙은 경칭이며, 오카타(お方)와 오마에(お前)도 타인・상대방을 지칭하는 경칭으로 주부를 우회하여 지칭한 대명사이다. 오마에는 현대 일본어에서는 조금 하대하는 뉘앙스로 바뀌었다.

힘의 강함, 즉 '누이의 힘妹の力'이었습니다. 저서 『누이의 힘』의 '서序'에서 다음과 같이 적고 있습니다. "과거 정신문화의 모든 부문에 걸쳐 일본 여성은 실로 훌륭하게 활동하고 있었다. 혹은 무의식이었을지도 모르지만, 때로는 지도를 하기도 했다." 또한 거기에 실린 논고 '누이의 힘'에는 다음과 같은 문장도 보입니다. "우리가 지금 읽고 있는 역사라고 하는 것의 무대에는 여성이 나가서 활동하는 수가 매우 적지만, 표면에 드러난 정치나 전쟁 등의 사업에도 보이지 않게 참가한 힘은 실로 대단한 것이었다." 다만 자주 지적되는 것처럼, 그는 성性에 대한 언급은 신중하게 기피했습니다.

6.4 스에무라의 여자들

이러한 여성상은 어쩌면 야나기타가 말하는 바의 '이에의 영속'을 본래의 취지로 하는 입장의 소산이라고 할지도 모르겠습니다. 하지만 반드시 그에 그치지는 않습니다. 로버트 J. 스미스Robert J. Smith와 엘라 루리 위스웰Ella Lury Wiswell이라는 두 인류학자의 공저 『스에무라의 여자들 : 생활의 민속지』[12]는, 저에게 그러한 것을 생각하게 하는 저작이었습니다.

이것은 엘라가 남편이었던 인류학자 존 엠브리John Embree와 함께 1935~1936년 구마모토현 구마군球磨郡 스에무라須惠村에

---

[12] Robert J. Smith, Ella Lury Wiswell, *The Women of Suye Mura*, University of Chicago Press, 1982. / ロバート・J・スミス, エラ・ルーリィ・ウィスウェル著, 河村望・齋藤尚文訳 『須惠村の女たち: 暮しの民俗誌』 御茶の水書房, 1987.

제6장 민속학과 여성사

살면서 조사했을 때의 기록을, 로버트가 편집해서 하나의 작품으로 완성한 책입니다.[13] 거기에는 이 무라의 여성들이 얼마나 활달하게 자기주장과 호기심을 가지고 생활하고 있었는지가 생생하게 묘사되고 있습니다.

저자는 그녀들 역시 "일본 사회에서 여성이 당하고 있다고 곧잘 이야기되고 있는 불이익을, 많이 당하고 있었다는" 사실을 놓치고 있는 것은 아닙니다. '하지만'이라고 저자는 덧붙입니다.

> 이러한 여성들―그 대부분은 결혼에 의해서 공동체에 들어온 외부인이다―이 상당한 정도로 경제적인 연대를 형성하고 노동을 함께 하며, 그야말로 여자들만의 우정의 유대를 강화해 왔다는 것을 무시하는 것은 잘못일 것이다. 이러한 유대를 주의 깊게 발전시킴으로써 여자와 또 다른 여자들 사이의 네트워크를 형성시켰다.

또한 저자는 그녀들이 "담배·술·성에서 즐거움을 발견하고 있었던 것", 당시 "일반적으로 승인되었던 지식"과는 대조적으로 기혼여성들이 "때때로 부정을 저지른 것", 그것을 알게 된 남편에 의해 "[반드시] 이혼을 당하는 것은 아니었던" 것, "여성 주도형 이혼이 많았던" 것, "마음이 편치 않은 결혼생활 환경에도 불구하고, 남편의 영역을 침범하면서까지 이에를 지

---

13) 존 엠브리의 조사결과는 다음의 책으로 간행되었다. John Embree, *Suye Mura: A Japanese Village*, University of Chicago Press, 1939. / エンブリー 著, 植村元覺訳『日本の村落社會: 須惠村』關西院, 1955.

배하고 있었던" 것 등을 여성의 실태로 지적했습니다.

공저자인 로버트 스미스가 거의 찬탄하며 이야기하는 것처럼 "아주 분방하고 호기심이 강하며 두려움이 없고 말을 명확히 하는 것을 볼 때, 스에무라 여성들은 [평소] 강하게 자신의 의견을 주장하고, 바깥 세계 생활에 대한 호기심을 가지고 소문을 전하는 데에도 열심이며, 외국에서 온 젊은 방문자에게 양잠 기술부터 부부생활의 가장 개인적이고 소소한 이야기까지 [그야말로] 모든 것을 가르쳐주는 것에 흥미를 갖는 사람들로 그려"졌습니다. 그것은 두 가지 면에서 상식 혹은 명분建前을 뒤집는 것이었다고 그는 주장합니다.

첫째로는 "순종적이고 인내심 강하고 신중하며 사심없는 행동이 매력적이고, 어려서부터 아비를 공경하고 결혼해서는 남편을 따르며 늙어서는 아들에 의탁한다는 유교의 가르침을 지키"는 "일본 여성에 대한 외국인의 전형적인 견해"에 도전했습니다. 둘째로는 민법이 "구 무사계급의 이념을 사회 전체 모델로 확산시키고" 교육제도가 "효심 깊은 딸·순종적인 아내·고분고분한 어머니라는 여성 관념의 재강화"를 달성했다고 하는, 국가나 (사회적) '양식良識'이 호출하는 명분을 벗겨내려 했습니다. 그러한 내용을 담아 역자는 '후기'에서 "전통적인 사회에서 여성은 항상 남자에 종속되고 언제나 남자에게 순종하며, 또한 일반적으로 조용하고 인내심이 강하다는 신화를 저자는 [구체적인] 사실을 가지고 부정하고 있다"고 결론짓고

제6장 민속학과 여성사

있습니다.[14]

 무엇보다 이 책에 빈번하게 나타나는 것입니다만, 예를 들면 음담이 널리 퍼져 있던 것을 가지고 바로 성에 관해 개방적이라고는 단언할 수는 당연히 없습니다. 일상의 억압이 그러한 데에서 분출구를 찾는 것은 종종 일어날 수 있는 일이기 때문입니다. 또한 농촌을 위한 잡지『가광家の光』에서 성의 문제나 묘사가 얼마나 신중하게 다루어져 왔는지를 생각해보면, 그것이 잘 드러나지 않는 은미隱微한 것으로 간주되어온 것도 추측할 수 있습니다. 그렇지만 그러한 사실을 감안 하더라도, 민속학에서 그려져 온 여성상이 여성사적 여성상과 현저하게 대조적이라는 사실을 부인하기 어렵습니다.

 여성사는 주로 여성이 얼마나 억압되고 차별되어온 존재였는가, 그때문에 얼마나 그것들과 싸우지 않으면 안 되었는가를 규명하려 해왔습니다. 그에 비해 민속학은 '누이의 힘'에 역점을 두는 여성사의 상을 그려왔습니다. 양자가 파악하려는 여성의 과거에는 커다란 간극이 있는 것입니다.

---

14) 赤松啓介,『非常民の民俗文化: 生活民俗と差別昔話』明石書店, 1986은, '촌락공동체' 내의 이러한 '여자 또래집단(オナゴ連中)'을 정밀하고 세세하게 그려냄으로써, 야나기타학(柳田學)의 '성 터부'에 도전하고 있습니다.

6.5 농촌의 어머니와 아내들

마루오카 히데코의 『일본 농촌 부인문제: 주부·모성편』[15]은 전전 농촌의 여성의 실태를 극명히 조사해서 보고한 고전적 명저입니다. 거기에는 쇼와공황기 전후를 중심으로 모순이 집약적으로 드러난 도호쿠東北 지방의, 특히 농가의 과반수를 점하는 중소빈농층 여성의 실태가 분석의 대상이 되고 있습니다.

> 그 [농촌 부인] 노동의 지위는 어디까지나 가장에게 종속된 가족형태의 한 부분이다. 한편으로는 취사와 육아에서 농경까지 이르는 복잡다기한 노동의 종류는 명확하게 구분지을 수 없는 광범위한 노동을 부담시키고 있다. … 가사노동과 생산노동으로 자기를 양분하는 것에서 시작하여, 인신매매와 병독으로 끝나는 농촌 부인의 일정한 코스야말로 현재 우리나라 여성의 고통을 집중적으로 표현한다.

책의 첫머리에 적힌 이 문장을 비롯하여 여성의 실태를 날카롭게 관통하는 통찰력 때문에, 제게는 잊을 수 없는 표현이 되었습니다. 이렇게 마루오카는 농촌의 부인문제가 현상으로서는 과로와 영양부족이라는 것, 그 근저에 가족제도가 있다는 것 등을 폭로했습니다.

하지만 이 농촌의 어머니들·아내들은 민속학자인 미야모토

---

15) 丸岡秀子『日本農村婦人問題: 主婦·母性篇』高陽書院, 1937. 이후 八雲書店(1948), ドメス出版(1980)에서 각각 출판됨.

제 6 장 민속학과 여성사

쓰네이치에 의해, 예를 들면 『가향훈』[16)]에 다음과 같이 묘사되었습니다. 야마구치현山口縣 오시마大島에서 나고 자란 저자는 그와 깊은 관계에 있던 세계를 꼼꼼히 살핀다는 자세로 이 책을 썼습니다.

> 우리 집에서는 거의 보리뿐인 밥을 먹었다. 쌀은 정말 조금씩 보리의 틈새에 들어있었다. 주부는 그 쌀이 있는 부분을 한 그릇씩 계승자를 위해 밥공기에 담았다. 우리 아버지도 할머니가 준비한 그 밥을 먹어왔다고 하는데, 나도 또한 그 밥을 먹었다. 훗날 가장이 될 자에 대한 배려였다 … 여자가 어떻게 있는 것이 남자로 하여금 충분히 일하게 하고 또한 집안을 번영하게 하는가를 가장 깊게 생각하고 있었던 것은 주부였다.

여기에는 어머니 내지 아내의 주체적 행동이 간결하게 드러나고 있습니다. 그녀들의 행동이 집안을 위한 것이었음은 명백합니다만, 그것이 인종이나 희생이라는 의미에서가 아니라, 기지나 배려와 같은 능동성을 가진 행위로 파악되고 있습니다.

간행된 시기를 고려해 볼 때 『가향훈』에는 15년전쟁 하에서의 모성 찬미의 논조·풍조가 다소 배어나고 있었습니다. 미야모토도 '머리말'에서 "다소 모성에 대한 예찬이 지나친 것처럼 보인다"고 자인하기도 했습니다. 또한 시마 리에코의 『스오의 여자들: 증언·고부 갈등』[17)]은 미야모토가 다룬 것과

---
16) 宮本常一『家鄕の訓』三國書房, 1943. 이후『宮本常一著作集』제6권(未來社, 1967)에 수록되었고, 岩波文庫(1984)로도 출판됨.
17) 島利榮子『周防の女たち：證言・嫁姑のたたかい』マツノ書店, 1988.

같은 지역을 대상으로, 고부갈등의 무시무시한 실례를 듬뿍 싣고 있습니다. 그러나 미야모토의 진술을 허황되다고 전부 부정해버릴 수는 없습니다. 오히려 밖에서 보면 억압일지라도, 안에서 보면 자립이라는 생각이 들 정도의 설득력조차 가지고 있습니다.

사회과학이 사회의 모순을 추적할 때 본래 그 모순의 발현을 마주한다는 실감이 근저에 있기는 하지만, 자칫하면 그로부터 유리되어 개념만 남게 됩니다. 그렇게 사회과학이 개념으로 무장하고 있는 데 비해, 민속학은 실감을 중요한 근거로 추적해 간다는 느낌조차 듭니다. 바로 이 실감을 회피하거나 혹은 머리에서 지운다면, 일본의 사회과학은 결국 '하소연할 곳 없는 백성無告の民'을 외면한 뜬구름 잡는 이야기에 그치고 말 것이라고도 할 수 있습니다.

6.6 여자의 노동

민속학이 그려낸 여성상은 여성사의 여성인식에 하나의 문제를 제기합니다. 그 일상성에서 드러나는 이른바 여성의 노동이라는 문제입니다.

그러한 것을 저는 예를 들면 후쿠이 사다코의 『목면구전』[18]을 읽고 통절히 생각하게 되었습니다.

목면은 17세기경 확산된 이후 화학섬유가 풍미하게 되는

---

18) 福井貞子 『木綿口傳』, 法政大學出版局, 1984.

제6장 민속학과 여성사

20세기 중반까지 일본 의류의 중심적 위치를 점하고 있었습니다. 그럼에도 화려한 견직물의 그늘에 가려지기 쉬웠습니다. 그야말로 역사에서의 서민, 특히 여성의 지위가 그랬던 것처럼 말입니다. 실제 목면과 서민, 특히 여성은 평소 생활 안에서 깊숙이 연결되어 있었습니다. 여성은 면을 재배하는 것에서 시작해서 방적과 염색 그리고 바느질이라는 과정을 책임졌습니다. 그러한 과정을 배경으로 이 책은 저자가 사는 산인山陰지방[19])을 주된 공간으로 목면과 여성의 관계를 역사·문화·기술 등의 방면에서 천착한 노작이었습니다.

저자는 무엇보다도 직조 담당자인 여성들을 찾아다녔고, 그 작품을 보러 다녔습니다. 청년 시절에는 목면에 무지했던 그녀는 첫 아이를 임신했을 때 견직물 방석을 사려 했지만, 시어머니로부터 아이는 "빨면 빨수록 아름다워지는 목면으로 키우지 않으면 안 된다"라는 말을 들었습니다. 목면에 대한 범상치 않은 애정은 그러한 경험이 거듭되어 나타난 것이었습니다. 그 결과 직조 노동에 생을 바친 노파들과의 사이에 마음을 나누는 관계가 형성되었습니다.

『목면구전』은 이렇게 계속되었던 20여 년에 걸친 목면 순례行脚의 성과였습니다. 그 안에서 저자는 "직물布地의 강력한 호소訴え"를 문자로 엮어내었습니다.

---

19) [역주] 혼슈(本州) 서부, 한국의 동해를 향하는 다섯 개 지방. 돗토리현(鳥取縣), 시마네현(島根縣) 그리고 교토부(京都府), 효고현(兵庫縣), 야마구치현(山口縣)의 일부가 속한다.

6.6 여자의 노동

그림 6.1 실뽑기(다케히사 유메지^{竹久夢二}의 악보 표지 작업)

목면에 관련된 일에는 여자로서의 고통이나 도매상^{問屋}·공장을 포함한 자본에 얽매였다는 고통이 더해져, 그야말로 '업^業'이라고 해도 좋을 성격조차 나타납니다. 면작^{綿作}에는 '며느리 죽이기^{嫁殺し}'라는 별명이 붙었고, 직조를 못해서 이혼을 당하는 여성도 있었습니다. 게다가 예속적인 인생을 살 수밖에 없었던

제6장 민속학과 여성사

만큼, 여자들은 직조機織り에서 자기표현의 길을 발견했고 수많은 명인이 나타났습니다. 줄무늬縞가 만들어졌고, '가스리絣'[20] 문양으로 발전했으며, 조각실조차 '야타라지마やたら縞'[21] 문양과 같은 독자적인 미의 창조로 이어졌다고, 저자는 이야기하고 있습니다.

역사에서 목면에 관해 자세히 알려주는 것 이상으로, 그것을 낳은 서민 여성의 문화의 깊이에 관해 눈뜨게 해주는 작품이었습니다.

이제까지 여성사는 여기에서 규명한 것과 같은 여자의 노동에 시선을 보내는 일이 매우 적었다고 하지 않을 수 없습니다. 어쩌면 '에어포켓'과 같은 일종의 공백이었다고 해야 할지도 모르겠습니다. '인종忍從'의 여성사는 여성이 어떻게 억압 안에 놓여 있었는가에 초점을 맞추기 쉬웠고, '해방'의 여성사는 여성이 그것을 어떻게 떨쳐내려 했는가라는 운동으로 일관하기 쉬웠습니다.

그것들이 나름으로 소중한 의의를 갖는 것임은 말할 것도 없는 사실입니다만, 앞으로는 예를 들면 '야타라시마' 하나를 보아도 거기에 억압의 구조나 빈핍의 구조와 더불어, 여성의 자기표현을 위한 싸움을 읽어내는 시점을 빠뜨려서는 안 되는 것이 아닐까 생각합니다. 그것이 여성사를 새로운 구상으로 인도하는 힘이 될 것입니다.

---

20) [역주] 붓으로 스친 듯한 잔무늬.
21) [역주] 배색이나 폭이 불규칙한 줄무늬.

6.7 근세 여성사 연구의 새로운 바람

그와 같이 주체적인 활동에 역점을 두고자 하는 방법적 재고는, 두 가지 분야에서 작동하기 시작하는 것으로 보입니다.

첫째는 여성사 고유의 분야에서입니다. 그 움직임은 그야말로 논리적으로도 일본 여성사상 가장 암흑기였던 시대로 여겨지는 근세 여성사에서 나타났습니다. 세키 다미코의 『에도 후기의 여성들』[22])이 저는 그 기수였다고 생각합니다.

이 책은 "근세 후기 여성의 자기해방이나 여성지배에 대한 저항의 특질"을 탐색한 작품입니다.[23] 그를 위해 저자는 두 개의 대상을 설정했습니다. 하나는 에도에 사는 조닌町人 여성의 동향이며, 또 하나는 지식인 여성의 자립을 위한 동향입니다.

전자에서는 문예작품에 그려진 여성의, 또한 범죄에서 드러나는 여성의 욕구나 원망 나아가 행동양식을 추적해서, 훌륭하게 "'악녀'의 논리"를 완성했습니다. 후자는 국학과 난학蘭學의 소양을 가진 다다노 마쿠즈只野眞葛와 여성 한시 작가들 그리고 여성 존왕양이가尊王攘夷家로서 명성이 높은 노무라 모토니野村望東尼를 대상으로 한 것이었습니다. 모두 흥미로운 내용입니다만, 예를 들면 모토니의 정치활동에 대한 관심 뒤에 주부로서의 자기인식, 여성으로서 허무의 자각이 있음을 지적하여, '또 하나의' 존왕양이운동이 있었음을 엿보게 합니다.

---

22) 關民子 『江戶後期の女性たち』 亞紀書房, 1980.
23) 關民子 「はじめに」 『江戶後期の女性たち』 亞紀書房, 1980.

제6장 민속학과 여성사

이것은 예종隸從으로 덧칠해지기 쉬운 근세 여성사에 하나의 바람구멍을 낸 작품이었습니다. 그에 자극을 받아서인지 혹은 문제의식 상황의 추이에 촉발되어서인지, 지금의 근세 여성사 연구에는 정형화된 여성상을 타파하고 적어도 그것을 다양화해 가려 하는 방향이 나타나고 있습니다. 예를 들면 여성사총합연구회 편 『일본여성사 3: 근세』[24], 근세여성사연구회 편 『논집 근세여성사』[25], 와키타 하루코·하야시 레이코·나가하라 가즈코 편 『일본여성사』[26]에 실린 '근세의 여성' 등에는 다소간 그러한 내용이 담겨 있습니다.

6.8 자서전의 융성

둘째로는, 근년 매우 확산되어 온 '자서전自分史'이라는 분야에서입니다. '자서전'은 이로카와 다이키치에 의해 『어떤 쇼와사: 자서전의 시도』[27]에서 제창된 이래 급속하게 운동화해간 자기표현의 형태입니다. 생활방식生きかた(종종 '생활양태生きざま'로 칭해지기도 합니다만)을 속속들이 드러내려 하는 이 '자서전'은 아무리 고통스러워도 전투적인 신념과 생활태도를 잃지만 않는다면 된다는 식의 환상으로 연결되기 쉬운 반면, 사회 모순 안에서 이른바 변혁주체로서의 자기를 확인할 수밖에 없는

---

24) 女性史總合研究會 編 『日本女性史 3: 近世』 東京大學出版會, 1982.
25) 近世女性史研究會 編 『論集近世女性史』 吉川弘文館, 1986.
26) 脇田晴子·林玲子·永原和子 編 『日本女性史』 吉川弘文館, 1987. 앞서 소개한 세키 다미코도 집필자 중 한 명이다.
27) 色川大吉 『ある昭和史: 自分史の試み』 中央公論社, 1975.

성격을 가지고 있습니다. 그러한 의미에서 자서전은 역사에서 여성의 내발적 에너지를 사회로 분출시키는 데 힘이 되어 왔습니다.

동시에 '자서전'은 여성사적인 시점과 민속학적 시점을 한 몸에 결합해서 생각한다는 습관을 체득하지 않을 수 없게 합니다. 일상성의 적지 않은 부분이 민속 세계에 속해 있기 때문으로, 즉 우리 신체의 몇 할 정도는 민속 세계에 잠겨 있어서, 우리가 일상생활을 하는 가운데 대개는 여성사적 '이념'과 민속학적 '현실' 사이에서 어떠한 형태로든 부단히 '절충'해 가지 않으면 안 되기 때문입니다. 전자의 깃발을 높이 드는 사람일수록 후자와의 어긋남背反 때문에 고민하는 경우가 많다는 것이 일반적인 공식에 가깝지 않을까 생각됩니다. 하지만 그렇기에 더더욱 그러한 간극 혹은 고통이 새로운 학문을 향한 원천이 된다, 아니 그렇게 만들고 싶다는 것이 저의 생각입니다.

제 7장

'세계'의 시점에서

7.1 세계 여성사를 향한 태동

'세계 여성사를 향한 태동'이라는 항목을 설정하고 보니, 저 자신도 세계에서의 여성사 연구의 동향에 매우 무지하다는 것을 자인하지 않을 수 없습니다. 그렇지만 일본 여성사가 '원통형'의 여성사가 될지도 모른다는 위험을 어떻게 피할 것인가라는 생각에서, 다소 두서없게나마 몇 가지를 이야기해 보겠습니다.

그와 같이 방향을 설정하니, 최근 '세계 여성사'라고 부를 법한 시점이 태동했던 상황이 떠올랐습니다. 그 기반이 되었던 것은, 세계적 규모에서 여성문제가 인권문제와 관련되어 기본적이자 초미의 과제로 인식되기에 이르렀다는 사실입니다. 이미 말씀드렸던 바와 같이 1975년 시작된 '세계 여성의 해'와 '국제연합 여성 10년'이 그것을 상징하는 사건이었습니다.

제7장 '세계'의 시점에서

그 사이 세 번 개최되었던 회의에 참가한 사람들, 그 보도나 보고를 읽고 들은 사람들, 각국 정부에 무언가 정책의 실행을 요구했던 사람들, 그 정책에 의해 인생에 영향을 받은 사람들, 이들은 여성문제가 지금은 인류사상 하나의 추세가 되었음을 많든 적든 의식하지 않을 수 없었을 것입니다. 일본의 여성도 그 예외일 수는 없었습니다.

지금 그들 회의에 참가했던 일본 여성에 초점을 맞춰 대충만 살펴도 아래와 같은 것들을 확인할 수 있습니다.

1975년 멕시코 회의는 일본 여성이 세계 여성에 대해 강렬하게 의식하도록 하는 기회가 되었습니다. 거기에는 정부 대표도 참가했습니다만, 동시에 민간 여성의 교류도 활발히 이루어졌습니다. 그러한 교류 집회는 회의에 참가한 일본의 여성해방운동가들에게 최초의 본격적인 국제무대가 되었습니다.

체험에 의한 자극은 강렬했습니다. 세계 각 지역에서의 운동이 얼마나 활발한가를 실감하는 한편, 오로지 성차별 철폐를 추구하는 선진 자본주의국의 참가자들과 빈곤으로부터의 해방을 무엇보다 절실하게 여기는 개발도상국 참가자들이 회의에서 날카롭게 대립하는 것을 목격했습니다. 그것들은 여성해방 운동에도 다양한 과제와 형태가 있다는 것이나, 특히 제삼세계가 안고 있는 여성의 문제를 의식시키는 계기가 되었습니다.[1]

---

[1] 現代史出版會編集部 編『國際婦人年: メキシコ會議の記錄』現代史出版會, 1975.

또한 일본의 여성운동가들이 자주적으로 작성한 리포트 '일본 여성의 외침Japanese Women Speak Out'2)은 이 회의에 모인 여성들의 주목을 끌었습니다. '경제대국으로 올라선 일본에서 여성의 지위는 높아졌는가'가 여성의 미래를 향한 시금석으로서 참가자들의 관심의 대상이 되었던 것입니다. 리포트는 '일본에서의 성차별'·'투쟁하는 여성들'·'중층적 차별 아래 사는 여자들'·'아시아 여성들과의 연대를 향해' 등의 내용을 다루는 것으로, 경제의 고도성장이 여성을 발판으로 삼아 수행되었음에도 도리어 여성에 대한 차별을 확대재생산하고 있음을 명확히 했습니다.

7.2 멕시코에서 나이로비로

'멕시코시티에서 나이로비로'는 '국제연합 여성 10년'의 움직임이기도 했습니다. 그 사이 1979년 국제연합에서의 여성차별철폐조약 채택, 1980년 코펜하겐 회의에서의 '후기 세계행동계획'의 결정과 여성차별철폐조약의 서명이 이어졌고, 일본에서는 1977년 '국내 행동계획'이 만들어져 운동을 전개한 결과 1985년 남녀고용기회균등법의 성립과 여성차별철폐조약 비준이 이루어졌습니다.

이들 세 개의 회의에 참가했던 사이토 지요齋藤千代는 이상에 의한 '발견'의 과정을 다음과 같이 이야기하고 있습니다.

---

2)「日本における性差別」白書刊行委員會『日本の女は發言する』(전 2권), 株式會社 491, 1975~1976.

제7장 '세계'의 시점에서

그들에게 멕시코는 전쟁과 '60년 안보'[3]에 이은 '제삼의 원점'이 되었던 것입니다.

> 멕시코에서 들은 익숙하지 않은 용어에 alternative와 patriarchy가 있었다.
> alternative는 대안, patriarchy는 가부장제.
> 이 용어가 나 자신의 것이 되기까지 몇 년이나 걸렸다.
> 사전을 찾은 것이 잘못이었다.
>
> 라틴 아메리카 여자들에게 줄기찬 압박을 받으며 미국이나 유럽 여자들이 외쳤던 것은 간단히 말하자면 "지금의 세상은 잘못되고 있다"라는 것이었다.
>
> 가부장제 — 남자들이 구축한 사회, 남자들이 구축한 신앙, 남자들의 논리 … 그러한 것을 후손들까지 소중하게 지키지 않아도 되는 것 아닌가. 대안적인(또 하나의, 다른) 삶의 방식을 택해보자.[4]

사이토 지요의 '발견'은 일본 여성들의 '발견'을 선구적으로 체현한 것이었습니다. 이것은 아마도 세계의 다른 지역에서도 마찬가지였을 것입니다. 각 지역에서 여성이 안고 있던 문제와 투쟁해온 궤적. 그것들을 그 고유성과 보편성에서 의미를 부여

---

3) [역주] '안보투쟁'이란 미일 안전보장조약 개정 반대투쟁의 준말로 1959~1960년, 1970년 두 차례에 걸쳐 정치인과 노동자, 학생, 시민 등이 참여하여 반정부·반미를 내걸고 전개했던 대규모 시위운동이다. 두 차례 모두 조약개정을 막지 못했고, 주도세력의 분열과 폭력의 격화 등으로 점차 대중과 지식인의 지지를 잃어갔다.

4) 齋藤千代「私にとってのメキシコ、コペン、ナイロビ… そして」『あごら』104(「特集 ナイロビが語りかけるもの」), 1985.12.

하고 연결하는 지점에서 '세계 여성사'가 성립한다고 한다면, 그것을 위한 기반이 만들어져 갔다고 할 수 있을 것입니다.

7.3 세계의 여자들은 지금

그러한 상황을 배경으로 여성사나 여성의 현상에 관한 연구나 보고가 현저하게 증가했던 것으로 보입니다. 거기에는 연구자의 증가와 그 성과를 받아들이려 하는 독자의 증가, 그것을 매개하고 증폭시켜 새로운 방향을 찾으려 하는 편집자나 출판사의 증가가 있었습니다. 출판 광고나 출판 안내, 도서 목록 등이 우리 자신에게 작은 창입니다만, 그것을 통해서 보는 것만으로도 이 10여 년의 변화를 통감할 수 있습니다. 그 결과 세계 각지 여성들이 각각 어떠한 고유의 문제를 안고 있었는지를 — 이전과 비교해보면— 훨씬 가까이에서 알 수 있게 되었습니다.

예를 들면 자밀라 버기즈의 『불타는 신부: 인도의 결혼』[5]은 '다우리'(신부 지참금)를 통해 인도 여성의 위치를, 또 나왈 엘 사다위의 『이브의 숨겨진 얼굴: 아랍 세계의 여자들』[6]은 성기 절제를 통해 이슬람 세계의 여성의 위치를 우리에게 선구적으로 제시해 주었습니다. 특히 후자는 여성에 대한 종교의 억압

---

[5] Jamila Verghese, *Her Gold and Her Body*, Vikas Publishing House, 1980 / ジャミラ・ヴァルギーズ, 鳥居千代香 譯『燒かれる花嫁: インドの結婚』三一書房, 1984.

[6] Nawal El Saadawi, *The Hidden Face of Eve: Women in the Arab World*, 1977 (Zed Books, 2007) / ナウル・エル・サーダウィ, 村上眞弓 譯『イヴの隱れた顏: アラブ世界の女たち』未來社, 1988.

성에 관해 날카롭게 고발하는 작품이기도 합니다.

자크 솔레의 『성애의 사회사: 근대 서구에서의 사랑』[7]은 '성애'라는 각도에서 그리스도교적 또는 부르주아적인 '성의 질서'를 규명했습니다. 찰스 쉬데코프 편 『나치즘 하의 여자들: 제삼제국의 일상생활』[8]은 열 개의 사례를 통해 나치즘 하에서의 여성의 경험을 생생하게 전하고 있습니다.

또한 시바야마 에미코 편저 『세계의 여자들은 지금: 각국 남녀평등의 파도』[9]는 고용과 노동에 초점을 맞춰 서양 여섯 개 나라(한 나라는 동유럽 국가)와 일본의 상황을 성과와 문제점 중심으로 소개하고 있습니다. 또한 나카무라 데루코의 『여자들의 초상: 친구와 조우하는 도항』[10]은 20세기를 살았던 여섯 명의 개성 풍부한 여성의 생애와 그녀들이 전하는 '메시지'를 그린 것이었습니다. 매우 감명 깊은 책이었기에, 저는 그 책의 참고문헌을 근거로 그 가운데 한 명인 조라 닐 허스턴 Zora Neale Hurston 의 전기를[11] 수소문할 정도였는데, 그 책의

---

7) Jacques Solé, *L'Amour en Occident à l'époque moderne*, Albin Michel, 1984 / ジャック・ソレ, 西川長夫・奧村功・川久保輝興・湯淺康正 譯 『性愛の社會史: 近代西歐における愛』人文書院, 1985 / 한국어판 이종민 역 『성애의 사회사』동문선, 1996.

8) Charles Schüddekopf, *Der alltägliche Faschismus : Frauen im Dritten Reich*, Verlag J.H.W. Dietz Nachf, 1981 / カール シュッデコプフ 編, 香川檀・秦由紀子・石井榮子 譯 『ナチズム下の女たち: 第三帝國の日常生活』未來社, 1987.

9) 柴山惠美子 編著 『世界の女たちはいま: 各國にみる男女平等の波』學陽書房, 1984.

10) 中村輝子 『女たちの肖像: 友と出會う航海』人文書院, 1986.

11) Robert E. Hemenway, *Zora Neale Hurston: A Literary Biography*, Uni-

저자는 흑인 여자는 '이 세상의 노새[와 같은 존재]'라고 적으면서, 흑인들의 영혼 깊이 감추어져 있는 강건함을 의심하지 않았다고 합니다.

이것들은 모두 흥미로운 작품으로, 관련 주제에 관해서도 몇 권인가의 책이 일본어 또는 일본어 번역본의 형태로 존재할 정도입니다. 각 민족의 모국어로 쓰여진 책은 이미 상당한 성과를 내고 있는 것처럼 보입니다.

7.4 세계 각국의 여성사 연구

저의 눈에 들어온, 그것도 영어 책 등은 그 가운데에서도 극히 적습니다.

하지만 예를 들면 엘리너 리머와 존 파우트가 편찬한 『원전 유럽 여성사(1789~1945)』[12]나, 마리 조와 폴 불레가 편찬한 『축약 여성 참정권의 역사』[13] 등 간단한 사료집은,[14] 주제에 관한 역사적 전망을 가능하게 해 주었는데, 그 목차를 훑어보는 것만으로도 시기별 쟁점이 뚜렷하게 전해져 옵니다.

---

versity of Illinois Press, 1977.

12) Eleanor S. Riemer & John C. Fout eds., *European Women, A Documentary History, 1789~1945*, Schocken Books Inc., 1980.

13) Mari Jo & Paul Buhle eds., *The Concise History of Woman Suffrage: Selections from the Classic Work of Stanton, Anthony, Gage, and Harper*, University of Illinois Press, 1978.

14) 후자는 부제에 있듯, 1881년부터 1922년까지 이어 쓴 전6권의 『여성 참정권의 역사』 *History of Woman Suffrage*에서 발췌한 것이다.

제 7 장 '세계'의 시점에서

제임스 프레스톤 편『모성 숭배: 주제와 다양성』15)은 세계 각지의 모성숭배를 다룬 것으로, 종래의 '탁상공론armchair speculations'과는 다른 실지實地에 관한 관찰을 전개함과 동시에, 왜 지금 그 문제에 종교 전문가로서의 영역을 넘어 관심을 갖게 되었는가라는 질문도 던지고 있습니다.

나일라 미나이의『이슬람의 여성: 중동에서의 전통과 변용』16)은 주제에 관한 포괄적 연구로 읽는 것이 가능하며, 앞에서 소개한『이브의 숨겨진 얼굴』과 중첩시켜 보면 매우 시사적입니다. 이 책에서는 '머리말'이 시작한 지 겨우 네 줄째에 '이슬람 여성 신화Islamic feminine mystique'라는 용어가 나와서 베티 프리던[p.171]이 남긴 파문이 어느 정도였는지를 입증하고 있으며, 읽어나가다 보면 이슬람 세계의 여성에게 서구란 무엇이었는가를 지적 아니 지탄하는 다음과 같은 기술에 조우하게 됩니다. "상업주의적 서양의 '문화'는 여성에게 특히 잔혹했다. 그것은 전통적 구속으로부터의 해방을 구속하는 것처럼 보이고, 모던한 상품과 거짓 꿈을 팔기 위해 그녀들의 신체를 착취했다."

또한 실비아 칩과 저스틴 그린이 편찬한『변화하는 아시아 여성』17)은 아시아 각국의 여성이 직면하는 문제에 관한 개별

---

15) James J. Preston eds., *Mother Worship: Theme&Variations*, The University of North Carolina Press, 1982.
16) Naila Minai, *Women in Islam: Tradition and Transition in the Middle East*, Seaview Books, 1981.
17) Sylvia A. Chipp & Justin J. Green eds., *Asian Women in Transition*, The

적이고 날카로운 고찰을 포함한 것입니다.

나아가 저로 하여금 다음과 같은 것을 상상하게 한 책도 있었습니다. 여성사가 활발해지면서 빅토리아 시대의 의미가 새로이 여성사적 각도로부터 해석되기에 이른 것 아닐까라는 상상 말입니다. 단지 아래 두 권의 책으로부터의 상상에 불과합니다만.

한 권은 마이클 하일리의 『빅토리아 시대의 일하는 여성들』[18]입니다. 이것은 "'완전한 숙녀perfect lady' 혹은 '유한 여성idle woman'을 이상의 여성상"으로 삼기에 이르렀던 빅토리아 시대에, "'여성에게 어울리지 않은 노동'에 종사하는 '저편'의 여성의 존재에 마음을 빼앗겨, 그것을 관찰하고 그 내용을 계속 기록한 한 명의 신사"인 아서 먼비Arthur Munby의 컬렉션을 이용해서 집필한 책입니다. 노동하는 여성들이 입기 시작한 바지차림이 빅토리아 시대의 '양식良識'에 뒤집어질 정도의 충격을 주었던 사실을, 다수의 사진이나 풍자만화를 넣어 규명하고 있습니다. 무라카미 노부히코가 건재했더라면 얼마나 좋았을까라고 생각하게 되는 작품으로, 명백하게 빅토리아 시대의 도덕에 대해 바지를 통해 도전하는 것이었습니다.

또 한 권은 거의 동시대의 미국 사회를 대상으로 하는 책인

Pennsylvania State University Press, 1980.

[18] Michael Hiley, *Victorian Working Women*, London: Gordon Fraser, 1979. 일본어판은 원저 제3장의 제목을 책의 제목으로 삼아 다음과 같이 출간되었다. マイケル・ハイリー, 神保登代・久田絢子 譯 『誰がズボンをはくべきか: ヴィクトリア朝の働く女たち』 ユニテ, 1986.

제7장 '세계'의 시점에서

캐롤 스미스 로젠버그의 『풍기문란 행위: 빅토리아풍 미국의 성별관』[19]이었습니다. 이것은 그러한 '유한 여성' 중에서 19세기 말에 빅토리아풍의 사회도덕에 반기를 드는 신여성New Woman이 출현하는 양상을 그리고 있는데, 표제의 탁월함까지도 저를 사로잡았습니다. 근대의 '우아함'의 기본형이 이 시대에 형성되었다고 한다면, 이 두 개의 반역의 사례는 그야말로 여성사 고유의 특색을 보여주는 것인지도 모르겠다고 상상해보게 되는 것입니다.

이야기가 이것저것 산만합니다만, 중요한 것은 저의 좁은 시야에도 이러한 움직임이 보인다는 것입니다. 심지어는 매우 다양한 듯합니다. 그 정도로 세계 각 지역에서 여성사라는 그다지 개척되지 못했던 분야에서, 지금은 여성을 중심으로 많은 사람들이 뛰어들어 파헤치고 있는 광경을 목격할 수 있습니다. 각 지역에서 사람들이 품고 있는 문제는 각각 고유하며, 아마도 그렇기에 보편성을 띠고 있는 것입니다.

본격적인 '세계 여성사'는 아직 집필에 이르지 못했다고 생각합니다. 그러나 그에 매우 가까운 작품은 이미 있다는 것이 저의 의견입니다. 베느와트 그루의 『최후의 식민지』[20]와 하라 히로코 외 편 『읽는 사전·여자의 세계사』[21]가 저에게는 그것

---

19) Carroll Smith-Rosenberg, *Disorderly Conduct: Visions of Gender in Victorian America*, New York: Alfred A. Knopf, 1985.
20) Benoîte Groult, *Ainsi soit-elle*, Le Livre de Poche, 1975 / 有吉佐和子, C・カドゥ 譯 『最後の植民地』新潮社, 1979.
21) 原ひろ子・田中和子・館かおる・須田道子 編 『讀む辭典・女の世界史』

에 해당합니다.

『최후의 식민지』는 저에게는 여성의 절제수술을 처음으로 알게 해주었던 점에서 충격이 컸습니다. 일본의 부인운동에 관해 신부인협회의 '화류병 남자 결혼금지 청원'[22]을 높이 평가하고 있었던 점도 인상적이었습니다.

『읽는 사전·여자의 세계사』는 사전에 걸맞게 항목별로 세분화되어 있고, 따라서 리드미컬했던 앞의 책과 같은 구성력은 없습니다만 다양한 분야의 집필자를 가지고 세부에 걸쳐 주도면밀하게 살피는 점에서는 앞의 책을 능가하고 있습니다. 예를 들어 '미망인'을 사례로 들면 일단 "과부寡婦를 말함. 남편이 죽었는데 아직 살아있는 사람이라는 의미를 갖는 이 용어는, '두 남편을 섬기지 않는' 정조관이나 아내는 남편을 섬기는 존재라는 여성관에 뒷받침된 차별어"라는 해설이 있고, 이에 더해 가부장제와 과부의 관계나 유교 문화권·힌두교 문화권·그리스도교 문화권·이슬람교 문화권 그리고 수렵채집 사회에 있어서 각각의 과부의 위치가 언급되고 있습니다.

이상과 같은 체험이나 노력의 축적에서 저는 자기완결적인

新曜社, 1987.

[22] [역주] '화류병'이란 성병을 의미하며, 신부인협회는 설립 직후부터 여성의 정치 참여를 금지한 '치안경찰법 제5조'의 개정을 위한 청원운동과 더불어 화류병 남자의 결혼 금지를 위한 청원운동을 전개했다. 여권의 신장을 위한 전자가 의회에서 여성의 정치집회 참석 가능이라는 최소한의 성과는 거두었던 반면, 모성을 중시하는 히라쓰카 라이초의 의지가 강하게 반영되었던 후자는 남성에 대한 역차별이라는 비난 속에 별다른 성과를 거두지 못했다.

'일본 여성사'에서 해방되고자 하는 선구자들의 발소리를 듣는 듯합니다.

7.5 미국의 여성학·여성사

'세계'의 시점에서 '일본 여성사'를 상대화하려 할 때 특히 강한 촉발력을 갖는 분야가 구축되는 중이라고 저는 생각합니다.

하나는 우먼 리브 운동으로부터 이른바 '여성학'에 이르는 과정을 개척해온 미국에서의 여성학·여성사의 동향입니다. 그 축적의 깊이와 날카로움을 저에게 통감시켜준 것이 조세핀 도노반의 『페미니스트 이론』[23]이었습니다. 그 머리말에 따르면, 이것은 "페미니스트 이론의 주요한 전통을 그 역사적·철학적 경로와 관련시켜서 제시하고 해설하는 것을 의도한 교과서"라고 합니다. 미국 사회에는 교과서(여기에서는 대학의)에 교양서로서 흥미로운 작품이 적지 않다는 일종의 전통이 있습니다만, 설령 그러한 사실을 고려하더라도 미국의 여성학·여성사가 이러한 수준의 포괄적 서술을 창출하는 데까지 이른 것에 저는 크게 감탄했습니다.

이 책은 'Ⅰ. 계몽운동의 리버럴 페미니즘', 'Ⅱ. 문화 페미니즘', 'Ⅲ. 페미니즘과 마르크스주의', 'Ⅳ. 페미니즘과 프로이트주의', 'Ⅴ. 페미니즘과 실존주의', 'Ⅵ. 래디컬 페미니즘',

---

[23] Josephine Donovan, *Feminist Theory: The Intellectual Traditions of American Feminism*, New York: Continuum, 1985. / ジョゼフィン・ドノヴァン, 小池和子 譯 『フェミニストの理論』 勁草書房, 1987.

'Ⅶ. 신페미니스트의 도덕 비전'으로 구성되어, 페미니즘의 발생에서 시작해서 그 진로를 추적하면서 그것이 접촉하지 않을 수 없었던 20세기의 대표적인 여러 사상과의 관계로 이어지는 방식으로 전개됩니다. 페미니즘은 그로부터 한편으로는 양분을 얻으면서 다른 한편으로는 비판자의 위치에 서게 되었습니다만, 그러한 대비의 시점은 주제인 페미니즘의 특질을 일층 선명하게 드러내는 효과를 거두고 있습니다.

동시에 밀려오는 파도처럼 끊임없이 반복되는 것은, 이제까지의 그 어떠한 해방운동에도 여성에 대한 억압은 그늘진 부분으로 남아있다는 지적이었습니다. 예를 들면 글의 첫머리에 다음과 같은 말이 보입니다. "따라서 뉴턴$^{\text{Isaac Newton}}$ 식의 세계관은, 한편에서의 이성에 의해 정리되는 공적 세계나 우주라는 물리적 세계와, 또 다른 한편에서의 정서에 관련된 것 —개인적 특이성, 신념의 문제, 미적·도덕적 판단의 문제, 그리고 여자와 같은 비이성적인 것事柄들— 이 내몰려난 주변 세계와의 사이에 기본적으로 분리 내지 분열을 상정하고 있었던 것"입니다. 그로부터 출발하는 '인간 이성이 최우선'이라는 주장은 "그것을 결여하고 있는 자 모두에게 —여성, 인간 이외의 피조물, 그리고 지구 그 자체에— 그들의 '이성'을 강요할 권리를 갖는"다는 사고방식을 도출했고, 그 결과로서 "남성의, 광신적 배외주의$^{\text{male chauvinism}}$"를 초래했다라고 합니다.

7.6 소신선언

그러한 각도에서 볼 때 역사를 감싸왔던 다양한 면이 드러납니다. 존 로크^{John Locke}가 말하는 '인간이 태어날 때부터의 자유'에 담긴 '인간^{man}'이란 일반적 의미에서의 '인간'이 아니라 '인류의 수컷'이라는 의미를 갖는다는 것, 따라서 그나 그 계열의 이론가가 말하는 "생명·행복·재산의 보호에 관해 사회 계약을 맺는 '개인'"이란 '남성 가장'이었다는 것, "기본적 자연권의 독트린을 여자에게 적용하는 최초의 가장 드라마틱한 시도"로서의 1848년의 '소신선언'[24]은 "거의 축어적^{逐語的}으로 '독립선언'을 모델로 했다는 것", [25] 여성 운동가들은 '노예–여자'의 비유를 상용했던 것, 노예 폐지 운동에서 여성 이론가 소저너 트루스^{Sojourner Truth}는 "만일 유색 남자가 그 권리를 얻고, 유색

---

[24] [역주] 저자는 'Declaration of Sentiments'를 '심정선언(心情宣言)'으로 번역했으나, 한국에서는 '소신선언' 혹은 '세네카폴스 선언', '감성선언' 등으로 번역된다.

[25] '소신선언(Declaration of Sentiments)'의 원문은 앞의 사료집『축약 여성 참정권의 역사』*The Concise History of Woman Suffrage*에서 확인할 수 있습니다. 거기에는 예를 들면 '독립선언' 중의 "all men are created equal"이 "all men and women are created equal"로 바뀌어 있습니다. 그 일본어 번역은 '세네카폴스에서의 부인의 소신선언(セネカ・フォールズに於ける婦人の所信の宣言)'으로, 다음에 실려 있습니다. アメリカ學會 譯·編,『原典アメリカ史』제3권, 岩波書店, 1953.
또한 그 이름을 따서 '블루머(bloomers)'라고 불리게 되는 속옷을 생각해낸 아멜리아 블루머(Amelia Bloomer)는, '소신선언'의 주요한 기초자 엘리자베스 스탠턴(Elizabeth Stanton)에 의해 '각성한' 여성이었습니다. 처음에는 비난 때문에 '블루머'를 착용하고 밖에 나가는 사람이 적었지만, 가사에 편리하기에 여성들에게 점점 받아들여지게 되었습니다. 정치변혁을 향한 지향은 풍속의 혁명도 동반했던 것입니다. Samuel Eliot Morison, *The Oxford History of the American People*, Oxford University Press, 1965.

여자에게 그것이 없다고 한다면, 유색 남자가 여자의 주인이 되어 참혹함은 이전과 완전히 같을 것"이라고 경고하고 있었던 것, 유사한 상황은 한참 후 '신좌익' 운동에도 나타나 "20세기 래디컬 페미니스트들은 '신좌익'의 남성 래디컬주의자들로부터 받은 모멸적 대우에 대한 반응으로서 그러한 의식에 도달했던" 것 등이 그 일단이라 할 수 있습니다.

한편으로 저자는 많은 흑인 여성들이 백인 '부인^{lady}'에게 지지 않겠다는 마음에서, "바지를 입기보다도 드레스를 입고 들판에서 일하는 편을 택했던" 것, 20세기 초 무렵 "남부 백인의 지지를 얻고 싶다는 부인참정권 운동 조직이 사실상 흑인 여자를 버렸던" 것과 다름없었다는 사실도 놓치지 않습니다.

이러한 작업 등은 하나의 패러다임 설정을 시도하는 것으로, 금후 일본 여성의 체험을 보편화하기 위한 단서를 마련해 준다고 생각합니다. 최근 일본의 군주제에 관해 그것을 천황제로 파악하는 시점을 고집하는 것은 도리어 일본을 특수화하는 결과를 초래하는 것 아닌가라는 주장이 제기되었고, '왕권'이라는 용어가 빈번히 사용되기에 이르렀습니다. 여성사에서도 일본만을 들여다볼 경우 그것을 특수하다고 하는 시각이 무의식 중에 우리 안에 침투하기 쉽습니다. 그 점에서 예를 들면 지금 든 도노반의 책과 같은 작품은 우리에게 개별성과 보편성을 통찰하는 안목을 길러 주고, 편견을 줄이는 힘을 배양하며, 결과적으로 여성 연대로의 의지를 촉진한다고 생각합니다.

제7장 '세계'의 시점에서

7.7 여자들의 아시아

또 하나는 동남아시아 여성에 대한 주목입니다. 이것은 제삼세계 여성이라는 일반적 개념 안에서도, 일본과의 관계에서 특히 집중적으로 모순을 분출시키고 있는 지역의 여성을 향한 시야라는 의미입니다.

이 문제는 (1) 일본 자본에 의한 지배, (2) 일본 상품에 의한 지배, (3) 그것들을 배경으로 한 일본 남성에 의한 지배라는, 대략 삼중의 형태를 띠고 있습니다. 그러한 문제를 제기한 노동문제 연구자인 시오자와 미요코와, 저널리스트인 마쓰이 야요리를 들 수 있습니다. 전자의 『메이드인 동남아시아: 현대의 '여공애사'』[26]와 후자의 『여자들의 아시아』[27]가 그중에서도 저에게 많은 것을 가르쳐준 책입니다. 과거 야마자키 도모코가 『산다칸Sandakan 팔번창관: 저변 여성사 서장』[28]으로 다루었던 문제는 180도 회전해서 지금 우리들 앞에 있습니다.

이들 연구 전부가 현대 일본이 누리고 있는 풍요의 뒷면이랄까, 그 기저를 여성의 시점에서 명백히 하고 있습니다. 그들이 날카롭게 지적하는 문제는 『메이드 인 동남아시아』 제4장의 부제가 보여주는 것처럼 '일본의 번영과 아시아의 고통'이라는 것입니다. 이 책을 읽으면 일본은 자본이나 상품뿐 아

---

26) 鹽澤美代子 『メイドイン東南アジア: 現代の「女工哀史」』 岩波ジュニア新書, 1983.
27) 松井やより 『女たちのアジア』 岩波新書, 1987.
28) 山崎朋子 『サンダカン八番娼館: 底邊女性史序章』 築摩書房, 1972.

7.7 여자들의 아시아

그림 7.1 수상시장의 인도네시아 여성들을 담은 우표

니라 (정확히 말하면, '그에 의해'라고 해야겠습니다만) '여공애사女工哀史'를 수출하고 있는 것을 알 수 있습니다. 그와 동시에 '여공애사'가 과거의 것이 된 것처럼 보이는 일본에서, 과연 '일은 편해졌는가'라는 질문을 던지고도 있습니다. 그 안에는 동남아시아 여성과 일본 여성의 연대를 호소하는 저자의 뜨거운 열정이 담겨 있습니다.

『여자들의 아시아』는 아시아 여성의 고통과의 싸움을, 그 육성을 청취해서 문장화한 작품입니다. 저자인 마쓰이는 1970년부터 이듬해까지 공해·환경문제에 관한 시민운동의 취재를 위해 미국·유럽·소련 등을 방문하여 '풀뿌리' 시민의 싸움에 감명을 받았고, 특히 미국에서 우먼 리브 운동을 보고 눈에서 비늘이 벗겨지는 것과 같은 기분을 맛보았습니다. 전형적인

제7장 '세계'의 시점에서

남성 사회의 하나인 신문사 안에서, 아마도 남자만큼 내지 남자 이상을 추구하며 분투해왔던 그녀는 귀국 후 '여성 저널리스트'라는 입장을 전면에 내세우게 되었습니다.

그러자 다양한 것이 보이기 시작했습니다. "일본의 경제 발전이 국내에서는 여성 차별, 해외에서는 아시아를 비롯한 제삼세계에 대한 착취와 억압에 의해 달성되었다는 것"을 인식하게 되었습니다. 이어서 1974년에는 "발로 체험하는 동남아시아 세미나"라는 스터디 투어에 동행했고, 이듬해에는 멕시코 회의의 취재에 나서 "여성의 시점에서 아시아와 일본의 관계를 고발"해 갈 것을 결심했습니다. "마이크를 서로 뺏으려 할 정도로 남북 여자들이 격돌하는 장면을 목격하고서, 남측 여자들의 통렬한 고발은 일본을 향하고 있는 것이라고, 새삼 북측 선진국의 일원인 일본 여성의 입장을 생각하지 않을 수 없었"습니다. "아시아 등 제삼세계 여성들과 이어질 수 있을 것인가의 여부는, [일본 여성들이] 그녀들을 억압하고 있는 일본의 체제에 어디까지 도전하고 저항하는가에 걸려 있"습니다.[29]

이 책은 그러한 결의의 소산이었습니다. "아시아의 여성 해방(페미니즘) 운동은 여성의 독자성을 유지하면서, 다른 민중운동과도 함께 투쟁해서 억압이 없는 사회를 지향한다. 아시아의 미래는 빈곤과 억압과 절망 중에서 머리를 들고 걷기 시작한 여성들에 의해 개척되는 것 아닐까. 여자들의 아시아는

---

29) 松井やより「はじめに: アジアとの出會い」『女たちのアジア』岩波新書, 1987.

조용히 불타오르고 있다"는 것이 그의 결론입니다.

   그 의미에서는 『여자들의 아시아』는 아시아 여성의 고통(거기에는 매매춘의 문제도 당연히 들어있습니다만)을 그려내는 것뿐 아니라, 그것에서 비롯되는 투쟁의 발소리를 들으려 한 책이었습니다. 이제까지 대개 미래상은 '선진'국 여성 안에서 찾으려는 경향이 있었습니다만, 그러한 고정관념을 뒤흔드는 충격을 이 작품은 가지고 있습니다. 동남아시아의 여성에 대한 시점 없이 '일본 여성사'는 완전한 모습을 가질 수 없을 것입니다.

제8장

'지역'의 시점에서

8.1 지역 여성사 연구의 열기

여성사의 발흥과 더불어 각지에 여성사 연구회가 만들어져 열기를 띠고 일제히 여성사를 발굴해 나가려는 상황이 1970년대 이후 나타나기 시작했습니다. 1977년에는 제1회 '전국여성사연구교류모임'이 나고야에서 개최되었고, 이 모임은 그 후 제2회 아사히카와旭川(1981), 제3회 후지사와藤澤(1983), 제4회 마쓰야마松山(1987)로 이어졌으며, 다음으로는 오키나와가 예정되어 있습니다.[1]

이렇게 적고 보니 그러한 모임이 수월하게 실현되었던 것처럼 보이기 쉽습니다만, 실제로는 각각의 지역에서 많은 사람들

---

[1] [역주] 이후 2015년 제12회까지 전국 각지의 주요 도시를 순회하며 개최되었다.

제8장 '지역'의 시점에서

이 다양한 난관을 뛰어넘고서야 가능했던 집회였던 듯합니다. 제가 읽은 것은 제3회와 제4회의 기록[2]뿐입니다만, 거기에도 집회의 실현 앞에 가로놓여 있었던 산이나 언덕의 편린이 엿보입니다.

그에 따르면 마쓰야마에서의 집회에서 나고야 때의 중심인물이었던 이토 야스코^{伊藤康子}는, 그때는 '여성사연구 모임'이라고도 하지 못하고 "소박한 '여성사의 모임'으로, 어쨌거나 여성사가 하고 싶다"라는 일념으로 모였다고 소개하고 있습니다. 또 후지사와 때의 실행위원장이었던 요네다 사요코^{米田佐代子}는 "제1회를 나고야에서 했을 때는 제2회가 열릴 것인지조차 예상을 못했고", "제2회가 끝날 때에도 … 누구도 자원하지 않았"지만, 그러한 가운데 각 지역에서 어찌어찌 이어가면서 개최하게 되었으며, 그 집회에 오는 것은 자칫 "떠밀려 떠내려가려" 하는 중에 "버텨내는 것이자" 나아가 미래를 향해 "역사를 만들어 가는" 것으로 연결된다고 설명했습니다.

일상성을 안고 있기에 발생하는, 이러한 곤란과 그것을 극복하려는 열기야말로 여성사 연구 특히 지역 여성사 연구의 실태이며, 당연히 연구의 성과에 비례해서 그 대상에 대한 이해도 깊어지게 되었습니다. 또한 현재 성황중인 여성사의 적어도

---

[2] 『全國女性史研究交流のつどい報告集』編集委員會 編 『第三回全國女性史研究交流のつどい報告集』全國女性史研究交流のつどい實行委員會, 1984; 『全國女性史研究交流のつどい報告集』編集委員會 編 『第四回全國女性史研究交流のつどい報告集』全國女性史研究交流のつどい實行委員會, 1986.

절반은 지역 여성사가 활발한 데에서 기인했습니다. 그러한 의미에서 금후 '일본 여성사'에 있어서 지역 여성사를 마주하는 것은 필수불가결한 작업이 되었다고 여겨집니다.

한 마디로 지역 여성사라고 했습니다만, 오히려 주목되는 것은 그 다양성입니다. 제가 파악한 것만으로도 저술 주체로서 각 지역의 여성사 연구회를 비롯하여 지역 부인단체·행정기관·개인 등으로 다양하고, 또한 같은 종류의 저술 주체 사이에도 구성이나 내용에 커다란 차이가 있습니다. 그러한 역사 서술은 왕왕 구술이나 수기의 형태로 이루어지기도 합니다. 당장 제 손에 쥐고 있는 책에 불과합니다만, 그 안에서라도 사례를 들어보겠습니다.

8.2 여성사 서클의 작품

연구회 혹은 서클이 주체가 된 작품에는 (1) 나고야 여성사 연구회『어머니의 시대: 아이치의 여성사』,[3] (2)-1. 히로시마 여성사 연구회 편·간『1920년~1935년 신문집성 히로시마 여성사: 이 시대를 산 여자들』,[4] (2)-2, 히로시마 여성사 연구회 편·간『산요지의 여자들』,[5] (3) 시노자키 마사루 감수, 여성사

---

3) 名古屋女性史研究會『母の時代: 愛知の女性史』風媒社, 1969.
4) 廣島女性史研究會 編·刊『1920年~1935年 新聞集成廣島女性史: この時代に生きた女たち』1981.
5) 廣島女性史研究會 編·刊『山陽路の女たち』ドメス出版, 1985.

제8장 '지역'의 시점에서

서클 편·간『에히메의 여성사: 근현대』제1집[6], (4) 삿포로 여성사 연구회 편『북쪽의 여성사』[7], (5) 나가세 기요코·히로타 마사키 감수, 오카야마 여성사 연구회 편『근대 오카야마의 여자들』[8] 등이 있습니다. 긴 학습활동의 성과이기도 했던 만큼, 읽는 맛이 있는 작품이 많은 듯합니다.

그 특징은 (5)를 제외하고는 최소한 분담해서 지역지를 총망라한다는 기초 위에 이루어진 것으로, 그만큼 견고한 기초작업의 성과이며 상세한 여성사 연표를 작성하고 있는 경우가 적지 않습니다. (3)과 (4) 등은 그에 해당하고, (2)-1도 실질적으로는 신문기사에 의한 연표입니다. 특히 (4)의 연표는 150페이지를 넘는 대단한 노작으로, 흡사 앞서 소개했던『일본 부인문제 자료집성 10: 근대 일본 부인문제 연표』의 홋카이도판과 같은 느낌이 들며, 그에 실린 '자료'나 '통계'와 더불어 이 출판물의 가치를 크게 높이는 데 기여하고 있습니다. (2)-2에도 '자료편'이 따로 있습니다.

게다가 이러한 연표 작성은 단지 기초작업에 그치지 않고, 여성사로서의 강렬한 자기 주장에 입각한 것입니다. 그러한 사실을 저는 마쓰야마 집회에서 이토의 발언에 언급된 와타베 도미코渡部富美子의 이야기를 통해 알게 되었습니다. 와타베는

---

[6] 篠崎勝 監修, 女性史サークル 編·刊『愛媛の女性史: 近·現代』제1집, 1984.
[7] 札幌女性史研究會 編『北の女性史』北海道新聞社, 1986.
[8] 永瀬清子·ひろたまさき 監修, 岡山女性史研究會 編『近代岡山の女たち』三省堂, 1987.

마쓰야마에서 실행위원장을 맡았던 분입니다만, 제1회 나고야 집회에서 "역사적 사실을 필연성의 선과 면으로 삼아 전체를 부감할 수 있도록 위정자가 의도적으로 누락시켜온 사실을 여성으로서 발굴해내면서, 기존의 연표에 의존하지 않고 우리가 만드는 연표가 제일의 무기"라고 주장했다고 합니다.[9] 그것이야말로 여성사가 그야말로 여성사이기 위한 첫걸음을 내디딘 것이라고, 저에게 깊은 인상을 남겼습니다.

8.3 부인회의 사업

다음으로 지역 부인단체나 행정기관에 의한 작품으로 논의를 옮겨 보겠습니다. 지역 부인단체라고 하면 부인회가 주체입니다. 그런데 그들 부인회의 사업의 하나로서 부인회의 역사나 지역 여성사의 편찬을 넣는 경우가 늘어난 것처럼 보입니다.

제가 다소간 관심을 집중해온 오키나와에 관해서 말씀드리겠습니다. 현縣 규모의 단체로서 오키나와현 부인연합회(오키나와현 시정촌 부인회의 연합체, 이하 '오부련'으로 약칭)가 있습니다만, 오부련의 사업으로서 자체의 역사를 정리한 『오키나와현 부인연합회 30년의 걸음』,[10] 오키나와 전쟁의 체험을 정리한 『어머니들의 전쟁체험: 평화야말로 최고의 유

---

[9] 『全國女性史研究のつどい報告集』編集委員會 編『第四回全國女性史研究交流のつどい報告集』全國女性史研究交流のつどい實行委員會, 1986.
[10] 沖繩縣婦人連合會『沖繩縣婦人連合會30年のあゆみ』1981.

제8장 '지역'의 시점에서

산』[11])을 먼저 들 수 있습니다. 미야자토 에쓰의 『얀바루 여자 일대기』[12])는 1970~1986년에 회장이었던 저자의 자서전으로 자연스레 오부련의 측면사側面史가 되고 있습니다.

처음부터 오부련이 그 지역에서 유일한 부인단체였던 것은 아닙니다. 교직원회 부인부婦人部·전군로全軍勞 부인부 등등의 단체도 있었으며, 그러한 단체가 모여서 1967년 오키나와 부인단체 연락협의회(부단협으로 약칭)가 결성되었습니다. 1972년 오키나와의 일본 복귀 후 일단 소멸되었지만, 1978년 마침 '세계 여성의 해'의 움직임에 따라 세계 여성의 해 행동계획을 실천하는 오키나와현 부인단체 연락협의회로서 재발족했습니다. 오키나와 부인운동사 연구회의 『오키나와·여자들의 전후: 폐허로부터의 출발』과 『전후 오키나와 부인운동 연표 1945~1985』는,[13]) 비록 명칭은 '연구회'라고 하고 있지만 실제로는 부단협 간부들이 1983년 제1회 이치카와 후사에 기금을 받아 그 모임의 시각에서 정리한 전후 오키나와 여성사입니다. 재발족한 부단협은 『도토메는 여자도 계승할 수 있다』[14])를 간행했습니다.

---

11) 沖繩縣婦人連合會『母たちの戰爭體驗: 平和こそ最高の遺産』沖繩縣婦人連合會, 1986.
12) 宮里悅『やんばる女一代記』沖繩タイムス社, 1987.
13) 沖繩婦人運動史研究會『沖繩·女たちの戰後: 燒土からの出發』ひるぎ社, 1986: 沖繩婦人運動史研究會『戰後沖繩婦人運動年表 1945~1985』ひるぎ社, 1986.
14) 沖繩婦人團體連絡協議會『トートーメーは女でもげ繼げる』1981. '도토메'는 선조 혹은 위패를 의미하는 것으로, 자세한 내용은 후술한다.

8.3 부인회의 사업

시정촌이나 문자 차원에서의 부인회사로서는 제가 읽은 작품만도 다마구스쿠촌 부인회편집위원회 편 『다마구스쿠촌 '부인회의 행적'』,[15)] 지바나부인회기념지 편집위원회 편 『창립 67주년 기념지』[16)] 등이 출판되었습니다. 혹은 일본 본토 부인운동단체의 오키나와 지부 행적을 기록한, 기념지 편집위원회 편 『여자들의 느린 걸음』[17)]과 같은 저작도 있습니다. 다마구스쿠촌과 부인회의의 작품에는 과거의 자료가 그대로 수록되어 있어서, 현장감을 느낄 수 있습니다.

또 오키나와현 여자사범·제일고등여학교 동창회 편·간 『히메유리: 여자사범·제일고등여학교 연혁지』[18)]는 오키나와의 여자 중등교육사의 일정 부분을 추체험하게 해줍니다. 또한 오키나와현 퇴직교직원의 모임 부인부 편 『불상화 꽃이 흔들려: 오키나와 전투와 여교사』[19)]는 증언집이라고 할 수 있습니다.

이러한 현상은 다소의 차이가 있기는 하기는 하지만, 전국 각 지역에서 일어나고 있으리라 생각됩니다. 이시카와현 부인

---

15) 玉城村婦人會編集委員會 編 『玉城村「婦人會のあゆみ」』 玉城村婦人會編集委員會, 1986.
16) 知花婦人會記念誌編集委員會 編 『創立67周年記念誌』 知花婦人會, 1988. '회상(想い出)'과 연표가 주요 내용을 이룸.
17) 記念誌編集委員會 編 『女たちの牛步: 日本婦人會議沖繩縣本部結成20周年記念誌』 日本婦人會議沖繩縣本部, 1988.
18) 沖繩縣女師·一高女同窓會 編·刊 『ひめゆり: 女師·一高女沿革誌』 1987.
19) 沖繩縣退職教職員の會婦人部 編 『ぶっそうげの花ゆれて: 沖繩戰と女教師』 ドメス出版, 1984.

단체 협의회 편·간 『이시카와 부인 백년의 행적』[20]이 하나의 사례입니다. 쓰지무라 데루오辻村輝雄가 나가노현 연합부인회長野縣連合婦人會의 위촉을 받아 집필한 『전후 신슈 여성사』[21]나 오자키 군지小崎軍司가 우에다시 부인단체 연락협의회上田市婦人團體連絡協議會의 위탁을 받아 집필한 『전후 우에다 여성사』[22]도 그러한 종류에 속하는 작품입니다.

8.4 지자체의 여성사

행정기관을 주체로 하는 작업은 두 종류가 있습니다. 하나는 지자체사에 여성단체의 항목이 설정되기 시작했다는 것입니다. 『가나가와현사 통사편4: 근대·현대(1)』의 제3편 3장 3절에 '사회생활과 여성社會生活と女性'(아베 쓰네히사阿部恒久 집필)이라는 제목으로 구색을 갖추고 있는 것이나, 『오이타현사: 근대편III』(1987)의 제3장 5절이 '다이쇼·쇼와 전기의 오이타의 여성大正·昭和前期の大分の女性'(고쇼 유키코古莊ゆき子 집필)인 것, 『니가타현사 통사편8: 근대3』(1988)의 제2장 1절의 7이 '부인운동', 제4장 2절의 3이 '병력동원과 여성노동력'(둘 모두 사이토 아키라齋藤昭 집필)이라는 제목인 것 등에서, 그러한 동향을 파악할 수 있습니다. 『기시와다시사 사료』 제4집 '기시와다 지역 부인운동과 야마오카 하루山岡春'와 같은 사례도 나와

---

20) 石川縣婦人團體協議會 編·刊 『石川婦人百年の歩み』 1972.
21) 辻村輝雄 『戰後信州女性史』, 長野県連合婦人會, 1967(이후 1978년 家政敎育社에서 복간됨).
22) 小崎軍司 『戰後の上田女性史』 上田市婦人団体連絡協議會, 1973.

있기는 하지만, 현재는 현사 단계가 대부분인 듯합니다.[23]

또 하나는 지자체가 여성사를 편찬하기 시작한 것입니다. 가나가와현립 부인총합센터 가나가와 여성사 편찬위원회 편저 『새벽의 항적: 가나가와 근대의 여자들』[24]과 같은 저작이 결실로 나타나기 시작했습니다.[25] 또한 행정기관의 일부 사업이 사료관을 중심으로 한 사료채집과 기초 데이터의 제공으로 진행되었으며, 그 중에서도 도쿄도가 편집·간행한 『도쿄의 여자교육』[26] 등은 오래도록 녹슬지 않을 노작이라고 할 수 있을 것입니다.

8.5 개인에 의한 저작

개인 저자에 의한 지역 여성사라고 하면 아마도 상당한 수에 이를 것입니다. 단독 저자 단행본으로만 한정해도 도도부현 또는 옛 국명國名을 내건 책이 당장 제 책장에만도 이렇게 있습니다.

---

23) 神奈川縣企劃調査部縣史編集室 編『神奈川縣史 通史編4 近代·現代 (1)』神奈川縣, 1980: 大分縣總務部總務課編『大分縣史: 近代篇 Ⅲ』大分縣, 1987: 新潟縣 編『新潟縣史 通史編 8 : 近代 3』新潟縣, 1988: 山岡家文書刊行·保存会 編『岸和田市史史料: 第 4 輯 岸和田地域 婦人運動と山岡春』岸和田市, 1988.
24) 神奈川縣立婦人總合センターかながわ女性史編集委員會 編著『夜明けの航跡: かながわ近代の女たち』(ドメス出版, 1987)
25) 다만 1945년까지로, 제2차 세계대전 후에 관해서는 속편을 계획하고 있는 듯합니다.
26) 東京都『都史紀要09 東京の女子教育』1961. 都政史料館(현재는 東京都公文書館)의 사업.

제8장 '지역'의 시점에서

- 미야기 에이쇼 『오키나와 여성사』[27]
- 모로사와 요코 『시나노의 여자』(전2권)[28]
- 고쇼 유키코 『고향의 여자들: 오이타 근대 여성사 서설』[29]
- 소토자키 미쓰히로 『고치현 부인해방 운동사』[30]
- 다카하시 미에코의 『홋카이도의 여자들』과 『속 홋카이도의 여자들: 우타리편』[31]
- 다나카 미쓰코 『후쿠이 여성사: 근대 후쿠이의 빛과 그늘에 살다』[32]
- 이치하라 마사에 『시즈오카 여자 백년』전2권[33]
- 스즈키 유코 『히로시마현 여성운동사』[34]

작품으로서의 방향이나 밀도, 정리의 수준 등에 차이가 있습니다만, 그 분야가 최근 활황을 보이고 있는 것만은 엿볼 수 있습니다.

구술이라는 방법도 채용되고 있는 것은 이들 저작의 다수에서 공통적인 특징인데, 그처럼 구술이라는 독립된 수법으로

---

27) 宮城榮昌『沖繩女性史』沖繩タイムス社, 1967.
28) もろさわようこ『信濃のおんな』(전2권), 未來社, 1969.
29) 古莊ゆき子『ふるさとの女たち: 大分近代女性史序說』ドメス出版, 1975.
30) 外崎光廣『高知縣婦人解放運動史』ドメス出版, 1975.
31) 高橋三枝子『北海道の女たち』北海道女性史研究會, 1976;『續・北海道の女たち: ウタリ編』北海道女性史研究會, 1981.
32) 田中光子『ふくい女性史: 近代福井の光と陰に生きる』フェニックス出版, 1978.
33) 市原正惠『精岡おんな百年』(전2권), ドメス出版, 1982.
34) 鈴木裕子『廣島縣女性運動史』ドメス出版, 1982.

사람들의 이야기를 통해 과거와 현재를 조망할 때 많은 구전물이 등장하게 됩니다. 예를 들면 아래의 저작들이 그에 해당합니다.

- 다케다 아키라 『시코쿠 여자 청취 기록』[35]
- 이치조 후미 『도호쿠의 여자들: 사카이기타 순례자의 환상』[36]
- 도코요다 레이코 『해변의 여자들: 조시 청취 기록』[37]
- 히라이 가즈코 『서 이즈·도이의 여자들: 청취 발굴』[38]
- 오기야 지에코 『하기의 뿌리는 깊다: 둔전병의 아내들』[39]

이러한 것들은 보고문학에 가까운 작품이자, 또 앞에서 언급한 '자서전自分史'을 제삼자의 손을 빌어서 이야기한다고 하는 성질도 가진 것이어서, 여성사라고 단정하기는 어려울지도 모르겠습니다. 하지만 적어도 여성사에 많은 시사를 주는 작업이라는 것은 의심할 여지가 없습니다.

여기에 소개한 것은 저의 시야 안에 있는 것들만으로, 그야말로 최소한의 사례에 불과합니다. 그래도 활발한 동향의 일단을 엿볼 수는 있을 겁니다. 많은 참여자를 확보하면서 지금 지역 여성사는 이처럼 개척되고 있습니다.

---

35) 武田明 『四國おんな聞書』未來社, 1978.
36) 一條ふみ 『東北のおなごたち: 境北巡禮者の幻想』ドメス出版, 1979.
37) 常世田令子, 『濱の女たち: 銚子聞き書き』築摩書房, 1984.
38) 平井和子 『西伊豆·土肥のたち: 聞き書きによる掘り起こし』伊豆鄉土史硏究會, 1984.
39) 扇谷チヱ子 『萩の根は深く: 屯田兵の妻たち』ドメス出版. 1986.

제8장 '지역'의 시점에서

그렇지만 지금 이러한 저서들을 다시 읽어보면 요즈음의 작품에는 저널리즘에 편승하기 쉽게 되었기 때문인지 안이하게 느껴지는 경우도 없는 것은 아닙니다. 그래서인지 여성사에 대한 깊은 사고와 본격적인 탐구, 정밀한 작업이라는 점에서 볼 때, 초기의 선구자적인 초기 몇 작품에 더 강하게 끌리는 것 같습니다. 그중에서도 『어머니의 시대』, 『시나노의 여자』, 『고향의 여자들』, 『에히메의 여성사』는 저자들에게 깊은 경의를 표하지 않을 수 없는 저작들입니다.

지역 여성사가 '일본 여성사'에 대해 갖는 의미가 무엇인가, 이와 같이 문제를 설정한다면 저는 다음과 같은 여섯 가지가 떠오릅니다.

8.6 여성사에 대한 뜨거운 초심

첫째는 여성사를 향한 뜨거운 초심이 거기에 숨 쉬고 있고 이야기되고 있다는 점입니다. 그것은 그야말로 길을 뚫어가는 작업이며, 선구자적 위치에 있는 만큼 곤란을 수반한 작업이기도 합니다.

연구 주체로서는, 학문 혹은 '아카데미즘'에서 멀고 익숙하지 않다고 하는 어떤 종류의 주눅과 불편을 극복하지 않으면 안 되는 것입니다. 게다가 그 경우 학문이라고 간주되는 것과의 거리감은, 일본 사회에서는 왕왕 세 종류의 형태를 취합니다. 첫째는 연구기관에 소속하고 있지 않다는 것에서 오는 거리감,

● 8.6 여성사에 대한 뜨거운 초심

둘째는 '지방' 거주라고 하는 것에서 오는 거리감, 셋째는 여성이라는 것에서 오는 거리감입니다.

게다가 연구대상에 관해서도 때로는 일어나기 쉬운 회의를 극복하지 않으면 안 됩니다. 역사 서술이란 화려하게 활약한 사람을 각광받게 하는 작업이라고 보는 것은 지금도 견고한 관점입니다만, 그 지역에서 그러한 사람이 아예 없거나 매우 적어보일 때 자신의 노력이 과연 가치를 갖는가라는 회의를 떨치기 어려운 경우도 있습니다.

그렇기는 하지만 그러한 문제를 점차 극복해갈 때 비로소 역사를 향한 새로운 전망을 자력으로 획득하게 됩니다. 연구회로서의 역사가 긴 나고야 여성사 연구회[40]에서 그러한 사례를 확인할 수 있습니다.

연구회가 발족한 것은 1959년의 일로, 따라서 『어머니의 시대』는 활동 10년의 성과라고 할 수 있습니다. '아사히 여성서클'의 사회그룹을 모체로 하고, 도카이학원東海學園 여자단기대학의 하세가와 노보루長谷川昇가 (이 책의) "낳은 부모이자 키운 부모"도 되었다고, 그 책의 권말에 실린 '나고야 여성사 연구회의 자취'에 적혀 있습니다. 강사의 이야기를 듣기만 하던 수동적인 공부에서 자주적인 공부를 향한 자세로 나아가려는 마음에서 출발했는데, 회원에 의해 작성된 '취지문趣意書'에는 가정이나 직장이라는 세계에만 갇혀 있지 말고 현대를 바르게

---

40) 회원에 따라서는 '나고야·여성사 연구회'라고 적는 경우도 있다.

제8장 '지역'의 시점에서

판단하기 위해 "격렬하게 세상이 변하는 가운데 그 시대를 고뇌하고 진지하게 생각하며 신념을 관철시켰던 부인"들의 일을 학습하고자 한다는 결의가 표현되어 있습니다.

"단지 떠밀려 가기만 하지 않고, 자신의 생활을 뒷받침할 수 있을 법한 공부"를 하겠다는 열의에 의해 뒷받침되어, 회원들 사이에는 곧 "서로 간에 겸양도 가식도 자연스럽게 버리"는 관계가 생겨났습니다. 목표를 '아이치현 여성의 행적'에 관한 연구로 정한 후 지역 신문인 『나고야신문』에서 여성에 관한 기사를 1년분씩 분담해서 발췌하는 작업이 시작되었고, 그 방대한 발췌가 목표를 향한 걸음의 기초가 되었습니다. 하세가와 노보루의 '머리말'에 따르면, 당초는 그 자료를 노동·조직·교육·저널리즘·폐창廢娼이라는 다섯 부문으로 나누었다고 합니다만, 결과적으로 『어머니의 시대』는 '농촌과 여성', '여자 노동자', '부인해방과 그 조직', '유곽과 폐창운동', '여학교 교육', '부인해방과 저널리즘'이라는 여섯 개 장으로 구성되었습니다.

그 과정에서의 고민과 발견은, 구체적으로는 다음과 같이 전해지고 있습니다. "'나고야에는 중앙과 같은 화려한 부인운동가는 자라나지 않았다. 아무리 애써 찾아봐도 별 게 없다. 그렇지만 그건 그것대로, 그러한 사람이 존재하지 않았다고 하는 것만으로도 되는 것 아니겠나' 라는 식의 반쯤 체념조로 작업을 시작했던 사람이, 점점 조사를 진행하는 중에 의외로 가까이에서 나고야의 세이토靑鞜 회원이나 신부인협회新婦人協會 지부에서 활약했던 사람들이 발견되고 거기에서 고구마 줄기

8.6 여성사에 대한 뜨거운 초심

처럼 연이어 이름이 나왔다고 하는 등 … "[41]

구성과 관련해서 인상적이었던 것은 '머리말'에 실린 다음과 같은 문장입니다.

> 자칫 사료를 연결해서 의미가 통하게 하는 지름길로서 종래의 역사서에 의지하려 하기 쉽다. 그것이 얼마나 빼어난 이론이든 어설프게 그것을 차용해서 말이 되게 해석하기 전에, 이 지방에 살았던 여성들의 날것의 기쁨이나 슬픔의 모습을 복원하고, 우리 자신이 가능한 한에서 그 시대에 접근해서 추체험해 보는 편이 중요하다고 여겨졌다.

이러한 시점의 양성釀成이 있어야 자립을 향한 길이 열릴 수 있습니다. 그러한 모색의 편린을 저는 예를 들면 'Ⅳ. 유곽과 폐창운동'이라는 제목에서도 느낍니다. '일본 여성사'라면 자칫 쉽게 폐창운동을 역설하는 내용으로 질주하기 쉽습니다만, 실은 지역에 각각의 '유곽'이 존재했고, 거기에서 여성들을 만나서 이야기를 들은 것이 여성문제의 체험이든 개안이든 그것을 향한 첫걸음이 된다는, 생활자로서의 실감이 투영되고 있습니다.

---

[41] 名古屋女性史研究會「名古屋女性史研究會のあゆみ」『母の時代: 愛知の女性史』風媒社, 1969.

8.7 지역 운동과의 연결

둘째로는 지역 여성사가 종종 지역의 운동과 연결되어 왔다는 것입니다. 그것은 연구자든 운동가이든 고유의 활동 영역에 투입하기 마련인 에너지의 일부를 떼어, —다른 영역에 간여하는 것이 아니라— 각각의 속성 안에서의 '배움'과 '분투'가 상호보완성 내지 상호 촉발성을 띠면서 한 몸으로 통일시켜 가는 것을 의미합니다. 에히메 여성사 서클의 경우에서, 그 특성을 가장 선명하게 볼 수 있다고 생각됩니다.

여성사 서클이 1956년 근평투쟁勤評鬪爭[42] 중에 생겨났다는 것을 볼 때, 매우 일찍이 그리고 지역의 민주주의를 지킨다고 하는 목적의식을 명확히 가지고 있었음을 알 수 있습니다. 이후 『에히메 부인 전후 30년의 발걸음』[43] 등의 작업을 축적했습니다.

지도자와 조언자 역할을 했던 에히메 대학 시노자키 마사루는 일찍부터 지역 사회사를 제창해온 사람입니다만, 『에히메의 여성사』의 권두에 실린 '어느 새인가'라는 글을 통해 서클의 행적을 다음과 같이 평가하고 있습니다.

---

42) [역주] 일본교직원조합(일교조)이 전개했던 교원에 대한 근무평정(勤務評定) 반대투쟁. 1957년 에히메현 교육위원회가 교원 승급을 제한하기 위해 교장에게 교원의 근무성적을 평가하게 한 데 이어 문부성이 그 전국적 실시를 추진하자, 일교조뿐 아니라 노동자나 학부모의 공동투쟁으로 전국적으로 확대되어 1958년 최고조에 달했다.

43) 女性史サークル編『愛媛の婦人戰後30年の歩み』女性史サークル, 1976.

언제부터인가/ 전국 여성사 연구 동지들 가운데/ 가장 고참이 된 여성사 서클/ 에히메 근평투쟁 중에 생겨나 모친운동 중에 성장하고/ 에히메의 학테투쟁學テ鬪爭44) 가운데 배워 주민운동 중에 활약하고/ 에히메 지자체를 변화시키기 위해 싸워왔다/ 그 기나긴 도정에서/ 딸이든 어머니이든 활약하는 부인이/ 지역에 뿌리내린 연구자로 성장했다.

현실에 대한 이토록 치열한 관심이 역사에 대한 기초작업을 강고하게 하도록 성원들을 이끌었던 듯합니다. A5판 442쪽에 이르는 『에히메의 여성사』는 지역지나 현의회 의사록 등을 꼼꼼히 열독해서 쌓아올린 성과였습니다. 주요한 내용은 '여자교육'·'예창기藝娼妓'·'부인노동'·'부인노동'·'부인단체'·'부인참정권 획득운동' 등으로, 여성을 둘러싼 사회적 환경과 그들 자신의 동향이 잘 드러나 있습니다.

또한 이 그룹이 제4회 전국 여성사연구 교류모임의 개최를 맡은 것도, 그들의 이러한 활동이 축적된 결과였다고 생각됩니다. 『제4회 전국 여성사연구 교류모임 보고집』을 읽어보면, 책임을 맡은 후의 준비과정에 이미 여성사 서클에 걸맞는 자세가 엿보입니다. 실행위원회 발족을 향해 현내 학습서클·연구단체·부인단체·개인에게 손을 내미는 한편, 순차적으로 '에히메 여성사 모임' 그리고 '시코쿠 여성사 모임'을 개최해 나갔던 것입니다. 그리하여 전체 모임의 기조보고에 해당하는

---

44) [역주] 1956년 문부성의 지시로 실시된 전국의 중학교 2·3년생 대상 전국 학력 테스트를 반대하는 운동.

제8장 '지역'의 시점에서

것으로서 '에히메 보고 "여기를 바꾸는" 여성사 창조를 위해'를 준비했습니다.[45]

그와 같은 표제 아래 이루어진 네 개의 보고는 모두 지역 주체성이 배어나오는 것이었습니다만, 그 중에서도 처음 요코카와 세쓰코橫川節子의 "여기를 바꾸는' 여성사의 창조'는 여성사 서클의 입장에서 지역 여성사란 무엇인가에 관해 활력 넘치는 포괄적 제언을 담고 있습니다. 두 세 개를 골라보면 다음과 같습니다.

> '여기에서 살고, 거주하고, 일하고, 배우고, 싸움으로써 여기를 바꾸는' 생활이야말로, 여성사를 배우는 자의 핵심backbone 이라고 할 수 있을 것입니다.
>
> 그를 위해서는 지역 주민이 연구자로 성장하고 연구자가 지역 주민으로 성장하는, 지역 주민 연구자 집단의 창출·교류·연대가 필요합니다.
>
> '지역'을 '지방'과 혼동해서, '중앙'과 대조되는 '지방'='지역'이라고 이해해고, '지방 여성사'라고 부르는 경우도 종종 보입니다 … 이러한 '중앙'과 '지방', '중앙사'와 '지방사'의 관념을 부수는 것이, '여기를 바꾸는' 여성사 창조를 위해 지금 필요한 것이라고 생각합니다.

---

[45] 그에 의해 에히메 사람들은 단지 회의장을 설치해서 운영하는 호스트 역할 이상의 것을 이 '모임'에 적극 요구했고, 그 결과 너무도 멋지게 호스트 역할을 수행했다고 할 수 있습니다. 특히 제3회의 전체회는 요네다 사요코(米田佐代子)의 기조보고 '내일을 여는 여성사 창조를 위해'와 세키구치 히로코(關口裕子)·오키 모토코(大木基子)·이치반가세 야스코(一番ヶ瀬康子)에 의한 심포지엄 '현대 사회와 여성사: 가족을 중심으로'로 이루어졌습니다. 이때는 당시까지 아직 충분하지 않았던 각 분야 전문 연구자들의 참가에 힘을 기울였다는 특색을 가지고 있습니다.

'지역 여성사의 발견'이라고 하는 것도 '지방'에서 숨쉬고 생활하면서 고투해온 '저변' 여성들의 '묻혀있던' 역사를 단지 찾아내기만 하면 된다는 것은 아닙니다. 여성 자신과 그 가정과 그 집단이 지역의 주민 사회를 움직이고 바꿔나가는 주체로 성장하는 긴 도정 안에서, '지역 주민의 역사적 성장의 길'을 '찾아내고'·'발견하는' 것이라고 생각합니다.[46]

8.8 지역성·다양성

셋째로는 방대한 양의 새로운 사실이 발굴됨에 따라 지역성·다양성 문제가 부상한 것입니다.

오키나와를 그 사례로서 말씀드리겠습니다. 오키나와 여성에게 '세계 여성의 해'란 무엇이었는가라는 문제를 생각할 때, 그들은 스스로가 놓여있는 입장에서 아마도 가장 주체적으로 문제에 임했던 존재였다고 생각됩니다. 그러한 운동은 국제연합이라는 대의명분이 있는 만큼 더더욱 '중앙'의 영향을 받기 쉽습니다만, 오키나와의 여성들은 통절하게 느껴온 문제를 사회에 제시하는 좋은 기회로서 그것을 붙잡았던 것입니다.

그 행동계획에는 "현립 수산고등학교의 여자에 대한 문호개방"이라든가, "정책결정의 장에 여성을"이라는 종류의 목표도 있었습니다. 하지만 오키나와답다고 강렬한 인상을 남긴 것은

---

[46] 본래 '도쿄' 대 '지방'이라는 구도가 잠재된 문제를 어떻게 드러내는 힘을 갖는가에 관해서는 이 책 본문의 마지막 두 글[p.254] ('역사의 심부를 비추다'와 '여성사의 요부')에서 상세히 다루었습니다.

제8장 '지역'의 시점에서

(자세하게 생각하면 이상의 두 항목도 오키나와 고유의 문제 위에서 세워진 것이기는 합니다만) "도토메トートーメー는 여자도 계승할 수 있다"라는 주장과 "무국적 국제아에게 국적을"이라는 주장이었습니다.

'도토메'란 '위패'를 의미하며, 오키나와에는 그것을 남성 밖에 계승할 수 없다고 하는 엄격한 관습이 있었습니다. 앞서 소개한 『도토메는 여자도 계승할 수 있다』에는 이렇게 적혀 있습니다.

> 본토에서는 딸만 있는 집안이라면 딸을 위한 사위를 들여서 집안을 계승시키지만, 오키나와의 경우에는 딸들을 신부로 내보내고 대신 부친의 혈통을 이은 남자를 양자로 들인다고 하는, 극단적이라 할 정도로 남계 혈통이 존중된다 … 뿌리 깊은 조상숭배와 연결되어 도토메뿐 아니라 집안과 재산까지 계승시키는 방식이다.

무라村에서의 제사가 '노로ノロ'나 '가민추カミンチュ, 神女'[47]) 등 여성 주도로 이루어지는 것과는 대조적인 관습입니다.

불을 붙인 것은 오키나와 양대 신문 중 하나인 『류큐신보琉球新報』였습니다. 이 신문에서는 1980년 기획으로 「우치나[48]) 여남うちなー, 女男」을 연재하면서 '어째서 여성이 도토메를 계승

---

47) [역주] '노로'는 류큐왕국 시대 정부의 임명을 받아 제사와 종교적 역할을 맡았던 여성 사제이며, 가민추는 노로를 포함 오키나와 지방에서 신을 섬기는 무녀의 총칭.

48) [역주] '우치나'는 오키나와 혹은 오키나와 본토를 지칭하는 오키나와 방언.

그림 8.1 춤추는 오키나와 소녀

하면 안 되는가'라는 문제를 제기했습니다.[49] 사회부의 전화 벨이 멈추지 않을 정도로 반향은 컸습니다. 그중에 반대론도 없지는 않았지만 딸만 태어났기 때문에 재산을 남에게 주지 않으면 안 된다든가, 남편에게 밖에서 아들을 낳아오게 하라고 강요를 받고 있다는 등의 호소가 이어졌습니다.

---

49) 관련 내용은 정리되어 다음 책으로 출판되었다. 琉球新報社 編『トートーメー考: 女が繼いでなぜ惡い』琉球新報社, 1980.

제8장 '지역'의 시점에서

부단협은 이 문제야말로 '남녀불평등의 가장 심각한 사례'라고 간주하고, 대담회와 심포지엄 등을 개최함과 동시에 교재로서 『도토메는 여자도 계승할 수 있다』를 간행하기도 했습니다. 다만 이 캠페인이 선풍을 일으켰고 실제 여성들에게 용기를 주기는 했으나, 습속에 깊이 뿌리 내리고 있는 문제였던 만큼 문제의 해결에까지 이르지는 못했습니다.

그러나 지역 부인단체의 운동으로서는, 미군 점령하인 1954년 민법개정운동에 나서 1957년 신민법 시행으로 연결시켰던 제도상의 변혁을 잇는, —그 사이에 20여 년의 세월이 걸리기는 했습니다만— 그야말로 '관습'에 대한 도전이었습니다. 게다가 이 문제는 전근대부터 존재한 오키나와의 역사적 소산임과 동시에, 오키나와 전투의 결과 여성만 남게 된 가족이 적지 않다는 사정에 의해서도 보다 심각한 상태였던 것입니다.[50]

무국적 국제아의 문제는 미군 점령의 결과로 생겨난 것이었습니다. 『오키나와·여자들의 전후』의 내용에 따르면, 그 지역에는 4천 명 가까운 혼혈아가 존재하며 대부분이 모자가정으로서 빈궁에 시달리고 있었습니다. 그 가운데 무국적아가 80~100명에 이르는데, 그들은 오키나와 여성과 그 지역 주재 미군이나 군속 등이 '정식으로 결혼'해서 태어난 아이임에도, 일본의 국적법은 부계 혈통주의이고 미국에서는 부친이 10년간 합중국에 거주할 것(그리고 그 절반인 5년간은 14세 이후일

---

50) 沖繩婦人運動史研究會『沖繩·女たちの戰後: 燒土からの出發』ひるぎ社, 1986.

것)을 자녀의 국적 취득요건으로 하기 때문에 여전히 무국적으로 남아있는 것이었습니다.

오부련[p.227]은 1977년 이래로 규슈 지구나 전국 단위의 다양한 부인단체 집회에서 이 사실을 보고하고, 발언이나 동의動議 등의 형태로 이를 국적법 개정 문제로서 다루어달라는 호소를 계속했습니다. 그렇지만 일본 본토(야마토)의 여성들에게는 너무도 먼 문제였던 듯합니다.

1979년은 '국제 아동의 해'로 아이의 인권이 주제가 된 해였습니다. 거리에 붙은 포스터의 "아동은 출생 당시부터 성명 및 국적을 가질 권리가 있다"라는 국제아동 권리선언 제3조의 표현이 오키나와 여성들의 눈에 강렬하게 비쳤습니다. 상황이 변하기 시작한 것은 1981년부터로, 그해 오키나와의 나하那覇에서 열린 제29회 전국 지역부인 단체연합회(지부련으로 약칭) 전체회의에서 오부련의 제언이 '차별철폐조약의 조기비준 촉구'라는 결의로 드디어 결실을 맺었던 것입니다. 그리하여 부계 혈통주의를 수정한 새로운 국적법이 1985년 시행됩니다.

도토메 문제와 무국적아 문제는 그야말로 오키나와의 문제였습니다. 오키나와의 여자들은 자신들이 가장 심하게 고통을 느끼는 문제를 제기했던 셈이라 할 수 있습니다. 그러나 그것이 다른 지역과 관계없는 문제는 아니었습니다. 두 문제 모두 결국에 다다르는 것은, 일본 '이에'제도의 근간을 이루는 부계父系입니다. 그러한 의미에서 보면, 오키나와의 여성들은 그 지역에서 가장 첨예하게 나타나고 있는 문제를 제시함으로써

(내지는 덮여 있던 사상事象을 문제화함으로써), 일본 전체에 관련된 모순을 두드러지게 드러냈던 것입니다. 앞에 소개했던 오키나와 지역 여성사에 관한 작업은 제게도 그러한 점을 생각하게 해주었습니다.

8.9 민중사의 시점

넷째로는 지금 민중사가 가장 정채精彩를 띠며 확산되고 있는 분야는 지역 여성사가 아닐까라는 것입니다.

민중사는 1960년대 일본의 역사학계에서 일어난 조류입니다. 비록 한 마디로 민중사라고는 해도 반드시 하나로 정리될 수 있는 것은 아닙니다. 다만 역사의 주체로서의 민중의 움직임, 특히 변혁을 향한 운동(정신 그것을 포함한)을 기본 시점으로 한다는 점에서는 공통성을 가지고 있습니다. 그러한 민중사의 발흥은 —전후 오래지 않아 역사학이 사회구조의 해명에 힘을 기울인 것에 비해— 변혁 주체를 중시하는 것으로의 이행 내지 전화轉化라고 볼 수 있습니다.[51]

그러나 1970년대 특히 후반 이후 일본의 역사학계는 사회사라는 새로운 조류의 세례를 받게 되었습니다. 역사를 보는 시각에 강력한 충격을 주었던 민중사는 점차 사회사에 그 자리를 양보하게 되었던 것입니다. 단지 역사학계뿐 아니라 넓게 '지금'을 사는 사람이라는 역사의식 위에서 볼 때 이와 같은 변

---

51) 永原慶二『歷史學敍說』東京大學出版會, 1978.

화가 보여주는 의미가 무엇인가에 관한 견해는 『'도리시마 섬'은 들어 있는가: 역사의식의 현재와 역사학』[52]에서 설명했기 때문에, 여기에서 반복하지는 않겠습니다. 그러나 현상적으로 보아 변혁 내지 그 가능성을 추구한 민중사와 달리, 사회사가 일상성을 중시한다는 것은 누구라도 인정하는 바입니다.

그렇다면 그 민중사는 어디로 향하는 것일까요. 교류 모임의 『보고집』을 넘기자 민중사의 고동이 들리는 듯했습니다. 제3회 모임에서 기조보고를 했던 요네다 사요코는, 당시 모임의 행보에 관해 제1회 '일·생활·교육의 현장에서 여성사로', 제2회 '도시와 농어촌, 오키나와와 아이누 여성의 역사를 연결하여', 제3회 '문제관심의 확대와 심화'와 같이 구체적으로 확인하면서, 다음과 같이 설명하고 있습니다.

> 민중사에 대한 관심이 고조되고 민중운동이나 민중사상의 연구가 심화되면서, 각지에서 이제까지 명확해지지 않았던 민중의 행적―아이누나 재일 조선인 등을 포함한―이 발굴되기 시작한 것도 여성사를 향한 관심으로 이어졌습니다.

당연한 발언일 수도 있겠습니다만, 저 자신 아마도 민중사 일파에 속한다고 여겨지면서 민중사와 여성사의 관련을 의식하지 않고 지나쳐왔던 만큼, 그러한 지적에 자극을 받고 반성도 하지 않을 수 없었습니다. 요네다의 관찰대로라고 생각합니다.

---

[52] 鹿野政直 『「鳥島」は入っているか: 歴史意識の現在と歴史學』岩波書店, 1988.

그와 동시에 역시『보고집』을 추적하면서, 지역 여성사가 민중사로서 빛나고 있는 것은 그것이 명분タテマエ 위주로 멋지게 보이는 것 차원에 그치지 않고, 예를 들면 다음과 같이 '피를 흘리면서' 현실과의 긴장감 속에 자리잡고 있기 때문이리라 생각했습니다.

> '지금 이 회장의 열기를 지역에 돌아가 어떻게 전할까, 도저히 이야기를 하기 어려운 상황이 되고 있다'는 것, 요코하마橫濱 등에서도 나가사키長崎 피폭을 다룬 영화의 상영을 둘러싸고 '다시 가해자가 되어서는 안 된다'는 취지의 문장조차 간부회의에서 문제가 되었다는 사례도 나와, 현실에서는 연구의 성과가 지역으로 확산되기 어려워지고 있다는 고민이 드러났습니다.[53]

또한 "저변에서 괴로워했던 사람들에 관해 우리가 가장 알고 싶어하는 부분이, [실은] 그 사람이 가장 지우고 싶어하는 과거였"습니다.[54]

8.10 '풀뿌리'의 시점

다섯째로는 넷째와 관련됩니다만, 역사를 볼 때 '풀뿌리'적인 시점을 부여하는 것입니다.

---

53) 山本千惠「第五分科會·まとめ」編集委員會 編『第三回全國女性史硏究交流のつどい報告集』全國女性史硏究交流のつどい實行委員會, 1984.
54) 井久保伊登子「岡山女性史硏究のあゆみ」編集委員會 編『第四回全國女性史硏究交流のつどい報告集』全國女性史硏究交流のつどい實行委員會, 1986.

● 8.10 '풀뿌리'의 시점

역사상 이른바 저명한 인물은, 남녀를 비교해 보면 크게 남성에게 치우쳐 있습니다. 또한 여성에 한정해 보면, '중앙'에 나와서 무엇인가 두드러진 족적을 남긴 여성의 지명도는 '지방'에서 생을 보낸 여성들에 비해 현저히 높습니다. 그러한 의미에서 지역 여성사를 주제로 하는 것은, 이중의 의미에서 익명성이 강한 분야(라고 해도, 그들이 살았던 상황하에서 익명성이란 존재하지 않는 것이나 다름이 없었겠습니다만)를 대상으로 하는 것이 됩니다.

그만큼 지역 여성사에서는 그러한 익명성에 대한 시점의 전환이 가장 요청된다 할 수 있습니다. 즉, 익명성을 역사상의 가치에서 마이너스 내지 소수자의 성격을 증명하는 것으로 보는 것이 아니라 익명성을 가지고 살았던 사람들의 에너지, 가능성 혹은 깊은 원한을 적극적으로 평가해야 하는 것입니다. 연구와 교육과 운동의 삼위일체성을 구현하고 있던 역사가 구로하 기요타카의 제자 중 한 명인 야자와 요코矢澤洋子의 말을 빌자면, "'역歷'으로서 존재하면서 '사史'가 되지 못했던 사람들의 생을 찾는" 시점과 작업이 요구됩니다.[55]

실제로는 지역 여성사의 범주에 속하는 서적인데도 '중앙'에 나와서 이름을 남긴 여성에게 비중을 지나치게 둔 작품(이라고 하기보다는 '저명인'을 현창하려는 지향이 두드러졌던 작품)

---

55) 黑羽淸隆「增補版へのあとがき」『增補版日本史敎育の理論と方法』地歷社, 1975.

제8장 '지역'의 시점에서

이 결코 적지 않습니다. 그러한 가운데 『시나노의 여자』[56]는 지역 여성사의 이른바 주체성을 확립하려는 박력이 넘치는 노작이었습니다.

저자인 모로사와 요코는 하권의 맺음말에서 이 책을 쓴 동기를 다음과 같이 설명하고 있습니다. "지역 여성사가 아직 크게 미개척 분야라는 것은 역사의 저변을 뒷받침한 여자들의 활동이 그다지 주목을 받지 못했음을 보여"주며, "그러한 주목받지 못한 여자들의 활동과, 역경에 처해서도 인간적인 포용력을 잃지 않고 씩씩하게 살았던 여자들의 모습이 다소나마 발굴되었으면 하는 바람"이 있었다는 것입니다.

이러한 발상의 기저에는 "역사 깊은 시나노 지역에서 태어나, 토착 생활 역시 오래된 농가에서 지내며", "지역이나 집안에 감도는 인습이나 빈핍에 더하여, 질병과 전쟁 등에 의해 고통을 겪는 인간생활⋯을 온몸으로 체험한 자신의 생활사를 기반으로" 한다는 의식이 있었습니다. 이리하여 "피부에 직접 닿는, 시나노 여자들의 체온에 의지해서 그들이 살았던 모습을 찾는" 작업이 가능해졌던 것입니다. 그것은 지역의 한 여성으로서 자란 개별적 체험을 '시나노의 여자'를 매개로 보편화하는 과정이었으며, 그 시점을 계속 유지했던 만큼 이 책에서는 "주목받지 않았던 여자들", 그것도 그 가운데 "인간적인 포용력을

---

[56] もろさわようこ,『信濃のおんな』(上下), 未来社, 1969・1989. [역주] 시나노는 과거 일본 지방행정 구분이었던 이른바 '구니(國)'의 하나로, 지금의 나가노현(長野縣)과 기후현(岐阜縣) 일부가 이에 속한다.

잃지" 않았던 여자들의 현란한 움직임亂舞을 볼 수 있습니다.

그러한 일종의 태세전환 때문에 그러한 표제가 채용되었던 듯합니다. 본래 이 작품이 『시나노 매일신문』에 연재되었던 것은 1966년부터 1968년까지였다고 합니다만, 'woman', 'female'을 지칭하는 용어로서 여전히 '부인'이 널리 사용되고 '여성'도 아직 정착되었다고는 하기 어려웠던 시기에, 제목에 히라가나로 '여자おんな'라고 표현한 것은 상당히 신선했습니다. 그처럼 이 책은 날 것 그대로의 '여자'의 생활과 투쟁을 일거에 무대地表에 내세우는 역할을 했습니다. 많은 지역 여성사가 그 뒤를 잇습니다만, 한 명의 저자에 의한 이 저작만큼의 박력을 갖춘 것은 아직 없다고 여겨질 정도입니다.

저자가 '여자'의 역사를 대하는 방식은, 권두의 '야사카토메ヤサカトメ'라는 장을 읽는 것만으로도 명확합니다. 이것은 다케미나카타タケミナカタ와 부부관계이자 스와대사諏訪大社의 제신인 이른바 오카미女神입니다만, 저자는 야사카토메를 모계·모권 사회였던 초기 스와諏訪정권[57])에서 주재자의 위치에 자리했던 여성으로 보며, 다음과 같이 이야기합니다. "야사카토메란 '이야사카토메彌榮老'와 같을 것이다. '이야사카토메'란 ―한자에서 알 수 있듯― 점점 번영을 가져오는 여자라는 의미다", 그렇기에 그것은 개인의 이름이 아니라 고대 "스와정권

---

57) [역주] 스와(諏訪)는 나가노현 내의 지명. 모로사와는 고대에 이 지역에서 험준한 산들을 요새로 삼아 외부 공격에 굴하지 않고 오랜 기간 독립정권을 유지했던 부족연합이 존재했다고 하면서, 이를 스와정권이라 칭하고 있다.

제8장 '지역'의 시점에서

초기 주재자의 지위에 오른 여자가 야사카토메라고" 불렸던 것 아닐까, 그와 같이 "축하와 칭송을 담은 호칭으로 불린 것은 언령言靈의 복을 믿는 원시·고대 사회에서는 당연한 것이다"라는 것입니다. "야사카토메는 자연의 모든 현상에서 정령의 언어를 듣고, 그에 따른 생애의 지침을 사람들에게 전하고, 그녀도 또한 벼농사의 모범을 보인다. 지금 하사下社로서 남아 있는 '미사쿠다 신사御作田社'의 신사神事는 이것을 전하는 것일 것"이라고 합니다.

나아가 야사카토메를 중심으로 저자의 사색이 이어집니다. 모로사와는 기기記紀[58])에 기록이 보이지 않는 이 신이 깊이 숭배되어 왔던 것에서, 야사카토메의 깊은 토착성과 야마토정권에 대한 스와정권의 오랜 독립을 상정합니다. 겨울의 '오미와타리'御神渡[59])를 상사上社의 다케미나카타가 하사下社의 야사카토메에게 가는 '처문妻問'의 길이라고 생각했고, 따라서 이 제신의 형식은 처문혼의 전통을 후세에 전하는 것이었지만, 동거혼의 시대가 되자 절묘한 방식으로 상하의 두 신사에 합사되어 버렸다고 합니다.[60]) 또한 천황제 질서에 흡수된 후에는 위계가

---

58) [역주] 『고사기(古事記)』와 『일본서기(日本書紀)』.
59) [역주] 겨울에 호수 표면이 얼어 빙판이 크게 갈라지는 현상. 특히 나가노현 스와호(諏訪湖)에서 일어나는 현상으로, 스와대사의 상사와 하사가 이 현상이 자주 일어나는 양측에 위치하고 있어서, 이것은 상사의 남신이 하사의 여신을 방문한 흔적이라고 여겨졌다.
60) [역주] 이해를 돕기 위해, 모로사와가 야사카토메와 다케미나카타의 부부상에 관해 설명한 내용을 추가하면 다음과 같다. 모계사회의 전통을 배경으로 하는 초기 스와정권의 야사카토메는 무녀로서 자신의 역할을 다하기 위해 남자와의 관계와 같은 인간의 행위와 거리를 두었으나, 야

● 8.10 '풀뿌리'의 시점

주어졌고, 나아가 시나노국信濃國의 이치노미야一之宮61)로 전격 승진하면서 864년 이후 남신과 여신의 사이에 차가 생겼다고 지적합니다. 나아가 여성이 부정시되고 있던 전전戰前에는 여성이 온바시라御柱 마쓰리祭의 온바시라히키御柱ひき62)에 참가할 수 없었지만, 전후에는 그러한 금기가 사라졌다는 언급도 잊지 않습니다.

이처럼 한 명 혹은 그룹으로서의 여성을 축으로, 풍토를 배경으로 하는 여성의 생활, 기쁨과 슬픔을 그 시대와 현대를 자재로 왕복하면서 풀어가는 수법은 전편을 관통하며, 그 호흡은 마지막까지 흔들림이 없습니다. 시나노에 살았던 많은 '저명한' 여성도 등장하지만, 그들을 모범이라고 칭송하는 태도와는 멀고, 각각의 시대의 모순을 지고 그와 격투하는 바의, 따라서 많은 여성과 공통의 과제를 갖는 인간으로 다루고 있습니다. 그렇기에 이 출판물에서는 마쓰이 스마코63)나 다케우치

요이시대 말기에는 상사(上社) 지역을 지배하고 있던 호족 남자가 다케미나카타의 자리에, 하사(下社) 지역을 지배하던 호족 여자가 야사카토메의 자리에 올라 양 호족이 혼인에 의해 강한 동맹관계를 맺어 스와정권을 운영하게 되었다. 당시는 남편과 아내가 별거하는 '처문혼'이 일반적이었고, 다케미나카타와 야사카토메 두 신은 과거 상사와 하사로 분리되어 각각 제사되어 왔다. 하지만 동거혼의 시대가 되자 사람들은 별거하는 결혼풍속을 부정하면서 영리하게 머리를 굴려 두 신도 동거시키기로 했고, 지금 두 신은 합사되어 있다.(『信濃のおんな』上)

61) [역주] 특정 지역에서 가장 격이 높은 신사.
62) [역주] 나가노현 스와지방의 유명 마쓰리로 스와대사의 최대 행사다. 산중에서 거목을 벌채하여, 이를 인력으로 끌어 신사의 경내에 세우는 것이 주된 내용으로, '온바시라히키'는 바로 거목을 끄는 행위를 지칭한다.
63) [역주] 마쓰이 스마코(松井須磨子, 1886~1919). 근대 일본의 배우. 나가노현 출신 본명은 고바야시 마사코(小林正子). 이혼 후 배우를 지망

제8장 '지역'의 시점에서

시게요[64])처럼 유명한 여성들이 자원해서 계곡에 다리를 만들었다는 '이와嚴', 빗을 만들었다는 '오로쿠お六'와 같은 비교적 평범한 여성, 혹은 '과부들'이나 '밥 짓는 여자들'과 아무렇지도 않게 나란히 등장하는 것입니다.

8.11 역사의 심부를 비추다

여섯째는 여성 그것도 대다수 여성의 궤적을 가장 결정적인 지점에서 파악하려 한다면 지역 여성사는 불가결한 분야라는 것입니다.

역사학은 과거를 명백하게 하는 학문입니다. 그렇기는 하지만, 정말 어디까지 정말 과거를 명백히 할 수 있는가라고 스스로 질문한다면, 역사학의 조명照射이 과거의 표면에 머물고 있을 뿐 최심부까지는 도달하고 있지 못하다는 것에 불편함을 느끼지 않는 사람은 적을 것입니다. 문자를 주된 재료로 하는 역사학은 그 때문에 과거로 헤치고 들어갈 수 있었던 것입니다만, 동시에 문자를 사용하는 층이나 문자에 기록된 것의 한정

하여, 도쿄배우양성소, 문예협회부속 연극연구소 등에서 지도를 받았고, 1911년부터 «햄릿»의 오필리아, «인형의 집» 노라 등을 맡으며 배우로서 전성기를 구가했으나, 연인이었던 시마무라 호게쓰(島村抱月)의 병사 후 자살했다.

64) [역주] 다케우치 시게요(竹內茂代, 1881~1975). 근대 일본의 의사, 정치가. 나가노현 출신. 1902년 도쿄여의학교에 입학, 졸업생 가운데 최초 의사가 되어 개업했고, 의학박사를 취득했다. 부선획득동맹 중앙위원 등으로 활동했고 전시에는 정부 어용단체에 참여하여 전시동원에 협력했다. 전후에는 1946년 일본 여성 최초 중의원 당선자 39인 중 한 명이 되었으나 전시협력으로 공직추방을 당한 후에는 의사로 활동했다.

성에 의해, 명백히 할 수 있는 과거의 한계를 통감하지 않을 수 없었던 것입니다.

사상사에서 말하자면 어떠한 사상이 전개되었는가보다도 그것이 어떻게 수용되었는가가 논문의 형태로 만들기 어려운 과제입니다. 야나기타 구니오에 의해 뼈아픈 공격을 받은 이후 역사학은 어떻게 하면 '하소연할 곳 없는 백성'에게 빛을 비출 수 있을까라고, 그 나름으로 노력을 거듭해 왔다고 할 수 있을 것입니다. 그러나 여전히 그것은 재료와 시점이라는 양쪽 모두에서 지금도 충분한 해답을 얻고 있지 못한 과제로 남아있습니다.

지역 여성사는 어쩌면 이 문제의 해결까지는 아니더라도 해결을 위한 전진에 빛을 비추는 것이 아닐까, 고쇼 유키코의 『고향의 여자들: 오이타 근대 여성사 서설』은 저에게 그러한 생각을 하게 하는 저작이었습니다. 그녀는 자신이 거주하던 오이타大分의 여성사를 조사하는 과정에서 탄식하는 것으로부터 이 책을 시작하고 있습니다.

> 어디까지나 효녀·정녀貞女·애국부인밖에 마주치지 못한, 가게야마 히데코景山英子도 이토 노에[65]도 요사노 아

---

[65] [역주] 이토 노에(伊藤野枝, 1895~1923). 근대 일본의 여성운동가, 무정부주의자. 『세이토』에 참여, 번역과 평론을 통해 '인습타파'를 주장했고, 라이초에게 『세이토』를 인계받은 후 1916년 무기휴간에 들어갈 때까지 정조논쟁, 낙태논쟁, 폐창논쟁 등을 이끌었다. 무정부주의자인 오스기 사카에와 『문명비판』, 『노동운동』등을 창간하고, 사회주의 여성단체 적란회에 참여하기도 했으나, 1923년 간토대진재의 혼란 중에 오스기 등과 함께 헌병대에 끌려가 살해당했다.

제8장 '지역'의 시점에서

> 키코도 히라쓰카 라이초도 미야모토 유리코[66]도 없는 흙빛의 초췌한 풍경입니다.
>
> 그렇습니다. 가게야마 히데코와 같은 이가 없다는 것은 그 자리가 휑하니 비어 있다는 것이 아니라, 여기든 저기든 효녀·정녀로 완전히 채워져, 그녀들이 있을 자리는 처음부터 없다는 것이었습니다.

오이타의 여성이라고 할 때 곧 떠오르는 것은 노가미 야에코野上彌生子입니다. 물론 저자도 그녀에게 관해 다음과 같이 언급합니다.

> 사람들은 노가미 야에코를 이 현의 출신자로서 자랑스럽게 여깁니다. 그러나 그의 재능이 우스키臼杵 상가町家의 여주인으로 꽃을 피운 것이 아니라는 것은 말하지 않습니다. … 오로지 이 현의 보물, 현의 특산물 취급을 하고 싶어 하는 것입니다.

그리고서 저자는 야에코뿐 아니라 라이초나 유리코 등이 "출발부터 '자기만의 방'을 가진 딸들이었다"고 하면서도, 도쿄만이 그들의 재능을 꽃피우게 했다는 설명을 이어갑니다. 하지만 "여자들은 일반적으로 처음부터 재능은 물론, 그 기회도

---

[66] [역주] 미야모토 유리코(宮本百合子, 1899~1951). 소설가. 17세에 열악한 소작인의 생활을 그린 소설을 발표했고, 부친과의 도미 경험, 러시아 체류와 사회주의 경도의 과정 등을 작품으로 그렸다. 1931년 일본공산당에 입당하고 미야모토 겐지(宮本顯治)와 결혼한 후 1933년 함께 검거되었으나, 투옥과 집필금지 등의 상황에서도 부부 모두 전향을 거부했다. 전후에는 이른바 민주주의문학의 창조를 주창하고 페미니즘 비평서(『부인과 문학』)를 간행했으며, 일본공산당 재건, 신일본문학회와 부인민주클럽(婦人民主クラブ)의 창립에 진력했다.

주어지지 않는 무리였습니다." 거기에는 '오이타'라고 하기보다는 '도쿄' 대 '지방'이라는 시점이 견고하게 자리잡고 있습니다. 그렇기에 고쇼는 이야기합니다.

> 저는 오이타현의 여성사를 쓰고자 생각하고 있는 것은 아닙니다. … 제가 생각하고 있는 것은 메이지 이래의 중앙집권 국가에 의해 수탈의 대상이 되어왔던 '지방' 여성의 모습, 그 중에서의 오이타현大分縣의 경우를 중심으로 생각하고 있는 것에 불과한 것입니다.

그렇지만 저자가 다닌 현립도서관 향토자료실은 "그야말로 달리 잘못된 삶을 산 여자들이 없었다고 생각하게 만드는" 것뿐으로, 효녀·정녀들의 사적으로 채워져 있었습니다. 그녀는 한때 "소개하기 충분한 시나노의 여자들이 있는" 모로사와 요코가 정말 부러웠을 터입니다. 하지만 그렇게 "흙빛의 여자들"과의 교유를 심화시켜 가는 중에 "효녀·정녀는 '윗분'들이 인민의 사고나 생활 실태를 이용하면서 인민 지배를 위해 만들어낸 허상이라는 것, 따라서 허상이면서 깊이 인민의 마음을 장악할 수 있는 존재였다는 것"이라는 생각을 갖기 시작했습니다. 그 사고의 흐름은 다음과 같습니다.

예를 들면『선행선적표창록善行善績表彰錄』이라는 것이 있습니다. 그것을 읽으면서 저자는 "현명하게도 이 나라의 지배자는 일본인의 표본을 사회의 최저변에서 끌어올렸"고, "그녀들은 그에 의해 비로소 주목을 받게 되었음"(강조는 원문에 따름, 이하 같음)을 깨달았습니다. 이처럼 효녀·절부節婦·정녀로서

제조됨으로써 "고향의 여자들"은 "'진정한 일본인'의 표본으로서 살아있는 몸이 핀으로 고정되었"는데, 왜냐하면 "이후 실수 하나 저지르지 않고, 명예롭게 구속되어" 살지 않으면 안 되기 때문입니다. 고쇼는 그러한 잔혹한 속임수를 읽어냄과 동시에, 나아가 이렇게 "언어에 의한 강간을 당하고 있는데 그녀들은 그것을 깊은 은혜의 손길로 느낀다"고 하는, 이중의 자기규제 愼ましさ에 깊이 좌절합니다. "객관적으로는 이 불행하고 가난한, 즉 극한에 처한 여자들이 여자의 규범이라고 대대적으로 칭송됨으로써, 도리어 남을 규제하는 정치적 역할을 했던 것입니다."

8.12 여성사의 요부

그 어둡고 비참한 장치를 저자는 다음과 같이 지적합니다. "감당하기 어려운 역사·사회·'이에'의 무게를 강요당해 도시로 떠밀려 나간 이들, 도시적·부르주아적 가정에서 자라 그에 걸맞는 교육을 받고 가족으로부터 분리·독립이 가능하고 경제적 독립이 가능했던 여자들, 그들에 대해 버려진 자의 어두운 복수의 이빨을 국가 권력이 조직했다. 진정한 적은 바로 그러한 조직을 한 손이었던 것이다." 그렇다면 그러한 상념으로 가득 찬 지역은 여성사에서는 무엇일까. "선진적 여자를 낳아 키울 수 없었던 보수적 농촌의 현을 여성사의 공백 부분이라고 해서는 안 됩니다." 그것은 "여성사의 (오목한) 요부凹部"이며, 그러한 "요부는 (볼록한) 철부凸部와는 다른 힘, 어두운 만큼

마력의 힘을 가지고 있다"는 것이, 저자가 사색 끝에 도달한 지점이었습니다. 인민으로서의 여성으로서의 애석한 마음을 담은 결론이었습니다.

고쇼 유키코는 '지방' 여성사를 붙잡고 매달린 끝에 (그야말로 '지역'이라는 어떤 의미에서의 겉만 번지르르한 명분キレイゴト性에 영합合體하지 않고, '중앙'에 대한 원한怨念을 계속 불태우는 '지방'이라고밖에 할 수 없는 관념입니다만) 역사의 암반을 파헤쳐 찾고 있다고 저는 생각합니다. 『고향의 여자들』은 그러한 투시력을 통해 시야에 넣은 "무라村 여자들'의 역사입니다.

거기에서는 예를 들면 무라 아가씨들의 '근대'는 이른바 처녀회로서 도래했다는 것, 그리고 그것은 권력을 성지배에까지 미치려 하는 조직이며, 사소한 일상 행위에 이르기까지 철저히 감시함으로써 자립성의 상실로 이끌었다는 것, 동시에 그 안에서라도 싹튼 해방을 향한 바람을 선점하려 하는 것이었다는 것 등이 그려집니다. 또 시골 남녀 청년들의 편지를 분석해서 "일단 문장의 세계가 되면 그 풍성한 언어활동은 금방 정지하고, 빌려온 고양이처럼 얌전해진다"고 지적함으로써, 문자세계의 도래가 '체면タテマエ의 점유지'를 확대하고 그만큼 '본심ホンネ의 영역'을 좁히는 역할을 담당했음을 명확히 합니다.

어디에 미래는 있는가. 그것을 추구하려는 마음이 치열한 만큼 저자는 적당히 허구의 구원을 얻으려 하지 않고, 철저하게 지금 '무라 여자들'이 어떠한 점에까지 빠져 있는가를 명확히

제8장 '지역'의 시점에서

하려 합니다. 1910년대부터의 발걸음을 추적하여 1960년대 고도 경제성장기의 여자들을 대상으로 하는 결론 부분은, '어디로'라는 제목이 붙어 있습니다.[67]

저자 가까운 곳의 무라 여자들은 당시 신新 산업도시로 지정된 임해공업지대의 매립공사에 고용되어 매일 아침 마이크로버스에 꽉꽉 채워져 출발했습니다. '무라'와 '이에'의 해체로 지적되는 상황의 출현이며, 중하층 농민의 전락입니다. 하지만, 이라고 저자는 이야기합니다. 이러한 전락이 없이 "무라의 여자들은 자신의 돈으로 화장품 하나라도 살 수 있었을까"라고. 그만큼 아침에 집을 나서는 그들은 피곤에 찌들기커녕 해방감조차 감도는, "옅은 화장을 한 얼굴 아래로 노동하는 여자의 에로스가 희미하게 흐르는" 것을 저자는 주시합니다. 그들은 집이나 남편을 빼고 남편 이외의 남자들과, 아니 같은 여성 동지들과조차 노동하는 동료=노동을 파는 동료라고 하는, 이처럼 깔끔한 관계를 가졌던 적은 없었던 것입니다.

그렇다면 그것은 해방을 향한 원점으로서 고동치고 있었던 것일까요. 그러한 낙관론에 고쇼는 가담하지 않습니다. "노동과 사랑의 경합을 추구하면서 남녀 존재의 방식을 근원적으로 추궁해 가는, 자유롭고 여유로운 마음까지 가지고 있던 것은 아니었"습니다. 타인에게 고용되는 것을 부끄러워하는 마음이 그녀들을 감쌌고, "의기양양하게 눈을 쳐들고 일당을 버는 여자라고 선언"하는 것에서는 먼 위치에 스스로를 묶어두고 있었

---

[67] 부제는 '뒤늦게 도래한 무라 여자들의 근대'.

습니다. "밑바닥 육체노동자"로서의 억압감과 "무라로부터의 탈락감"이 그녀들에게서 이중으로 자부심을 박탈한다고 하는 것이 저자의 지적입니다.

그러했던 만큼 일단 마이크로버스에 타자마자 버스 안은 "찰나의 감정공동체"가 되어 "외설에 박장대소하면서" 그 공동체에 "녹아들어" 가게 됩니다. "양식·상식에 매달리는 마음을 웃음으로 날려버릴 정도의 자유분방하고 공격력이 충만한" 이야기가 창조되지 않으면 안 되지만, "그것은 어디에서 생겨난 것일까"라는 질문으로 이 책은 끝나고 있습니다. '지방' 여성의 생태를 응시하는 것에 의해, 여기에서는 단지 여성사에 그치지 않고 널리 역사를 볼 때 열쇠가 될 수 있는 시점이 제시되고 있습니다.

이처럼 지역 여성사에는 제게 보이는 것만으로도 (1) 여성사를 향한 뜨거운 초심, (2) 사회운동과의 상호 촉발성, (3) 방대한 사실의 발굴과 지역성·다양성, (4) 민중사 연구와의 관련, (5) '풀뿌리'적인 탐구, (6) 여성사의 '요부' 의미의 제시라는 특성이 뚜렷합니다. 그것들과의 교류 없이 '일본 여성사'의 미래는 없다고 저는 생각합니다.

나아가 이러한 '지역'의 시점과 앞서 본 '세계'의 시점을 끊임없이 우리 안에 고동치게 할 때, '일본 여성사'는 원통형이라는 사실에서 벗어남과 동시에 '일본'이 똘똘 말린 고리처럼 머리 속에 또아리를 튼 역사서술이 아니라, '여성사: 일본의 경우'라고도 할 수 있을 어조로 세계사·인류사에 대해 존재를 드러낼 수 있게 될 것입니다.

맺으며 : 여성사 그리고 그 너머

1 여성사·여성학·여성문제

1970년대 초 여성사를 향해 마음이 기울어가는 것을 멈출 수 없게 된 후 스스로가 설정한 개별적 주제를 추구하는 한편으로, 당연히 여성사의 동향에 대한 관심도 그 나름으로 생겨났습니다. 본래 동향에 자신을 맞춰서 가려 하기보다는 그 성과를 배우면서 그것이 보여주는 의미를 생각해보려 했던 마음이 더 컸던 것 같습니다.

여성사·여성학·여성문제 등의 책이 홍수처럼 쏟아진 것은 1970년대 말 무렵이었습니다. 시기를 구분하기는 어렵지만, 어쩌면 1980년대에 들어서라고 하는 편이 나을지도 모르겠습니다. 당시까지 이러한 책이나 주제는 특수한 것으로 간주되어 있었습니다만, 이제 보편적 이야기 내지 과제로 의식되기에 이

맺으며 : 여성사 그리고 그 너머

르렀습니다. 종래에는 어쨌거나 '수상한' 것이라 여겨져 왔습니다만, 그 '수상함'을 오히려 관심거리로 삼을 수 있게 되었습니다. 그러한 홍수가 제시하는 문제의 신선함에 이끌려, 어쩌다 보니 저도 그것을 추적하기 시작했습니다. 무모한 시도는 금방 중단되었지만, 저는 두 가지를 통감하지 않을 수 없었습니다.

하나는 —비록 늦은 감이 있습니다만— 여성사·여성학·여성문제가 나누기 어렵게 연결되어 있다는 점이었습니다. 그 연결방식은 여성문제를 뿌리로 삼아 여성사와 여성학이 마주잡고 성장해왔다는 구도가 되겠습니다만, 오래 억눌려온 그 문제의 뚜껑이 내부 기압의 고조에 의해 열려서, 수증기가 분출되고 있다는 느낌이 듭니다. 운동단체나 연구단체에 의한 방대한 양의 소책자 발행과 그것을 통한 문제의 소재나 해결 방향의 지적이라고 하는 커뮤니케이션 형태 그 자체가 문제의 긴요성과 다양성, 운동체나 연구체의 자발성과 창조성, 나아가 그것들이 절대적으로 마이너리티로서 발족하지 않으면 안 되었음을 명료하게 보여주었습니다.

2 여성사가 안고 있는 위험

둘째는 그러한 홍수 현상의 결과 드러나게 된 위험성입니다. 그것에 올라타는 형태로 자본에 의한 기획이 선행하면, '여성사'라는 명목으로 반反'여성사'도 쓰여지게 됩니다. 예를 들면 "'미국 고급 아파트에 살면서 중화요리를 먹고 일본 여성을 아내로 두고 생활하는 것이 세계 남성의 최고의 행복'이라는 것이 한때 통용된 적이 있다"는, 그야말로 어리석은 문장으로 시작하여 그 다음은 더더욱 엉망진창인 여성사 책도 출현하게 되었습니다. 단지 여성문제는 이미 끝났다는 식의 견해에 대해서만이 아니라, 그러한 성행 자체에서 공동화空洞化의 맹아를 느낄 수 있었습니다.

어떻게 하면 여성사의 초심을 미래로 연결지을 수 있을까 라는 질문이 마음을 사로잡게 되었기에, 자신에게 과제를 정리하려는 마음으로 이처럼 여성사의 현재를 생각해 보았습니다. 본래 이 책을 마치면서는 '정답'을 제시할 생각이었습니다만, 결국 역부족이었기 때문에 도리어 '문제'를 늘어놓는 결과가 되어버린 것을 부정할 수 없습니다.

하지만 '문제'의 양상에 '정답'이 숨어있다고도 할 수 있습니다. 그러한 의미에서 여기에서 드러난 '문제'의 연장선상에서 여성사의 금후를 생각해보고자 합니다. 그것은 세 가지가 있습니다. 첫째는 여성사 고유의 분야에 관련된 것이고, 둘째로 여성사의 금후를 생각하기 위해 시사하는 바가 많다고 여겨지는 다른 분야에 관련된 것이며, 셋째는 역사인식 전반에 관련된 것입니다.

3 여권과 모성

우선 첫째, 여성사 고유의 분야에 관련된 것부터 이야기하고자 합니다.

맺으며 : 여성사 그리고 그 너머

 '제Ⅱ편 여성사 다시 보기'를 저는 여섯 개의 내용으로 구성했습니다. 즉 '3장 여자들과 국가', '4장 모성의 논리', '5장 여성학과 여성사', '6장 민속학과 여성사', '7장 '세계'의 시점에서', '8장 '지역'의 시점에서' 등입니다. 그 가운데 3·4장은 여성이 질서에 어떻게 포박되어 가는가를 둘러싼, 5·6장은 여성사와 인접한 여러 과학을 둘러싼, 7·8장은 '일본 여성사'라는 범주의 상대화를 둘러싼 각각의 주제 설정이었습니다.

 문제를 정리하기 위해 이와 같이 분류했지만, 글을 마치고서, 아니 쓰고 있는 중에 생각한 것은 그것들이 모두 어떤 형태로든 겹쳐지고 있다는 것이었습니다. 그중에서도 3·5·7장, 그리고 4·6·8장의 관련성이 강하다고 여겨졌습니다.

 물론 각각의 항목 중에도 다양한 경향이 있습니다. 하지만 굳이 거칠게 개괄한다면 전자는 구미 지향적으로, '여권'의 개념에서 출발했다는 의미에서 일단은 '근대'를 향했고 결국은 '근대' 이후를 향하기에 이르렀으며, '전통'에 대해서는 그것을 '인습'이라고 부정적으로 파악하는 경향을 강하게 내포했습니다. 그와는 대조적으로 후자는 많든 적든 '전통'에 뿌리를 내리고 있으며, '근대'에서 상실된 것에서 미래를 향한 에너지원을 추구하려는 충동을 숨기고 있습니다. 그러한 중층성은 후자에 특히 현저하게 나타나고 있습니다.

 글을 마치는 지금, 당초의 예상 이상으로 후자에 비중이 두어졌다는 생각이 듭니다.

그것은 저에게 이제부터의 방향을 암시합니다. 이제까지 여성사는 생각해보면 전자의 부분에 힘을 기울여 왔습니다. 그러나 그것이 일정한 달성을 이룬 지금, 여성사는 후자에 나타나는 것과 같은 여성의 위상과 본격적으로 스스로 마주할 시기가 도래한 것이라고 느끼게 됩니다. 제가 말하는 것은 후자가 제시하는 것과 같은 '모성주의'나 '누이의 힘'과 같은 시점에 스스로를 동화시키려 하는 것은 아닙니다. 그것들에 스스로 눈감는다면 여성사는 지금까지 만들어온 궤도를 반복하는 것이 되기 쉽다는 의미입니다.

동시에 그것은 여권주의와 모성주의라는 두 개의 논리의 대립에 관해서도 어떤 식의 새로운 시점을 제시하는 것에도 기여할지 모르겠습니다.

주지하는 바와 같이 이러한 논리는 메리 울스턴크래프트의 『여성 권리의 옹호: 정치 및 도덕적 문제 비판을 담아』와 엘렌 케이 『연애와 결혼』에서 형성되었고, 그 후의 운동의 방향에 큰 영향력을 가져왔습니다. 일본의 경우도 예외 없이 1918년의 이른바 모성보호논쟁에서 요사노 아키코에 의한 경제적 자립과 히라쓰카 라이초에 의한 모성보호론으로 명확해진 이후, 논리와 운동의 양대 조류를 형성했습니다. 게다가 전자는 남자와 같아지기를 추구하기 쉽고, 후자는 이에제도나 성적역할분업론과 연결되기 쉽다는 함정을 각각 안고 있었습니다.

이것은 성차를 인정하지 않는가, 아니면 본질적인 것이라고 생각하는가라는 문제로 연결됩니다. 그 결과로 지금은 남성과

맺으며 : 여성사 그리고 그 너머

여성의 성차를 최소화하려 하는 '미니멀리스트 페미니스트'라는 개념도 나타나게 되었습니다. 그러나 여성사가 여성의 위상을 이렇게 계속 응시하면, 그러한 다소 유희와 같은 개념과는 이질적인, 성차의 '지양'이라고 부를 수 있는 관점을 만들지 않을까 싶습니다.

4 장애인 문제와 여성문제

둘째는 여성사의 금후를 생각할 때 시사하는 바가 많다고 여겨지는 타 분야에 관련된 것입니다.

에둘러 말씀드렸습니다만, 여성문제를 생각할 때 시야를 '여성'으로 수렴시키지 말고, 그와 관련된 여러 분야를 계속 염두에 두어야 한다는 것입니다. 먼 과거는 차치하더라도 최근 여성문제의 제기는 아마도 다양한 마이너리티의 운동에서 촉발되어, 그 일환을 형성하면서 전개되어 왔습니다. 그러한 발전은 필연적으로 다수의 전문가를 낳고 나아가 전문화로 이어지기도 했습니다만, 여성문제에 관한 일정한 달성은 의심할 나위 없이 그들 여러 운동에 의해 뒷받침되고 있다는 성격을 가지고 있습니다. 동시에 여성문제가 고양되면서 여러 운동에 파급효과를 미쳤고, 또한 새로운 문제를 야기하는 힘이 되기도 했습니다. 여성문제에 '상승' 의식이 팽배한다면, 그러한 의미에서 전열을 이탈하는 셈이 됩니다.

그러한 것을 저에게 통감시켜준 것은 오노 도모야의 『장애자는, 지금』[1])이었습니다. 거기에는 특수하게 간주되어 갇혀 있던 '장애자障害者'[2])의 문제가 지금 어떻게 인간에게 보편적인 과제를 제기하고 있는가가, 내적·외적 모순을 직시하면서 해명되고 있습니다.

국제연합은 1981년을 '국제 장애인의 해'로 선언, 그로부터 1992년까지를 '국제연합·장애인의 10년'으로 정하고 각국에 '장애인에 관한 장기 행동계획'의 책정을 요청했습니다. 그것 자체가 '세계 여성의 해'에 이어지는 국제연합의 방침으로서 여성문제와의 유사성을 연상시킵니다. 오노의 책에서는 '국제 장애인의 해'를 앞둔 1980년 국제 장애자의 해 일본추진협의회가 결성되어, 당시까지 대립하기 쉬웠던 각종 장애인 단체가 장애의 종류·신조·입장을 넘어서 그에 참가했습니다. 또한 "장애자의 완전 참가와 평등"을 위한 활동을 계속하고 있으며, 그 결과 장애기초연금의 실현(국민연금법 개정), 신체장애자 복지법·신체장애자 고용촉진법·정신위생법이 각각 개정되기에 이르렀다고 기록하고 있습니다.

그 과정은 또한 장애인 문제를 향한 인식의 변환과정을 형성하는 것이기도 했습니다. 이 책은 권두에서 "왜 일본에 장애자가 적은가"라고 문제를 제기하고 있습니다. 그에 따르면

---

1) 大野智也『障害者は、いま』岩波信書, 1988.
2) [역주] 이 책의 원문에는 모두 '장해자(障害者)'로 쓰여 있지만 번역시에는 문맥에 따라 '장애자' 혹은 '장애인'으로 번역했다. 전자는 당시 용어의 인용으로 쓰였거나 차별의 뉘앙스를 담았을 때, 후자는 현대어로 사용된 경우다.

맺으며 : 여성사 그리고 그 너머

일본의 법률상의 정의에서는 그 범위가 '제한열거적制限列擧的'이기 때문에 많은 장애인이 거기에서 빠져버린다는 것입니다. 그 외에도 그러한 사람들이 폐쇄적인 환경에 놓여 있는 것, 그리고 사람들(=우리)이 그들을 못 본 체해온 것도 '적다'는 인상을 증폭시키고 있을 것입니다. 그리하여 그것들 모두가 억압으로 기능하고 있었던 것입니다. 그렇기에 장애인의 외출이 일상화되는 것이 일단은 인식변환에 가장 중요한 기초가 되고, 그것만으로도 억눌려있던 장애인 문제가 '문제'로서 분출되기 시작하는 것을 의미하게 됩니다.

그것이 어떠한 방향과 순서를 갖는가에 관해, 이 책에 소개되고 있는 노가미 요시히코野上芳彦의 인식은 통찰이 넘치는 것이었습니다. 노가미는 교토에서 오랜 기간 열심히 자원봉사 활동을 지도해온 사람이라고 합니다만, 장애인 복지의 흐름을 'for의 시대'에서 'to의 시대'로 그리고 'with의 시대'로 나아가는 것으로 파악하고 있다고 합니다. 저자는 그것을 "'이 사람들을 위해 무엇인가를 해주자'라는 동정의 시대에서 '함께 자라고 함께 사는' 시대"로의 변화로 요약하고 있습니다.

그것은 장애인 자신의 달성 목표의 변화와 연동되는 사실입니다. 그 목표는 처음에는 '방치' 혹은 '은폐'에서 보다 나은 '개호介護(돌봄)'로였을 겁니다. 그러나 '개호'는 점차 '관리'로 의식되는 단계에 접어듭니다. '개호'의 대가로 일어나기 쉬운 프라이버시의 결여를 중대하게 느끼지 않을 수 없기 때문입니다. 그리고 다음의 단계에 눈뜨기 시작합니다. '자기실현' =

'자신이 자신으로 존재할 수 있는' 것이 바로 그것입니다. 그 결과로서 '장애자'라는 용어에 저항감이 생겨, 적절한 용어의 모색이 이루어지게 되었던 것입니다.

장애인의 '자기실현'이란 어떤 것일까요. 저자는 예를 들면 중학교 2학년인 니시카와 마사토西川眞人 군의 시에서 그것을 발견하고 있습니다.

> 저는 생각했습니다
> 그것은 부모님께도 슬픈 일일 거라고
> 아이를 노무라 학원[3])에
> 두고 돌아가는 것은 싫겠지만
> 역시 데리고 가고 싶지만
> 역시나 두고 가지 않으면
> 안 된다고
> 부모님은 생각하고 계신 거라고
> 저도 부모님의 마음과 같습니다.

"지혜가 뒤떨어진 아이가, 부모의 고통을 자신의 고통으로 받아들이고 있습니다", 그러한 "타자에 공감할 수 있는 훌륭한 마음"이 자신이 장애를 가진 만큼 분출되고 있다고, 오노는 이야기하고 싶었던 듯합니다.

장애 문제에서의 이러한 추이는 여성사에도 무한한 시사를 주는 것 아닐까요. 여성이 '문제'를 갖는 존재라는 것이 사회적으로(이렇게 말하는 건 지배층이나 남성들에게라는 의미입

---

3) 에히메현(愛媛縣)에 소재한 장애아동을 위한 시설.

맺으며 : 여성사 그리고 그 너머

니다만) '발견'되고 점차 보다 나은 '관리'의 방도가 제시되어 간다, 그러나 그에 의해서는 채워지지 않는 갈증이 남아 '자기실현'이 목표로 의식되기에 이른다, 그 '자기실현'이라는 것은 다름 아닌 '타자의 고통'에 대한 공감력이다… 라는 것입니다. 장애인 문제의 부상에는 여성문제에서의 '질풍노도'의 시대가 아마 하나의 힘이 되었을 것입니다. 그러나 그 결과로서 장애인 문제는 여성문제 또는 여성사의 초심, 나아가 지금의 모습을 비추어내는 거울이 되었다고 저는 이해하고 있습니다.

5 '계급' 일원론 흔들기

셋째는 역사인식 전체에 관련된 것입니다. 그것은 여'성'문제의 제기가 역사의 모순으로서의 '계급' 일원론을 뒤흔든 것과 관련이 있습니다.

사적유물론의 중추개념으로서 정립된 '계급'은 당시까지의 역사인식을 전환시킬 정도의 충격을 가진 개념이었습니다. 칼 마르크스에 의해 제기되었던 그것은, 이후 역사의 여러 국면의 분석에 적용되면서 정치화精緻化되어 갔다고 할 수 있을 것입니다. 그와 동시에 한편으로는 그 개념의 답습적 사용이 내실없는 구호화를 초래하는, 이른바 '철학의 빈곤'도 초래했습니다. 게다가 사회주의 사회에서 명분建前과 실태의 괴리, 사회모순을 드러낼 때 좁게 규정되는 '계급' 이외의 개념에 대한 배타성, 정태적 구조론의 경향을 띠는 '계급투쟁'론, '계급'의 양극화가 아닌 '중간층' 증대 등등이 그에 박차를 가했습니다.

5 '계급' 일원론 흔들기

그런데 1960년대 이후 '계급' 개념의 상대화를 일층 촉진하는 기운이 일어났습니다. '제삼세계'·'내셔널리즘' 그리고 거의 같은 맥락에서 '민족'·'인종'·'남북문제'·'자연'·'지역'·'마이너리티'·'인간' 등이 그것입니다. '성'도 그 중요한 일환이었습니다. 이것들은 '계급' 개념에 대한 적대자에 의해 제기되어 왔던 것도 아니지만, '계급' 개념 숭배자들의 자기 파괴에 의해 일어난 현상도 아닙니다. 오히려 변혁을 지향하는 사람들이 기성 '계급' 일원론의 유효성이 결여되었다고 판단하고 심지어는 억압적으로 기능한다고 결론을 내리곤 한 결과, 스스로를 그에 수렴되는 것에서 해방시키고서 갖게 된 핵심 개념인 경우가 적지 않았습니다.

이리하여 세계에 팽배한 모순은 좋든 싫든 다양한 조합으로 인식되기에 이르렀습니다. 게다가 그 다양성은 단지 예를 들면 '계급'과 '성', '민족'과 '성'이라는 것처럼, 병렬적으로 제시되는 것이 아니라 상호관통하면서 모순을 비추어내는 각도로서 나타나고 있습니다. 예를 들면 '성'의 모순은 '계급'·'민족'·'남북문제' 등등에도 관통되며, '제삼세계'의 모순도 다른 여러 개념에 관통되는 것과 같습니다.

모순의 양태를 각각이 놓인 장에서 유래하는 통각痛覺에 가장 가까운 각도에서 지적하는 이들 개념은 기성의 '계급' 일원론을 뒤흔들었고, 나아가 적어도 두 개의 부차적 효과를 가져왔습니다. 하나는, '계급' 개념 숭배자가 눈치채지 못하는 사이에 빠져들던 정태적 구조론에 대해, 번뜩일 정도의 변혁주체의

맺으며 : 여성사 그리고 그 너머

식으로 무장하고 구조론에 안주하는 것을 용납하지 않겠다고 압박한 것이었습니다. 또 하나는 '계급'일원론이 가지기 쉬웠던 즉자적인 경제=토대론에 대해 다양한 굴절을 거친 심리의, 상대적으로 독자적인 활동과 그 중요성을 인식시킨 것이었습니다.

이러한 결과로서 이제는 모순을 총체적으로 표현하려고 할 때, 종종 '억압'과 '차별'을 핵심개념으로 드러내게 되었습니다. 그렇지만 그것은 원칙적인 '계급'일원론에서는 뛰어넘기가 좀처럼 쉽지 않은 허들이기도 했습니다. 역사계의 어느 작은 연구회에서 보고자가 '차별'의 개념을 꺼냈을 때 "그렇게 개념적인 것을 [굳이]"라고 비판이 날아온 것을 저는 지금도 기억하고 있습니다.

6 새로운 '계급' 개념의 구축을

이와 같은 추이는 세계의·사회의·역사의 모순을 보는 눈을 매우 풍성하게 했다고 생각합니다. 모순이 존재하는 한, 다음에서 다음으로 이어지면서 이의 제기나 해결을 위한 소운동체가 만들어지고, 그러한 소운동체의 깃발이 매우 낙관적으로 말하자면 미니코뮨ミニ·コミ의 네트워크를 즐비하게 형성했습니다. 최근 십수 년, 사회운동에서 가장 창조적으로 활력이 풍부했던 것은 그러한 단일주제 운동이었습니다. 하지만 동시에 그것은, 모순을 지적하는 경우 여기에는 이러한 모순 저기에는 저러한 모순이라는 식으로 무한의 나열화·세분화를 초래하고 있습

니다. 엄청나게 드러난 모순의 여러 각도를 각각의 각도로서 살리면서 그것들을 포함한 모순의식의 구조를 만들 수 없을 것인가, 제 나름으로 여성사를 마주해온 결과로서 그러한 것을 최근 생각하게 되었습니다.

지금 생각하고 있는 방향은 '억압'과 '차별'에 관해 여러 각도를 살려, 그 모순인식의 체험을 통과한 '계급' 개념의 새로운 구축입니다. 여러 각도를 '계급' 개념의 아날로지(유비)로 수용하면서, 그 풍요화를 모색하는 방향입니다. 앞서도 언급했습니다만, 저는 최근 집필한 『'도리시마 섬'은 들어 있는가: 역사의식의 현재와 역사학』에서 '인간' 부활의 기운이 일어나고 있음을 지적했습니다. '인간'에 대한 깊은 갈망에는 모든 '비인간적인 것'에 대항한다는 마음이 담겨 있습니다. 그러한 마음에 전투성을 띤 하나의 예각적鋭角的인 형태를 부여한다면, 그렇게 될 수도 있으리라는 의미에서입니다.

이론 구성에 역량이 부족한 인간이 그러한 것을 말하는 것은 망언이 아니고 무엇이랴, 골계를 넘어 비참한 수준이라는 생각이 들지 않는 것도 아닙니다. 또 이러한 '일원화'가 모처럼 분출하고 있는 여러 모순인식에 대해, 새로운 억압으로 작동하는 공포도 부정하기 어렵습니다. 반대로 운동은 그 자체가 일종의 '생명체'이기에 그 원리는 아마도 분화→집약→재분화→재집약의 반복이라고도 할 수 있습니다. 그렇다고는 해도 지금까지 여성사의 '지금'을 생각한 결과, 그 '지금부터'에 관해 뇌리에 떠오르기 시작한 망상을 애써 억누르는 것은 정직하지 못한 것 아닐까 정도의 의미에서, 큰마음을 먹고 밝히는 바입니다. 그래서 여성사가 좁은 여성사인 것을 넘어 보다 보편성을 띠고 또한 실체화되는 것 아닐까라는 예감이 듭니다.

7 여성사의 미래

이제까지 이야기한 세 가지는 개별적으로도 상호적으로도 잘 정리된 흐름과는 상당히 먼 단계의, 이른바 '마음가짐'에 불과합니다. 그러나 그것을 저는 여성사에 관해 생각해 나가려 합니다.

여성사는 아직 역사가 짧고 실천성이 강한 학문입니다. 아카데미즘에 포섭되어 있지 않다는 강점도 있습니다. 그 점에서 말하자면 우리들 한명 한명에게 가장 빼놓을 수 없는 과제를 설정하는 것, 표현을 달리하면 각각의 돌출 부분을 의식화하는 것이 그대로 연구를 향한 입구가 되기 쉽다고 하는 성격을 가지고 있습니다. 저 자신에 대해 말하자면, 마루오카 히데코丸岡秀子의 1955년 제1회 일본모친대회에서의 발언 중에 보이는 "딸을 치운다는 말을 쓰지 맙시다. 아들에게 며느리를 얻어준다는 말을 하지 맙시다. '주인'이라는 말 대신 남편이라고 합시다"[4]라는 문장이 여성사를 생각할 때 언제나 변함없는 원점입니다.

---

4) 日本母親大會十年史編纂委員會 編『母親運動十年のあゆみ』日本母親大會連絡會, 1966.

후기

1 저자 후기

여성사라는 학문 영역에서 다소 활동해온 사람으로서 여성사의 '지금'을 확인하고 싶다는 마음에 이 책을 쓰게 되었습니다.

그 경우 여성사의 지금을 확인하는 것은 세 가지 의미를 갖습니다. 일단, 여성사의 지금은 당연히 여성의 지금에 뿌리를 내리고, 그것과 연동합니다. 그 점에서 후자 즉 여성의 지금에 대한 검토는 불가결할 것입니다. 다음으로, 그것은 여성사가 어떤 과제나 곤란을 내포하고 있는지를 탐색하는 것을 의미합니다. 그 점에서는 여성사의 절개切開로 나아가는 것입니다. 나아가 그것은, 여성사가 (현재) 상황에 대해 어떠한 질문을 제기하고 있는지를 생각하는 것을 의미합니다. 그 점에서는 여성사의 시각에서 현대를 시야에 넣는 것은 으레 당연한 것

후기

입니다. 달성도는 차치하더라도 여기에서는 이상의 세 가지를 목표로 삼으려 했습니다.

제 안에 이와 같은 작업에 들어가는 것을 중단시키려 하는 힘이 작동하지 않았던 것은 아닙니다. 그것은 두 가지였습니다. 첫째는 여성에게 외압적 존재인 자신이 어디까지 대상을 내재적으로 이해할 수 있는가, 또 그러한 소행이 간섭으로 여겨지지 않을까라는 의문입니다. 그리고 또 하나는 기껏 일본의 근현대 여성사를 대상으로 해온 인간으로서, 한정사 없이 '여성사'라고 이름붙이는 것은 참칭이 아닌가라는 주저함입니다.

하지만 결국 '가보자'라는 생각이 그러한 주저함을 눌러버렸습니다. 그렇게 과감한 행위에 나서기까지의 주체적인 조건에 관해서는 '시작하며: 여성사와 나'에, 상황인식에 관해서는 '제Ⅰ편 여자들·여성사의 논점'에, 각각 적어두었습니다. 그리고 '제Ⅱ편 여성사 다시 보기'에서는 여성사가 내포하고 있다고 여겨지는 과제나 곤란, 제시하고 있는 질문 등을 제 나름으로 정리해 보았습니다.

그러한 방향으로 싹트고 있는 생각에, 발현의 기회를 주신 것은 도쿄도 구니타치시國立市 공민관의 이토 마사코 씨였습니다. 『아이로부터의 자립: 성인 여성이 배운다는 것』[1]이나 본문중에 인용한 『여자의 현재: 육아에서 노후로』[p.111] 등의 저작으로 응집되었을 법한 실천을 직장에서 축적해온 그녀는,

---

1) 伊藤雅子『子どもからの自立: おとなの女が學ぶということ』未來社, 1975.

그곳 공민관의 여성문제 강좌에서 '역사'의 학습을 시작하면서 제게 여성사의 현상과 과제에 관한 보고를 요청해 주셨습니다. 주저하면서도 금년(1988) 5월 "여성사는 지금"이라는 내용으로 정리한 것이, 이 책의 기초가 되었습니다. 그때 준비한 얼개에 대폭 가필해서 원고화한 것은 한참 후의 일입니다만 당초의 생각을 중시하고 싶어서 일부러 구어체로 작성했습니다.

『부인·여성·여자: 여성사의 질문』이라는 [원]서명은 편집부에서 만들어 주었습니다. 호칭의 추이 자체에서 여성을 둘러싼 상황이나 그 자기인식의 변화를 읽어내려는 취지입니다. 하지만 뭔가 정돈되지 않는 느낌도 있습니다. 결정을 주저하는 사이, 마침 그 무렵에 제가 편집했거나 집필한 책자나 도서들이『콜레라 소동: 병자와 의료』,『도시와 원향: 근대화에 대한 질문』,『'도리시마 섬'은 들어 있는가: 역사의식의 현재와 역사학』과 같이 모두 내용상의 주제가 부제로 들어가고 형식상의 주제는 제목으로서 그 대상을 보여주는 것임을 알게 되어, 이대로 가기로 했습니다. 정돈됨에서 벗어나는 것에 대한 경계와, 그것에 몸을 맡기려는 욕구가 제 안에서 얽히고설킨 상태입니다.

간행을 위해 편집부의 가키누마 마사코^{柿沼マサ子} 씨에게 큰 도움을 받았습니다. 마음 깊이 감사를 드립니다.

1988년 12월 22일
가노 마사나오

2 역자 후기

저자인 가노 마사나오는 '여성사와 나'라는 제목으로, 자신이 어떠한 경로를 거쳐 여성사에 관심을 가지게 되었는지를 소개하는 것에서 이 책을 시작하고 있습니다. 일본의 근현대 역사학자이자 사상가로서 다양한 분야에 걸쳐 방대한 연구성과를 남기고 있는 남성 연구자인 그가, 어떠한 계기에서 여성과 여성의 역사에 관심을 가지게 되었는지 그리고 어떠한 문제의식을 가지고 여성사를 연구하는지를 고백하고 있는 것은, 단지 그 개인의 서사를 전하기 위한 것만은 아닐 것입니다. 왜 역사학이 여성과 여성사에 주목해야 하는지 그리고 역사연구에 젠더적인 관점이 왜 필요한지에 관해, 남자인 자신의 경험과 자각을 공유함으로써 독자의 동참을 호소하기 위한 것으로 읽히는 것입니다.

번역자가 일본사 번역 프로젝트에 참여하기로 하면서 이 책을 먼저 떠올리게 되었던 것에는, 바로 그러한 저자의 태도가 하나의 이유로 작용했음을 부인하기 어렵습니다. 하지만 그것만으로 1989년 출판된 이 책을 뒤늦게 번역하여 소개하기로 결정했을 수는 없으며, 그에 대해 설명하는 것으로 역자후기를 대신할 수 있을 것 같습니다.

일본 여성사 연구의 획기라고 평가되는 것은 1970년대입니다. 일본 여성사를 다룬 것으로는 극히 소수의 '영웅적' 존재들에 의해 집필된, 과장하면 연구라기보다 선언 혹은 바이블과 같은 극소수의 연구만이 존재하던 시기, 그리고 여성의 '해방사'로서 여성사 연구가 본격화한 시기를 거쳐, 1970년대에 질적·양적으로 비약적인 발전을 이루었기 때문입니다. 1975년 세계 여성의 해를 기폭제로 삼아 연구자뿐 아니라 사회적으로도 여성사에 대한 관심이 높아져 각종 연구회 결성과 기관지 창간이 활발하게 이루어졌고, 아카데미즘에 입각한 공동연구가 활발하게 수행되었으며, 실증적으로도 손색없다고 인정받는 연구들이 발표되기 시작했습니다. 나아가 그러한 발전을 바탕으로 여성사의 방법론에 관한 논쟁이 활발하게 전개되었고, 각종 근대의 여성 관련 잡지가 복원되었으며 대규모 사료집이 출판되기 시작했습니다.

특히 1970년을 전후하여 무라카미 노부히코村上信彦가 『메이지여성사明治女性史』(전4권, 1969~1972)를 발간하면서 종래 해방사 일변도의 여성사 연구를 비판했던 것은, 여성사 연구의 관심과 방법이 다양해지는 계기를 제공했습니다. 그는 '해방'의 의의를 부인하지는 않으나, 여성사 연구가 여성해방이라는 정해진 코스로 향하는 가운데 많은 것들이 간과되거나 무시되면서 지나친 단순화 혹은 왜곡이 발생하게 된다고 지적했습니다. 나아가 탄탄한 실증에 기반해서 '전全 생활의 역사'를 찬찬히 살펴야 한다고, 여성사는 '무수한 약점을 가진 여자의 생활'의 역사여야 한다고 주장했습니다. 그러한 지적에 공명하면서

후기

일본 여성사 연구는 '저변 여성사', '서민 여성사', '지방 여성사' 등으로 다양화했고, 특히 1980년대에 이르면 여성사의 확립기라 할 정도로 질적으로나 양적으로나 큰 발전을 이루어, 지금까지도 일본 여성사 연구를 위한 토대가 되는 다양한 공동연구의 성과를 담아낸 학술전집과 공구서들이 다수 출판되었습니다. 1989년 출판된 이 책은 바로 그러한 일본 여성사 연구 역사의 흐름 위에, 그리고 1980년대 후반 일본 여성이 처한 현실 위에 자리잡고 있다고 할 수 있습니다.

다소 거칠게 정리하자면, 이 책은 1989년이라는 시점에 서서 일본 여성의 현재와 과거를 동시에 파악하는 크게 두 가지의 이야기로 이루어져 있으며, 제1편이 현재에 해당하고 제2편이 과거에 해당한다고 할 수 있습니다. 제1편의 제1장에서는 이 책의 집필 당시 여성을 둘러싼 환경과 중요 이슈에 대해 점검하고 있고, 제2장에서는 마찬가지로 그 시점에서 파악되는 여성사의 현황을 나름의 견해를 더하면서 정리하여 제시하고 있습니다. 제2편에서는 당시까지의 여성사 연구를 여섯 개의 주제로 나누어서 총괄하고 있는데, 각 장을 구성하는 여성사와 관련된 여섯 개의 키워드는 각각 '국가', '모성', '여성학', '민속학', '세계', '지역'입니다. 각각이 주제를 중심으로 당시까지의 연구동향을 개관하고 그에 필자의 평가와 전망을 더하는 식입니다. 앞서의 여성사 논쟁을 지켜본 가노가 그에 대한 자신의 견해를 반영한 듯, 그 자신의 표현을 빌자면, '생활'사와 '운동'사에 기반하면서 여성의 '문제'사로서 여성사를 다루고자 시도

한 결과물이기도 합니다.

제1편에서는 여성사의 쟁점 중심 현황 파악이, 제2편에서는 학문분야별 성과 파악이 이루어지고 있기에 내용적인 중복이 보이기도 합니다. 하지만 강연의 내용을 기초로 집필한 것이기에 일본 여성의 역사와 여성사의 흐름을 이해하는 데에는, 종래 국내에 번역된 관련 서적에 비해 상대적으로 이해가 용이한 편에 속합니다. 필자 자신의 고백을 더하면서 각각의 이슈에 대해 혹은 연구성과에 대해 나름의 솔직한 비판을 더하고 있기 때문에, 일본 여성사를 여행하는 데 다소는 친절한 안내자를 만난 듯 반가움을 느낄 수도 있을 것입니다.

다만 이 책은 1989년 시점에서 현장감 있게 그리고 미래를 향한 전망과 제언을 담아 집필된 책이기에, 이 책을 덮는 것으로 끝나지 않는다는 문제가 있습니다. 그 이후의 일본 여성사 연구에 대해, 그리고 일본 사회의 젠더 이슈를 둘러싼 동향에 대해 더 알아야 한다는 과제가 남는 것입니다. 그 과정에서 필자의 제언이나 전망이 이후 얼마나 실현되었는지 혹은 좌절되었는지를 파악해보는 것도, 이제부터 일본 여성사에 관심을 갖는 이에게는 하나의 방법일 수 있겠습니다.

한국인으로서 한일관계가 아닌 일본의 역사 그 자체에 대해 관심을 가지고 이해하려 하는 이는 많지 않은데, 그 가운데 주류 역사도 아닌 일본 여성의 역사에 관심을 갖는 이가 많기를 기대하기는 어렵습니다. 그렇기에 이 책을 손에 쥐게 된 흔치 않은 독자가 도중에 포기하지 않기를 바라는 마음에서, 번역자

후기

로서 고민이 더 많아졌습니다.

　번역을 할 때에는 기본적으로 다음의 두 가지 원칙에 의거했습니다. 일본의 역사나 일본어에 대한 선지식이 없더라도 한국어 번역본만으로 내용 이해가 될 것, 또한 일본과 일본어에 지식이 있는 연구자가 관련 용어나 개념을 파악하려 할 때에 원어의 유추가 가능할 것. 양립하기 쉽지 않은 두 원칙을 고수하고 싶은 욕심과 고민 때문에, 도리어 모두의 가독성을 떨어뜨린 것이 아닌지 걱정스럽습니다. 생각이 많아지면 '이에家', '온나女' 등 짧고 단순해 보이는 (그러나 담고 있는 의미가 매우 다양한) 단어의 번역어 선택은 더 고민스러워지고 맙니다.

　또 하나, 지금에 어울리지 않는 차별적 용어를 그대로 남긴 경우가 있다면, 이 책 자체도 하나의 역사서라고 생각했기 때문입니다. 무조건 현대어로 고치는 것은 쉬운 결정일 수 있지만, 집필 당시 일본 사회의 분위기와 한계를 함께 느낄 수 있도록 당시의 표현을 유지한 경우가 적지 않습니다. 대신 독자의 이해를 돕기 위해 역주를 다수 추가했습니다. 여전히 아쉬움이 남지만, 좀 더 나은 번역을 제공하기 위해 번역자와 편집자가 고민한 결과물이라고 말씀드릴 수는 있습니다.

　이 번역서를 출판하기까지 도와주신 분이 많습니다. 일본 역사서 번역의 필요성을 역설하시며 프로젝트 참여를 적극 권해주신 박훈 선생님, 그리고 그 팀원이었던 김선희, 이새봄, 조국 세 분 선생님과는 번역어 선택의 괴로움으로 동병상련하며 부쩍 가까워진 듯합니다. 독자로서 글을 읽어가며 오류를 찾고 표현을 함께 고민해준 서울대학교 국어국문학과 박사과정의 정성훈, 도채현 두 분께는 갚아야 할 빚이 또 늘고 말았습니다. 마지막으로 번역자보다 더 책임감을 가지고 편집자로서 꼼꼼하게 번역고를 검토하고 적극적으로 수정을 제안해 주신 빈서재 정철 대표님께도 감사드립니다.

    일본 여성에 대해 다룬 이 책을 초역한 번역문을 편집자에게 발송하고 다시 편집자로부터 교정지를 돌려받는 사이에, 병상의 어머니께서 아버지 곁으로 먼 길을 떠나셨습니다. 이 책을 떠나보내면서, 더불어 그분께도 감사와 작별의 인사를 전하고자 합니다.

2024년 1월 마지막 날
이은경

찾아보기

15년전쟁 ... 47, 111, 113, 114, 121, 122, 127, 136, 138, 140, 143, 144, 185, 194

【M】
M자형 고용라인 44

【ㄱ】
가게야마 히데코 64, 255, 256
가광 192
가네코 시게리 .. 116, 120, 121
가노 미키요 112, 143, 145
가메야마 미치코 84
가미무라 구니코 149
가미치카 이치코 121
가와나 기미 113
가와사키 나쓰 146
가입혼 187
가즈노미야 84
강간 67–72, 258
고마샤쿠 기미 159
고미 유리코 84
고토쿠 슈스이 20
구로하 기요타카 249

구바 요시코 174
구스노키 마사쓰라 143
국방부인회 114, 123–127, 141
군국의 어머니 138, 140
그레고리 M. 플루그펠더 ... 98
그리스도교 131, 149, 208, 213
근평투쟁 238, 239
기쿠치 아키소 153
기타 잇키 24
기타야마 시게오 76

【ㄴ】
나가하라 가즈코 200
나왈 엘 사다위 207
나카야마 미키 21
남녀고용기회균등법 44, 45, 59, 62, 131, 205
노가미 야에코 256
노가미 요시히코 270
노다 다요코 185
노라 134, 254
노무라 모토니 199
니시오카 도라노스케 ... 21, 76

닛케이우먼 46

【ㄷ】

다다노 마쿠즈 199
다지마 요코 160
다카무레 이쓰에 26, 75,
　　76, 91, 92, 133, 134, 187
다카하시 미에코 232
다케무레 이쓰에 .. 76, 134–136
다케우치 시게요 253
대일본국방부인회 ....
　　.. 123, 124, 127, 141
대일본연합부인회 ... 123, 137
도리이 지요카 181
도쿄부인교풍회 27
도토메 228, 242, 244, 245

【ㄹ】

래디컬 페미니즘 165, 214
로버트 J. 스미스 189

【ㅁ】

마가렛 조지 162
마루오카 히데코 ....
　　.. 87, 193, 276
마르크스주의 페미니즘 ....
　　.. 165, 174
마쓰다 도키코 120
마쓰다 세이코 54
마쓰이 스마코 253
마쓰이 야요리 218
매춘방지법 69

메구로 요리코 177, 181
메리 울스턴크래프트 ....
　　.. 129, 267
메이오 마사코 54
모로사와 요코 .. 232, 250, 257
모성 88, 106, 129–133,
　　136–138, 140–151, 193,
　　194, 210, 213, 265, 266
모성보호논쟁 28,
　　84, 130, 131, 185, 267
모성주의 129,
　　131, 133, 144, 146, 267
모친대회 57, 146, 276
무라카미 노부히코 76, 81,
　　157, 159, 187, 211, 281
미시마 유키오 24
미야기 에이쇼 231
미야모토 쓰네이치 193
미야모토 유리코 256
미야자토 에쓰 228
미즈타 다마에 162, 172
미타니 히데코 123
민간학 91, 92, 94

【ㅂ】

바바 아키코............... 37
바바라 버그............... 56
베티 프리던 210
보건부 89
부부별성 39
부선 73, 84, 114–121
부선운동 86, 114,

118, 119, 121, 122, 138
부선획득동맹 84,
　　　 86, 114-116, 118,
　　　 121, 142, 146, 254
부인공론 29, 77
부인론 19, 20, 27, 185
부인백서 1988 .... 63, 93
부인전선 99
부인참정권획득기성동맹회 ....
　　　 .. 114

【ㅅ】
사루하시 가쓰코 93
사이토 지요 205, 206
사토 요시유키 110
산지키 요시코 89
산페이 고고 76
생활클럽생협 109, 110
서취혼 187
선거숙정부인연합회 118
선거숙정운동 117, 118
성별역할 분업 48-50, 169
세가와 기요코 76, 185
세계 여성의 해 49, 61,
　　　 203, 228, 241, 269, 281
세계인권선언 61
세이토 23, 28, 84, 99, 100,
　　　 121, 134, 154, 236, 255
세키 다미코 199, 200
소첩의 반생애 64
수잔 파 80
스와정권 251-253

스즈키 유코 95, 113, 232
시마 리에코 194
시미즈 히사코 137
시오자와 미요코 181, 218
시오타 쇼베에 93
신마르크스주의 페미니즘 .....
　　　 .. 165
신부인협회 ... 28, 86, 213, 236
신상 상담 33, 35
신여성 20, 75, 135, 212
쓰지무라 데루오 230

【ㅇ】
아그네스 논쟁 .. 53, 57, 58, 72
아그네스 찬 53, 56, 147
아마카와 요코 97
아베 쓰네히사 230
아오키 야요이 113,
　　　 174, 175, 182
아카마쓰 요시코 87
애국부인회 77, 123, 124
야나기타 구니오 91,
　　　 183, 187, 255
야마구치 모모에 53
야마구치 미요코 87
야마다 와카 130
야마모토 다카지로 132
야마무라 요시아키 136
야마오카 하루 230
야마자키 도모코 218
야마카와 기쿠에 130, 185
야스다 세이 123, 124, 127

야스쿠니의 어머니 ... 141, 143
야자와 요코 249
에마 미에코 185
에콜로지컬 페미니즘 174
에하라 유미코 54
엘라 루리 위스웰 189
엘렌 케이 130, 135, 267
엘리자베트 바댕테르 148
여공애사 64, 218, 219
여권주의 75,
　　　　129, 131, 133–135, 267
여성개조 29
여성동맹 28
여성사 논쟁 81, 105
여성사총합연구회 ....
　　　　　　　 .. 97, 98, 200
여성전망 119–121
여성차별철폐조약 44, 205
여자의 현재 278
역사의 심부 241
오기노 미호 149, 156
오노 도모야 268
오렌지 페이지 52
오부런 245
오사카국방부인회 124
오자키 군지 230
오치아이 에미코 55, 173
오코우치 가즈오 96
오쿠무라 이오코 123
와카쿠와 미도리 55
와키타 하루코 ... 99, 147, 200
와타베 도미코 226

요네다 사요코 81,
　　　　　　224, 240, 247
요시다 쇼인 20, 21
요코카와 세쓰코 240
우먼 리브 29, 41, 214, 219
우에노 지즈코 24,
　　　　53, 165, 174, 176
유노마에 도모코 67
이노우에 기요시 76, 81
이반 일리치 174
이시와라 간지 120
이시이 가호 126
이시이 미키코 149
이에 26, 79, 138–
　　　　140, 142, 245, 258, 260
이에나가 사부로 20, 76
이와오 스미코 154
이치반가세 야스코 87, 240
이치카와 후사에 86,
　　　　　87, 90, 114, 117,
　　　　　121, 125, 142, 228
이토 노에 255
이토 마사코 111, 145, 278
이토 야스코 81, 224
일본 부인문제 자료집성 ......
　　　　　　　 .. 86, 226
일본그리스도교부인교풍회 ....
　　　　　　　 .. 27, 69
일본부인단체연맹 119
일본부인단체연합회 63

【ㅈ】

제인 콘돈 80
족입혼 37, 38
존 엠브리 189, 190
주부지우 46, 116
줄리엣 미첼 162
집회 및 정사법 90

【ㅊ】
처녀회 79, 259
천황의 마음 145
총후 112, 113, 141
총후사 노트 112

【ㅋ】
캐롤 스미스 로젠버그 212

【ㅍ】
페미니즘 24,
    54, 58, 113, 156, 165,
    166, 172–178, 181, 182,
    214, 215, 220, 256

【ㅎ】
하라다 도모히코 76
하세가와 노보루 235, 236
하야시 레이코 200
학테투쟁 239
헤다 가블레르 134
호리바 기요코 26, 83
호소이 와키조 64
호테토루 65, 66
혼다 가즈코 149
후지이 다다토시 124
후쿠다 히데코 64
후쿠이 사다코 195
후쿠자와 유키치 20, 27
히구치 이치요 77, 84
히노 레이코 50
히라노 다카코 154
히라쓰카 라이초 ... 24, 28, 84,
    86, 130, 133, 134, 171,
    172, 213, 255, 256, 267